Dr. Holger Schwichtenberg

Moderne Datenzugriffslösungen mit

Entity Framework Core

in den Versionen 1.x (RTM) und 2.0 (Preview 2)

Datenbankprogrammierung mit .NET/.NET Core und C#

Version 2.0 dieses inkrementellen Buchs

Stand 17.07.2017

www.IT-Visions.de ®

Dr. Holger Schwichtenberg

Verlag:	www.IT-Visions.de, Fahrenberg 40b, 45257 Essen
ISBN:	3-934279-16-3
Sprachliche Korrektur:	Matthias Bloch, Oliver Döing
Formatierung:	Benno Dewan, Matthias Bloch
Bezugsquelle PDF:	https://leanpub.com/EntityFrameworkCore
Bezugsquelle Print:	https://www.amazon.de/exec/obidos/ASIN/3934279163/itvisions-21

www.IT-Visions.de®
Dr. Holger Schwichtenberg

Für Heidi, Felix und Maja

1 Inhaltsverzeichnis

2 Vorwort

Liebe Leserinnen und Leser,

ich nutze Entity Framework in echten Softwareentwicklungsprojekten seit der allerersten Version, also seit der Version 1.0 von ADO.NET Entity Framework im Jahr 2008. Zuvor hatte ich einen selbstentwickelten Objekt-Relationalen-Mapper in meinen Projekten verwendet. Entity Framework Core ist das Nachfolgeprodukt, das es seit 2016 gibt. Ich setzte seitdem auch (aber nicht ausschließlich) Entity Framework Core in der Praxis ein. Viele Projekte laufen noch mit dem klassischen Entity Framework.

Microsoft entwickelt Entity Framework Core inkrementell, d.h. Version 1.x und 2.x stellen zunächst eine in vielen Punkten noch unvollständige Grundversion dar, die in den Folgeversionen dann komplettiert wird.

Dieses **inkrementelle Konzept** setze ich nun auch mit diesem Buch um. Die aktuelle Version 1.5 dieses Buchs behandelt zwar alle Kernaspekte von Entity Framework Core, aber es fehlen noch einige Details. Ich plane, in Zukunft weitere Updates zu veröffentlichen, die Buchkapitel ergänzen, aber auch bestehende Kapitel verbessern.

Dieses Buch wird vertrieben auf folgenden Wegen:

- Gedruckt von Amazon: https://www.amazon.de/exec/obidos/ASIN/3934279163/itvisions-21

- Kindle-E-Book von Amazon: https://www.amazon.de/exec/obidos/ASIN/3934279163/itvisions-21

- PDF-E-Book von Leanpub: https://leanpub.com/EntityFrameworkCore

Die vorliegende Version dieses Buchs kostet daher lediglich rund 25,00 Euro (Die Plattform *leanpub.com* weist die Preise in Dollar ohne Mehrwertsteuer aus. Der von mir gesetzte Preis von 24,50 Dollar zzgl. 19% Mehrwertsteuer ergibt aktuelle 25,42 Euro). Käufer der Grundversion können **Updates** jeweils für 10,00 Dollar (zzgl. Umsatzsteuer) erwerben (https://leanpub.com/EntityFrameworkCore/c/update). Sie erhalten eine Update-Nachricht über Leanpub (sofern Sie nicht gegenüber Leanpub erklären, dass Sie keine Benachrichtigungen wünschen). Später einsteigende Käufer zahlen entsprechend mehr für die dann aktuelle Version. Käufer, die das Buch von Amazon in gedruckter Version bezogen haben, können unter dem o.g. Link zusätzlich das PDF-E-Book ebenfalls so günstig erhalten.

Da solch niedrige Preise in Anbetracht der vielen Stunden Arbeit an diesem Buch leider nicht nennenswert dazu beitragen können, den Lebensunterhalt meiner Familie zu bestreiten, ist dieses Projekt ein Hobby. Dementsprechend kann ich nicht garantieren, wann es Updates geben wird. Ich werde dann an diesem Buch arbeiten, wenn ich neben meinem Beruf als Softwarearchitekt, Berater und Dozent und meinen sportlichen Betätigungen noch etwas Zeit für das Fachbuchautorenhobby übrighabe.

Zudem möchte ich darauf hinweisen, dass ich natürlich keinen kostenfreien technischen Support zu den Inhalten dieses Buchs geben kann. Ich freue mich aber immer über konstruktives Feedback und Verbesserungsvorschläge. Bitte verwenden Sie dazu das Kontaktformular auf www.dotnet-doktor.de.

Wenn Sie **technische Hilfe** zu Entity Framework und Entity Framework Core oder anderen Themen rund um .NET, Visual Studio, Windows oder andere Microsoft-Produkte benötigen, stehe ich Ihnen im Rahmen meiner beruflichen Tätigkeit für die Firmen www.IT-Visions.de (Beratung, Schulung, Support) und 5Minds IT-Solutions GmbH & Co KG (Softwareentwicklung, siehe www.5minds.de) gerne zur Verfügung. Bitte wenden Sie sich für ein Angebot an das jeweilige Kundenteam.

Die Beispiele zu diesem Buch können Sie herunterladen auf der von mir ehrenamtlich betriebenen **Leser-Website** unter www.IT-Visions.de/Leser. Dort müssen Sie sich registrieren. Bei der Registrierung wird ein Losungswort abgefragt. Bitte geben Sie dort **12Monkeys** ein.

Herzliche Grüße aus Essen, dem Herzen der Metropole Ruhrgebiet

Holger Schwichtenberg

3 Über den Autor

- Studienabschluss Diplom-Wirtschaftsinformatik an der Universität Essen
- Promotion an der Universität Essen im Gebiet komponentenbasierter Softwareentwicklung
- Seit 1996 selbstständig als unabhängiger Berater, Dozent, Softwarearchitekt und Fachjournalist
- Leiter des Berater- und Dozententeams bei www.IT-Visions.de
- Leitung der Softwareentwicklung im Bereich Microsoft/.NET bei der 5minds IT-Solutions GmbH & Co. KG (www.5minds.de)
- Über 65 Fachbücher beim Carl Hanser Verlag, bei O'Reilly, Microsoft Press und Addison-Wesley sowie mehr als 950 Beiträge in Fachzeitschriften

- Gutachter in den Wettbewerbsverfahren der EU gegen Microsoft (2006-2009)
- Ständiger Mitarbeiter der Zeitschriften iX (seit 1999), dotnetpro (seit 2000) und Windows Developer (seit 2010) sowie beim Online-Portal heise.de (seit 2008)
- Regelmäßiger Sprecher auf nationalen und internationalen Fachkonferenzen (z.B. Microsoft TechEd, Microsoft Summit, Microsoft IT Forum, BASTA, BASTA-on-Tour, .NET Architecture Camp, Advanced Developers Conference, Developer Week, OOP, DOTNET Cologne, MD DevDays, Community in Motion, DOTNET-Konferenz, VS One, NRW.Conf, Net.Object Days, Windows Forum)
- Zertifikate und Auszeichnungen von Microsoft:
  - Microsoft Most Valuable Professional (MVP)
  - Microsoft Certified Solution Developer (MCSD)
- Thematische Schwerpunkte:
  - Softwarearchitektur, mehrschichtige Softwareentwicklung, Softwarekomponenten, SOA
  - Microsoft .NET Framework, Visual Studio, C#, Visual Basic
  - .NET-Architektur/Auswahl von .NET-Technologien
  - Einführung von .NET Framework und Visual Studio/Migration auf .NET
  - Webanwendungsentwicklung und Cross-Plattform-Anwendungen mit HTML, ASP.NET, JavaScript/TypeScript und Webframeworks wie Angular
  - Enterprise .NET, verteilte Systeme/Webservices mit .NET insbes. Windows Communication Foundation und WebAPI
  - Relationale Datenbanken, XML, Datenzugriffsstrategien
  - Objektrelationales Mapping (ORM), insbesondere ADO.NET Entity Framework und EF Core
  - Windows PowerShell, PowerShell Core und Windows Management Instrumentation (WMI)
- Ehrenamtliche Community-Tätigkeiten:
  - Vortragender für die International .NET Association (INETA)
  - Betrieb diverser Community-Websites: www.dotnetframework.de, www.entwickler-lexikon.de, www.windows-scripting.de, www.aspnetdev.de u. a.
- Firmenwebsites: http://www.IT-Visions.de und http://www.5minds.de
- Weblog: http://www.dotnet-doktor.de
- Kontakt: E-Mail **buero@IT-Visions.de** sowie Telefon **02 01-64 95 90-0**

4   Über dieses Buch

4.1   Versionsgeschichte dieses Buchs

Die folgende Tabelle zeigt die Versionen, die von diesem Buch erschienen sind und welche Entity Framework Core-Version darin besprochen werdebn.

Ergänzungen der Versionsnummer an der dritten Stelle (z.B. 1.2.2) sind kleine Korrekturen im Buch, die nicht explizit in dieser Versionstabelle erscheinen.

Buchversion Datum Umfang	Leanpub .com- Preis für PDF	Amazon.de. Preis für gedruckte Ausgabe	Entity Framewo rk Core- Version	Bemerkung
1.0 16.09.2016 101 Seiten	15,00 Dollar	-	1.0.1	Grundversion mit den Kapiteln: ■ Was ist Entity Framework Core? ■ Reverse Engineering bestehender Datenbanken ■ Forward Engineering für neue Datenbanken ■ Anpassung des Datenbankschemas ■ Schemamigrationen ■ Daten lesen mit LINQ ■ Objektbeziehungen und Ladestrategien ■ Einfügen, Löschen und Ändern
1.1 18.11.2016 122 Seiten	17,50 Dollar	-	1.1	■ Aktualisiert auf Entity Framework Core Version 1.1 ■ Neues Unterkapitel: Laden anhand des Primärschlüssels mit Find() ■ Neues Unterkapitel: Explizites Nachladen ■ Neues Unterkapitel: Änderungsverfolgung auch für Unterobjekte ■ Neues Kapitel: Leistungsoptimierung durch No-Tracking ■ Neues Kapitel: Quellen im Internet
1.2 07.04.2017 145 Seiten	18,50 Dollar	19,99 Euro	1.1.1	■ Neues Kapitel: Datenänderungskonflikte ■ Neues Kapitel: Praxislösungen / N:M-Beziehungen zu sich selbst

1.3 14.06.2017 194 Seiten	19,50 Dollar	-	1.1.2 und 2.0- Preview1	• Aktualisiert auf Version 2.0 Preview 1 • Erweitert: Fallbeispiel in diesem Buch • Erweitert: LINQ im RAM statt in Datenbank • Erweitert: Regeln für die selbsterstellte Kontextklasse • Neues Kapitel: Artifakte der Entity Framework Core-Programmierung • Neues Kapitel: Daten lesen/Globale Abfragefilter • Neues Kapitel: Einfügen, Ändern und Löschen/Das Foreach-Problem • Neues Kapitel: Einfügen, Ändern und Löschen/Transaktionen • Neues Kapitel: Asynchrone Programmierung • Neues Kapitel: Zusatzwerkzeuge: LINQPad, Entity Developer • Erweitert: Tipps und Best Practices in einigen Kapiteln. • Verbessert: Seitennummernformatierung
1.4 06.07.2017 210 Seiten	19,50 Dollar	19,99 Euro	1.1.2 und 2.0- Preview2	• Aktualisiert auf Version 2.0 Preview 2 • Neues Kapitel: Was ist Entity Framework Core/Unterstützte .NET-Versionen • Neues Kapitel: Was ist Entity Framework Core/Unterstützte Visual Studio-Versionen • Neues Kapitel: Installation von Entity Framework Core • Neues Kapitel: Daten lesen und ändern mit SQL, Stored Procedures und Table Valued Functions
2.0 17.07.2017 296 Seiten	24,50 Dollar	24,99 Euro	1.1.2 und 2.0- Preview2	• Neues Kapitel "Was ist Entity Framework Core/Was ist ein OR-Mapper?" • Neues Kapitel "Was ist Entity Framework Core/ORM in der .NET-Welt"

				▪ Neues Kapitel: "Einfügen, Löschen und Ändern/Change Tracker abfragen"
				▪ Neues Kapitel: "Praxislösungen/Entity Framework Core in einer Windows Universal App"
				▪ Neues Kapitel: "Protokollierung (Logging)"
				▪ Neues Kapitel: "Dynamische LINQ-Abfragen"
				▪ Kapitel "Daten lesen und ändern mit SQL, Stored Procedures und Table Valued Functions" erweitert um Globale Filter.
				▪ Neues Kapitel: "Softwarearchitektur mit Entity Framework Core"
				▪ Neues Kapitel: "Zusatzwerkzeuge/ Profiling mit Entity Framework Profiler"
				▪ Neues Kapitel: "Zusatzwerkzeuge/ Objekt-Objekt-Mapping und AutoMapper"
				▪ Neues Kapitel: "Index"

4.2 Bezugsquelle für Aktualisierungen

Wenn Sie eine ältere Version dieses Buch besitzen, können Sie jederzeit eine aktuelle PDF-Version zum stark vergünstigten Preis von nur 10,00 Dollar (zzgl. 19% Mehrwertsteuer = 11.90 Dollar, aktuell in Euro 10,37 Euro) unter folgendem Link beziehen:

https://leanpub.com/EntityFrameworkCore/c/update

Sie können diesen Link auch verwenden, wenn Sie eine gedruckte Version bei Amazon gekauft haben und nun gerne auch das E-Book zusätzlich hätten (zum Beispiel für die Volltextsuche).

Leider erlaubt Amazon nicht, dass Sie eine Aktualisierung in gedruckter Form vergünstigt erhalten können.

4.3 Geplante Kapitel

Die Reihenfolge der Kapitel ist hier zunächst alphabetisch angeordnet und entspricht nicht der Reihenfolge, in der die Kapitel erscheinen werden.

- ▪ Alternative Schlüssel

- ▪ Berechnete Spalten

- ▪ Caching (Zeitgesteuert mit System.Runtime.Caching / CacheManager)

- ▪ Connection Resiliency (ab Entity Framework Core 1.1)

- Datenbanksichten (Views)

- Eigene Konventionen

- Entity Framework Core in ASP.NET- und ASP.NET Core-Webanwendungen

- Entity Framework Core in verteilten Systemen / Einsatz mit Webservices

- Entity Framework Core in Xamarin-Apps mit SQLite

- Kaskadierendes Löschen

- Mapping mit (privaten) Feldern (ab Entity Framework Core 1.1)

- Migration von Entity Framework 6.x

- Mergeoptions und Reload

- Performancefragen

- Sequences

- SQL Server memory-optimized Tables (ab Entity Framework Core 1.1)

- Scalare Datenbankfunktionen nutzen (ab Entity Framework Core 2.0)

- Shadow Properties

- Standardwerte (Default Values)

- Table Splitting (ab Entity Framework Core 2.0)

- Temporale Tabellen (ab SQL Server 2016)

- Unit Testing mit dem In-Memory-Provider

4.4   Programmiersprache in diesem Buch

Als Programmiersprache kommt in diesem Buch C# zum Einsatz, weil dies die bei weitem am häufigsten verwendete Programmiersprache in .NET ist. Der Autor dieses Buchs programmiert zwar in einigen Kundenprojekten .NET-Anwendungen auch in Visual Basic .NET, leider bietet dieses Buch aber nicht den Raum, alle Listings in beiden Sprachen wiederzugeben.

Eine Sprachkonvertierung zwischen C# und Visual Basic .NET ist im WWW kostenfrei verfügbar auf der Website http://converter.telerik.com.

5 Fallbeispiel in diesem Buch

Alle Beispielprogrammcodes in diesem Buch drehen sich um das Fallbeispiel der fiktiven Fluggesellschaft "World Wide Wings", abgekürzt WWWings (siehe auch www.world-wide-wings.de).

Abbildung: Logo der fiktiven Fluggesellschaft

5.1 Entitäten

Im Anwendungsfall "World Wide Wings" geht es um folgende Entitäten:

- Flüge zwischen zwei Orten, bei denen die Orte bewusst nicht als eigene Entität modelliert wurden, sondern Zeichenketten sind (das vereinfacht das Verständnis vieler Beispiele)

- Passagiere, die auf Flügen fliegen

- Mitarbeiter der Fluggesellschaft, die wiederum Vorgesetzte haben, die auch Mitarbeiter sind

- Piloten als eine Spezialisierung von Mitarbeitern

- Personen als Sammlung der gemeinsamen Eigenschaften für alle Menschen in diesem Beispiel. Personen gibt es aber nicht eigenständig, sondern nur in den Ausprägungen/Spezialisierungen Passagier, Mitarbeiter und Pilot. Im objektorientierten Sinne ist Person also eine abstrakte Basisklasse, die keine Instanzen besitzen kann, sondern nur der Vererbung dient.

Es gibt zwei Datenmodelle:

- Das etwas einfachere Modell #1 ist das Ergebnis klassischen relationalen Datenbankdesigns mit Normalisierung. Das Objektmodell daraus entsteht per Reverse Engineering.

- Modell #2 ist das Ergebnis des Forward Engineering mit Entity Framework Core aus einem Objektmodell. Zusätzlich gibt es hier weitere Entitäten (Persondetail, Flugzeugtyp und Flugzeugtypdetail), um weitere Modellierungsaspekte aufzeigen zu können.

In Modell #1 gibt es eine jeweils eigene Tabelle für Personen (auch wenn es keine eigenständigen Personen gibt), Mitarbeiter, Piloten und Passagiere. Diese Aufteilung entspricht den Klassen im Objektmodell.

In Modell #2 gibt es nur die Tabellen Passagiere und Mitarbeiter für diese vier Entitäten. Entity Framework Core ist derzeit etwas eingeschränkt und unterstützt das Konzept Table per Type (also eine eigenständige Tabelle für jede Klasse) nicht. Daher umfasst die Tabelle Passagiere auch alle Eigenschaften von Person. Die Tabelle Mitarbeiter umfasst neben den Personeneigenschaften die Eigenschaften der Entitäten Mitarbeiter und Pilot. In der Tabelle wird per Discriminatorspalte unterschieden zwischen Datensätzen, die ein Mitarbeiter sind, und solchen, die ein Pilot sind. Entity Framework Core mischt hier die Konzepte Table per Concrete Type (TPC) und Table per HierarchyTable per Hierarchy (TPH). Einen dedizierten Einfluss auf diese Abbildung hat man in Entity Framework Core 1.x noch nicht. Das klassische Entity Framework bietet hier mehr Optionen.

Abhängigkeitsarten sind hier:

- Ein Flug muss einen Piloten besitzen. Der Copilot ist optional.

- Ein Flug kann optional einen Flugzeugtyp zugeordnet haben.

- Jede Person und damit auch jeder Pilot und Passagier muss ein Persondetail-Objekt besitzen.

In diesem Buch kommen beide Datenmodelle vor, teilweise auch in modifizierter Form, um bestimmte Szenarien (z.B. Datenbankschemamigrationen) aufzuzeigen.

Bitte beachten Sie, dass die Objektmodelle, die in diesem Buch zu den Datenmodellen erstellt werden, nicht das Idealbild eines Objektmodells darstellen können, denn Entity Framework Core unterstützt einige Mapping-Möglichkeiten wie z.B. das N:M-Mapping noch nicht. Das Objektmodell zum einfachen Datenmodell ist das automatisch von Entity Framework Core aus der Datenbank generierte Objektmodell (Reverse Engineering); es ist bewusst nicht verändert worden.

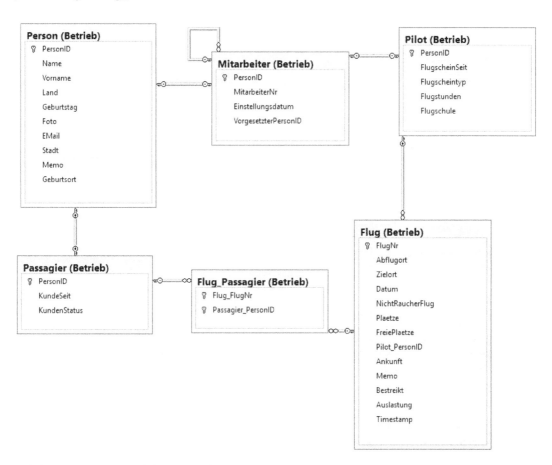

Abbildung 5.1: Datenmodell in der einfacheren Version

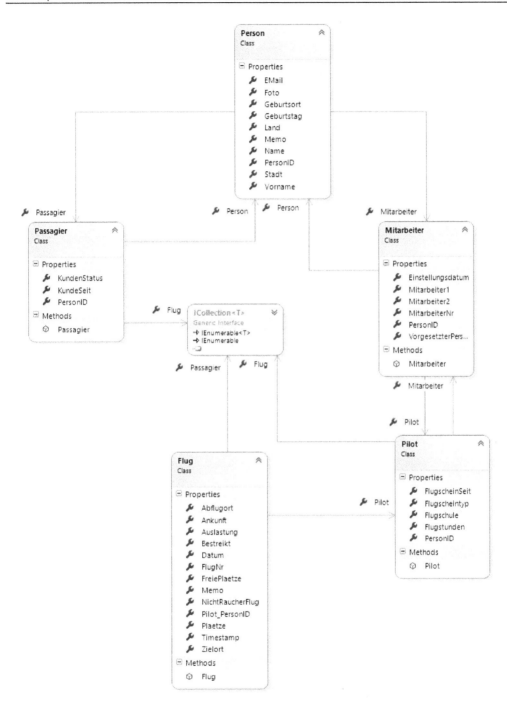

Abbildung 5.2: Objektmodell zum Datenmodell in der einfacheren Version

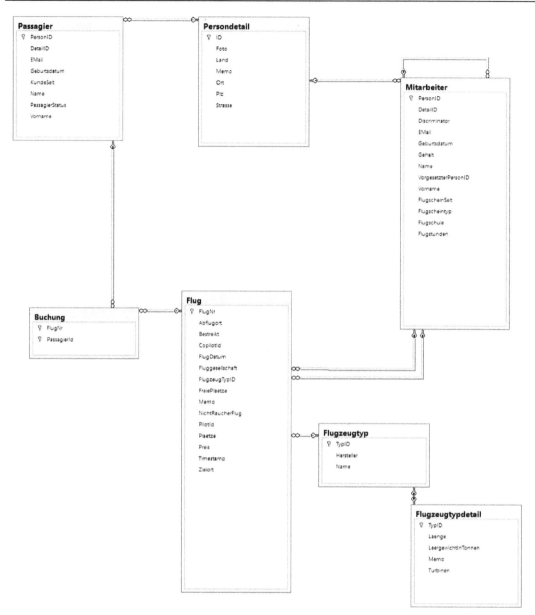

Abbildung 5.3: Datenmodell in der komplexeren Version

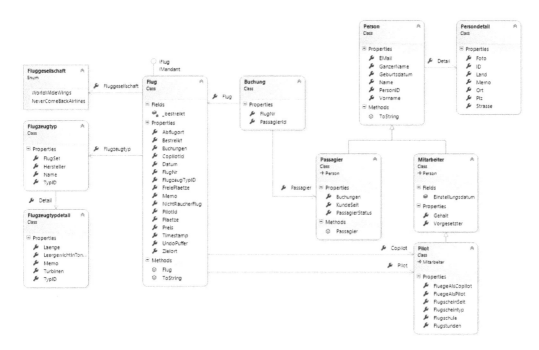

Abbildung 5.4: Objektmodell zum Datenmodell in der komplexeren Version

5.2 Anwendungsarten in diesem Buch

In diesem Buch erfolgen Bildschirmausgaben meist an der textbasierten Konsole in Konsolenanwenungen, denn dies ermöglicht die Fokussierung auf den Datenbankzugriff. Beim Einsatz von grafischen Benutzeroberflächen wie WPF, Windows Forms, ASP.NET Webforms oder ASP.NET MVC ist die Darstellung durch Datenbindung entkoppelt, das heißt man würde immer ein zweites Listing brauchen, um zu verstehen, dass die Datenzugriffe überhaupt liefern. Eingaben des Benutzers werden in den Koonsolenbeispielen durch Variablen zu Beginn des Programmcodes simuliert.

Der Autor dieses Buchs führt sein vielen Jahren Schulungen und Beratungseinsätze im Bereich Datenzugriff durch und hat dabei die Erfahrung gemacht, dass Konsolenausgaben das didaktisch beste Instrument sind, da sonst die Listings sehr umfangreich und damit schlechter zu verstehen sind.

Natürlich ist die Konsolenausgabe nicht die gängige Praxis in 99% der Fälle der Softwareentwicklung. Grafische Benutzeroberflächen sind Inhalt anderer Bücher, und die Datenbindung hat in der Regel keinen Einfluss auf die Form des Datenzugriffs. Dort, wo der Datenzugriff doch relevant ist, wird dieses Buch auch Datenbindungsbeispiele zeigen.

5.3 Hilfsroutinen zur Konsolenausgabe

Für die Bildschirmausgabe an der Konsole wird an mehreren Stellen nicht nur Console.WriteLine(), sondern auch Hilfsroutinen kommen zur Anwendung, die farbige Bildschirmausgaben machen. Diese Hilfsroutinen in der Klasse *CUI* sind hier zum besseren Verständnis abgedruckt:

```
using System;
using System.Runtime.InteropServices;
```

```csharp
using System.Web;

using ITVisions.UI;

using System.Diagnostics;


namespace ITVisions

{

 /// <summary>

 /// Hilfsroutinen für Konsolen-UIs

 /// (C) Dr. Holger Schwichtenberg 2002-2017

 /// </summary>

 public static class CUI

 {

  public static bool IsDebug = false;

  public static bool IsVerbose = false;


  #region Ausgaben unter bestimmten Bedingungen

  /// <summary>

  /// Ausgabe an Console, Trace und Datei - nur wenn Anwendung im DEBUG-Modus

  /// </summary>

  public static void PrintDebug(object s)

  {

   PrintDebug(s, System.Console.ForegroundColor);

  }

  /// <summary>

  /// Ausgabe an Console, Trace und Datei - nur wenn Anwendung im VERBOSE-Modus

  /// </summary>

  public static void PrintVerbose(object s)

  {

   PrintVerbose(s, System.Console.ForegroundColor);

  }

  #endregion


  #region Ausgaben mit vordefinierten Farben

  public static void MainHeadline(string s)

  {

   Print(s, ConsoleColor.Black, ConsoleColor.Yellow);


  }

  public static void Headline(string s)

  {

   Print(s, ConsoleColor.Yellow);

  }
```

```
public static void HeaderFooter(string s)
{
  Console.ForegroundColor = ConsoleColor.Green;
  Console.WriteLine(s);
  Console.ForegroundColor = ConsoleColor.Gray;
}


public static void PrintSuccess(object s)
{
  Print(s, ConsoleColor.Green);

}


public static void PrintDebugSuccess(object s)
{
  PrintDebug(s, ConsoleColor.Green);

}


public static void PrintVerboseSuccess(object s)
{
  PrintVerbose(s, ConsoleColor.Green);

}


public static void PrintWarning(object s)
{
  Print(s, ConsoleColor.Cyan);

}

public static void PrintDebugWarning(object s)
{
  PrintDebug(s, ConsoleColor.Cyan);

}


public static void PrintVerboseWarning(object s)
{
  PrintVerbose(s, ConsoleColor.Cyan);
}
```

```csharp
public static void PrintError(object s)
{
  Print(s, ConsoleColor.White, ConsoleColor.Red);
}


public static void PrintDebugError(object s)
{
  PrintDebug(s, ConsoleColor.White, ConsoleColor.Red);
}


public static void PrintVerboseError(object s)
{
  Print(s, ConsoleColor.White, ConsoleColor.Red);
}


public static void Print(object s)
{
  PrintInternal(s, null);
}
#endregion


#region Ausgaben mit wählbarer Farbe

/// <summary>
/// Ausgabe an Console, Trace und Datei - nur wenn Anwendung im DEBUG Modus
/// </summary>
public static void Print(object s, ConsoleColor farbe, ConsoleColor? hintergrundfarbe = null)
{
  PrintInternal(s, farbe, hintergrundfarbe);
}


public static void PrintDebug(object s, ConsoleColor farbe, ConsoleColor? hintergrundfarbe = null)
{
  if (IsDebug || IsVerbose) PrintDebugOrVerbose(s, farbe, hintergrundfarbe);
}


public static void PrintVerbose(object s, ConsoleColor farbe)
{
  if (!IsVerbose) return;
  PrintDebugOrVerbose(s, farbe);
}
#endregion
```

```csharp
#region Spezielle Ausgabe mit Zusatzdaten


/// <summary>
/// Ausgabe mit Thread-ID
/// </summary>
public static void PrintWithThreadID(string s, ConsoleColor c = ConsoleColor.White)

{
  var ausgabe = String.Format("Thread #{0:00} {1:}: {2}",
System.Threading.Thread.CurrentThread.ManagedThreadId, DateTime.Now.ToLongTimeString(), s);

  CUI.Print(ausgabe, c);

}


/// <summary>
/// Ausgabe mit Uhrzeit
/// </summary>
public static void PrintWithTime(object s, ConsoleColor c = ConsoleColor.White)

{
  CUI.Print(DateTime.Now.Second + "." + DateTime.Now.Millisecond + ":" + s);

}


private static long count;
/// <summary>
/// Ausgabe mit fortlaufendem Zähler
/// </summary>
private static void PrintWithCounter(object s, ConsoleColor farbe, ConsoleColor? hintergrundfarbe =
null)

{
  count += 1;

  s = String.Format("{0:0000}: {1}", count, s);

  CUI.Print(s, farbe, hintergrundfarbe);

}


#endregion


#region interne Hilfsroutinen
private static void PrintDebugOrVerbose(object s, ConsoleColor farbe, ConsoleColor?
hintergrundfarbe = null)

{
  count += 1;

  s = String.Format("{0:0000}: {1}", count, s);

  Print(s, farbe, hintergrundfarbe);

  Debug.WriteLine(s);
```

```csharp
    Trace.WriteLine(s);

    Trace.Flush();

}


/// <summary>

/// Ausgabe an Console, Trace und Datei

/// </summary>

/// <param name="s"></param>

//[DebuggerStepThrough()]

private static void PrintInternal(object s, ConsoleColor? farbe = null, ConsoleColor?
hintergrundfarbe = null)

{

  if (s == null) return;


  if (HttpContext.Current != null)

  {

    try

    {

      //Achtung: Keine Textausgaben in Ausgabestrom von ASP.NET Webservices und WCF-Diensten und
WebAPI schreiben!

      if (farbe != null)

      {

        HttpContext.Current.Response.Write("<span style='color:" + farbe.Value.DrawingColor().Name +
"'>");

      }

      if (!HttpContext.Current.Request.Url.ToString().ToLower().Contains(".asmx") &&
!HttpContext.Current.Request.Url.ToString().ToLower().Contains(".svc") &&
!HttpContext.Current.Request.Url.ToString().ToLower().Contains("/api/"))
HttpContext.Current.Response.Write(s.ToString() + "<br>");


      if (farbe != null)

      {

        HttpContext.Current.Response.Write("</span>");

      }

    }

    catch (Exception)

    {

    }

  }

  else

  {

    object x = 1;

    lock (x)

    {

      ConsoleColor alteFarbe = Console.ForegroundColor;
```

```csharp
      ConsoleColor alteHFarbe = Console.BackgroundColor;


      if (farbe != null) Console.ForegroundColor = farbe.Value;

      if (hintergrundfarbe != null) Console.BackgroundColor = hintergrundfarbe.Value;


      //if (farbe.ToString().Contains("Dark")) Console.BackgroundColor = ConsoleColor.White;

      //else Console.BackgroundColor = ConsoleColor.Black;


      Console.WriteLine(s);

      Console.ForegroundColor = alteFarbe;

      Console.BackgroundColor = alteHFarbe;

    }

  }

}

#endregion


#region Position des Konsolenfensters setzen

[DllImport("kernel32.dll", ExactSpelling = true)]

private static extern IntPtr GetConsoleWindow();

private static IntPtr MyConsole = GetConsoleWindow();


[DllImport("user32.dll", EntryPoint = "SetWindowPos")]

public static extern IntPtr SetWindowPos(IntPtr hWnd, int hWndInsertAfter, int x, int Y, int cx,
int cy, int wFlags);


// Setze Position des Konsolenfensters ohne Größe

public static void SetConsolePos(int xpos, int ypos)

{

  const int SWP_NOSIZE = 0x0001;

  SetWindowPos(MyConsole, 0, xpos, ypos, 0, 0, SWP_NOSIZE);

}


// Setze Position des Konsolenfensters mit Größe

public static void SetConsolePos(int xpos, int ypos, int w, int h)

{

  SetWindowPos(MyConsole, 0, xpos, ypos, w, h, 0);

}

#endregion

  }

}
```

Listing: Klasse CUI mit Hilfsroutinen für die Bildschirmausgabe an der Konsole

6 Programmcodebeispiel zum Download

Die Beispiele zu diesem Buch können Sie als Visual Studio-Projekte herunterladen auf der Leser-Website unter www.IT-Visions.de/Leser. Dort müssen Sie sich einmalig registrieren. Bei der Registrierung wird ein **Losungswort** abgefragt, das Sie als Käufer dieses Buchs ausweist. Bitte geben Sie dort **12Monkeys** ein. Durch die Registrierung erhalten Sie ein persönliches Kennwort per E-Mail zugesendet, dass Sie dann für die Anmeldung nutzen können.

Bitte beachten Sie, dass nicht jede einzelne Zeile Programmcode, die Sie in diesem Buch finden, in den herunterladbaren Projekten enthalten sein kann. Die Projekte bilden funktionierende Lösungen. In diesem Buch warden auch alternative Lösungen für Einzelfälle diskutiert, die nicht unbedingt zu einer Gesamtlösung passen.

Dateiname	Inhalt
HSchwichtenberg_Beispielcode_EFC_Reverse.rar	Beispiel aus dem Kapitel "Reverse Engineering". Das Paket enthält auch die SQL-Skripte für das einfache Datenmodell inkl. Testdaten.
HSchwichtenberg_Beispielcode_EFC_Forward.rar	Beispiel aus dem Kapitel "Forward Engineering"
HSchwichtenberg_EFC_WeitereBeispiele.rar	Beispiele aller anderen Kapitel, die auf einer erweiterten Varianten des Beispiels aus dem Kapitel "Forward Engineering" basieren. Hier enthalten ist das Objektmodell, aus dem das komplexere Datenmodell zur Entwicklungs- oder Laufzeit angelegt warden kann. Testdaten lassen sich generieren durch einen Datengenerator, der im Quellcode enthalten ist.
HSchwichtenberg_EFC_UWP_SQLite.rar	Beispielanwendung: Einfacher Merkzettel "MiracleList" als Windows 10 Universal App, der Daten in SQLite speichert mit Hilfe von Entity Framework Core.
HSchwichtenberg_EFC_Countries_NMSelf.rar	Ländergrenzen-Beispiel aus dem Kapitel "Praxislösungen"

7 Was ist Entity Framework Core?

Entity Framework Core ist ein Objekt-Relationalen Mapper (ORM) für .NET (.NET Framework, .NET Core, Mono und Xamarin). Entity Framework Core ist eine Neuimplementierung des "ADO.NET Entity Framework".

Zusammen mit .NET Core Version 1.0 und ASP.NET Core Version 1.0 ist auch Entity Framework Core Version 1.0 am 27. Juni 2016 erstmals erschienen. Die neue Variante von Microsofts Objekt-Relationalem Mapper enthält in den ersten Versionen aber noch einige gravierende Lücken, die den Einsatzbereich beschränken. Die Version 2.0 ist in Arbeit (derzeit Preview 2-Status) und soll im Laufe des Jahres 2017 erscheinen.

7.1 Was ist ein Objekt-Relationaler Mapper?

In der Datenbankwelt sind relationale Datenbanken vorherschend, in der Programmierwelt sind es Objekte. Zwischen den beiden Welten gibt es erhebliche semantische und syntaktische Unterschiede, die man unter dem Begriff "Impedance Mismatch" (zu deutsch: Unverträglichkeit, vgl. [https://dict.leo.org/englisch-deutsch/impedance%20mismatch]) oder "Semantic Gap" (zu deutsch: demantische Lücke) zusammenfasst

Kern des objektorientierten Programmierens (OOP) ist die Arbeit mit Objekten als Instanzen von Klassen im Hauptspeicher. Die meisten Anwendungen haben dabei auch die Anforderung, in Objekten gespeicherte Daten dauerhaft zu speichern, insbesondere in Datenbanken. Grundsätzlich existieren objektorientierte Datenbanken (OODB), die direkt in der Lage sind, Objekte zu speichern. Aber objektorientierte Datenbanken haben bisher nur eine sehr geringe Verbreitung. Der vorherrschende Typus von Datenbanken sind relationale Datenbanken, die jedoch Datenstrukturen anders abbilden als Objektmodelle.

Um die Handhabung von relationalen Datenbanken in objektorientierten Systemen natürlicher zu gestalten, setzt die Software-Industrie seit Jahren auf O/R-Mapper (auch: OR-Mapper oder ORM geschrieben). O steht dabei für objektorientiert und R für relational. Diese Werkzeuge bilden demnach Konzepte aus der objektorientierten Welt, wie Klassen, Attribute oder Beziehungen zwischen Klassen auf entsprechende Konstrukte der relationalen Welt, wie zum Beispiel Tabellen, Spalten und Fremdschlüssel, ab. Der Entwickler kann somit in der objektorientierten Welt verbleiben und den O/R-Mapper anweisen, bestimmte Objekte, welche in Form von Datensätzen in den Tabellen der relationalen Datenbank vorliegen, zu laden bzw. zu speichern. Wenig interessante und fehleranfällige Aufgaben, wie das manuelle Erstellen von INSERT-, UPDATE- oder DELETE-Anweisungen übernimmt hierbei auch der O/R-Mapper, was zu einer weiteren Entlastung des Entwicklers führt.

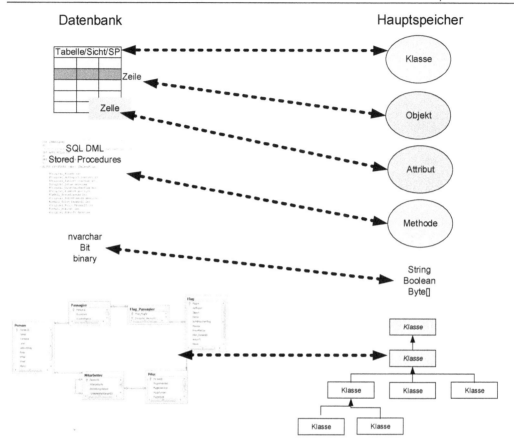

Abbildung: Beim ORM bildet man Konstrukte der OOP-Welt auf die relationale Welt ab

Zwei besonders hervorstechende Unterschiede zwischen Objektmodell und Relationenmodell sind N:M-Beziehungen und Vererbung. Während man in einem Objektmodell eine N:M-Beziehung zwischen Objekten durch eine wechselseitige Objektmenge abbilden kann, benötigt man in der relationalen Datenbank eine Zwischentabelle. Vererbung kennen relationale Datenbanken gar nicht. Hier gibt es verschiedene Möglichkeiten der Nachbildung, doch dazu später mehr.

7.2   ORM in der .NET-Welt

Wenn ein .NET-Entwickler aus einer Datenbank mit einem DataReader oder DataSet Daten einliest, dann betreibt er noch kein ORM. DataReader und DataSet sind zwar .NET-Objekte, aber diese verwalten nur Tabellenstrukturen. DataReader und DataSet sind aus der Sicht eines Objektmodells untypisierte, unspezifische Container. Erst wenn ein Entwickler spezifische Klassen für die in den Tabellen gespeicherten Strukturen definiert und die Inhalte aus DataSet oder DataReader in diese spezifischen Datenstrukturen umkopiert, betreibt er ORM. Solch ein "händisches ORM" ist für den Lesezugriff (gerade bei sehr breiten Tabellen) eine sehr aufwändige, mühselige und eintönige Programmierarbeit. Will man dann auch noch Änderungen in den Objekten wieder speichern, wird die Arbeit allerdings zur intellektuellen Herausforderung. Denn man muss erkennen können, welche Objekte verändert wurden, da man sonst ständig alle Daten wieder speichert, was in Mehrbenutzerumgebungen ein Unding ist.

Während in der Java-Welt das ORM-Werkzeug schon sehr lange zu den etablierten Techniken gehört, hat Microsoft diesen Trend lange verschlafen bzw. es nicht vermocht, ein geeignetes Produkt zur Marktreife zu führen. ADO.NET in .NET 1.0 bis 3.5 enthielt keinen ORM, sondern beschränkt sich auf den direkten Datenzugriff und die Abbildung zwischen XML-Dokumenten und dem relationalen Modell.

Viele .NET-Entwickler haben sich daher daran gesetzt, diese Arbeit mit Hilfsbibliotheken und Werkzeugen zu vereinfachen. Dies war die Geburtsstunde einer großen Vielfalt von ORM-Werkzeugen für .NET. Dabei scheint es so, dass viele .NET-Entwickler das geflügelte Wort, dass ein Mann in seinem Leben einen Baum gepflanzt, ein Kind gezeugt und ein Haus gebaut haben sollte, um den Punkt "einen OR-Mapper geschrieben" ergänzt haben (wobei der Autor dieses Buchs sich davon nicht freisprechen kann, weil er auch einen OR-Mapper geschrieben hat). Anders ist die Vielfalt der ähnlichen Lösungen kaum erklärbar. Neben den öffentlich bekannten ORM-Werkzeugen für .NET findet man in den Unternehmen zahlreiche hauseigene Lösungen.

Bekannte öffentliche ORM für .NET von Drittanbietern (z.T. Open Source) sind:

- nHibernate
- Telerik Data Access (alias Open Access)
- Genome
- LLBLGen Pro
- Wilson
- Subsonic
- OBJ.NET
- .NET Data Objects (NDO)
- Dapper
- PetaPoco
- Massive
- Developer Express XPO

Neben den aktiven Entwicklern von ORM-Werkzeugen für .NET und den passiven Nutzern gibt eine noch größere Fraktion von Entwicklern, die ORM bisher nicht einsetzen. Meist herrscht Unwissenheit, die auch nicht aufgearbeitet wird, denn es herrscht das Motto "Wenn Microsoft es nicht macht, ist es auch nicht wichtig!".

Mit LINQ-to-SQL und dem ADO.NET Entity Framework sowie Entity Framework bietet Microsoft selbst jedoch inzwischen sogar drei verschiedene Produkte an. Microsoft hat aber inzwischen verkündet, dass die Weiterentwicklungsbemühungen sich allein auf das Entity Framework Core konzentrieren.

7.3 Versionsgeschichte von Entity Framework Core

Die folgende Tabelle zeigt die Versionsgeschichte von Entity Framework Core.

Version	Downloads	Last updated
Microsoft.EntityF... 2.0.0-preview2-final	1,775	Wednesday, June 28, 2017
Microsoft.EntityF... 2.0.0-preview1-final	17,501	Wednesday, May 10, 2017
Microsoft.EntityF... 1.1.2 (this version)	**104,330**	**Tuesday, May 9, 2017**
Microsoft.EntityF... 1.1.1	166,728	Monday, March 6, 2017
Microsoft.EntityF... 1.1.0	538,087	Wednesday, November 16, 2016
Microsoft.EntityF... 1.1.0-preview1-final	18,706	Monday, October 24, 2016
Microsoft.EntityF... 1.0.4	3,300	Tuesday, May 9, 2017
Microsoft.EntityF... 1.0.3	30,237	Monday, March 6, 2017
Microsoft.EntityF... 1.0.2	38,475	Monday, December 12, 2016
Microsoft.EntityF... 1.0.1	263,729	Tuesday, September 13, 2016
Microsoft.EntityF... 1.0.0	372,703	Monday, June 27, 2016
Microsoft.EntityF... 1.0.0-rc2-final	68,372	Monday, May 16, 2016

Abbildung: Entity Framework Core-Versionsgeschichte
[Quelle: https://www.nuget.org/packages/Microsoft.EntityFrameworkCore]

Versionsnummernänderungen an der dritten Stelle (z.B. 1.0.1 und 1.0.2) enthalten nur Fehlerbehebungen. Bei Versionsnummernänderungen an der zweiten Stelle sind auch neue Funktionen enthalten. In diesem Buch wird darauf hingewiesen, wenn eine Funktion besprochen wird, die eine bestimmte Versionsnummer voraussetzt.

Hinweis: Die endgültige Version der Entity Framework Core-Werkzeuge für EF Core 1.x ist erst am 6.3.2017 im Rahmen von Entity Framework Core 1.1.1 und Visual Studio 2017 erschienen. Zuvor gab es nur "Preview"-Versionen.

7.4   Unterstützte Betriebssysteme

Genau wie die anderen Produkte der Core-Produktfamilie ist das Entity Framework Core 1.x (früherer Name: Entity Framework 7.0) ebenfalls plattformunabhängig. Die Core-Variante des etablierten Objekt-Relationalen Mappers läuft nicht nur auf dem .NET „Full" Framework, sondern auch auf .NET Core und Mono inklusive Xamarin (wobei hier noch ein baldiges Update für Xamarin aussteht, damit die Version 1.x von Entity Framework dort läuft, siehe [1]). Damit kann man Entity Framework Core 1.x auf Windows, Windows Phone/Mobile, Linux, MacOS, iOS und Android nutzen.

7.5   Unterstützte .NET-Versionen

Entity Framework Core 1.x basiert auf .NET Standard 2.0 und läuft daher auf .NET Core 1.x, .NET Framework ab Version 4.5.1, Mono ab Version 4.6, Xamarin.iOS ab Version 10, Xamarin Android ab Version 7.0 und der Windows Univeral Platform (UWP),

Entity Framework Core 2.0 basiert auf .NET Standard 2.0 und setzt daher .NET Core 2.0 oder .NET Framework 4.6.1 (oder höher) voraus. Eine Version der Windows Universal Platform (UWP) und von

Mono und Xamarin, die .NET Standard 2.0 unterstützen, gibt es zum Redaktionsschluß dieser Ausgabe dieses Buchs noch nicht, d.h. Entity Framework Core 2.0 kann aktuell noch nicht in Apps verwendet werden.

.NET-Standard	1.0	1.1	1.2	1.3	1.4	1.5	1.6	2.0
.NET Core	1.0	1.0	1.0	1.0	1.0	1.0	1.0	2.0
.NET Framework (mit Tools für 1.0)	4.5	4.5	4.5.1	4.6	4.6.1	4.6.2	vNext	4.6.1
.NET Framework (mit Tools für 2.0)	4.5	4.5	4.5.1	4.6	4.6.1	4.6.1	4.6.1	4.6.1
Mono	4.6	4.6	4.6	4.6	4.6	4.6	4.6	vNext
Xamarin.iOS	10.0	10.0	10.0	10.0	10.0	10.0	10.0	vNext
Xamarin.Android	7.0	7.0	7.0	7.0	7.0	7.0	7.0	vNext
Universelle Windows-Plattform	10.0	10.0	10.0	10.0	10.0	vNext	vNext	vNext
Windows	8.0	8.0	8.1					
Windows Phone	8.1	8.1	8.1					
Windows Phone Silverlight	8.0							

Abbildung: Implementierungen von .NET Standard
[Quelle: https://docs.microsoft.com/de-de/dotnet/standard/library]

Hinweis: Microsoft begründet die Beschränkung auf .NET Standard in Entity Framework Core 2.0 in [https://github.com/aspnet/Announcements/issues/246]. Unter anderem kann dadurch die Größe der Nuget-Pakete deutlich reduziert werden.

7.6 Unterstützte Visual Studio-Versionen

Für die Nutzung von Entity Framework Core 2.0 benötigt man zwingend Visual Studio 2017 Update 3 oder höher, auch wenn man mit dem klassischen .NET Framework programmiert, da Visual Studio nur mit diesem Update .NET Standard 2.0 kennt und versteht, dass .NET Framework 4.6.1 und höher Implementierungen von .NET Standard 2.0 sind.

Für Entity Framework Core 1.x benötigt man Visual Studio 2017, wenn man für .NET Core programmiert (die Werkzeuge für Visual Studio 2015 sind veraltert und werden von Microsoft nicht mehr aktualisiert). Für Entity Framework Core 1.x in Verbindung mit dem klassischen .NET Framework reicht auch eine ältere Visual Studio-Version.

7.7 Unterstützte Datenbanken

Auf Mobilgeräten kann Entity Framework Core aber nur lokale Datenbanken (unterstützt wird derzeit nur SQLite) ansprechen. Auf „großen" Betriebssystemen werden SQL Server, SQL Compact und SQLite von Microsoft bzw. PostgreSQL, DB2, Oracle und MySQL von anderen Anbietern unterstützt. Weitere Treiber werden folgen. Die geplante Unterstützung für NoSQL-Datenbanken wie Redis und Azure Table Storage ist in Version 1.x von Entity Framework Core noch nicht enthalten.

Datenbank	Anbieter / Preis	URL
Microsoft SQL Server	Microsoft / kostenfrei	www.nuget.org/packages/Microsoft.EntityFrameworkCore.SqlServer
Microsoft SQL Server Compact 3.5	Microsoft / kostenfrei	www.nuget.org/packages/EntityFrameworkCore.SqlServerCompact35
Microsoft SQL Server Compact 4.0	Microsoft / kostenfrei	www.nuget.org/packages/EntityFrameworkCore.SqlServerCompact40
SQLite	Microsoft / kostenfrei	www.nuget.org/packages/Microsoft.EntityFrameworkCore.Sqlite
In-Memory	Microsoft / kostenfrei	www.nuget.org/packages/Microsoft.EntityFrameworkCore.InMemory
MySQL	Oracle / kostenfrei	www.nuget.org/packages/MySQL.Data.EntityFrameworkCore
PostgreSQL	Open Source-Team npgsql.org / kostenfrei	www.nuget.org/packages/Npgsql.EntityFrameworkCore.PostgreSQL
DB2	IBM / kostenfrei	www.nuget.org/packages/EntityFramework.IBMDataServer
MySQL, Oracle, PostgreSQL, SQLite, DB2, Salesforce, Dynamics CRM, SugarCRM, Zoho CRM, QuickBooks, FreshBooks, MailChimp, ExactTarget, Bigcommerce, Magento	Devart / kostenpflichtig (99 bis 299 Dollar pro Treiberart)	www.devart.com/purchase.html#dotConnect

Tabelle 1: Verfügbare Datenbanktreiber für Entity Framework Core

ACHTUNG: Aufgrund von "Breaking Changes" in den Provider-Schnittstellen, sind die Provider für Entity Framework Core 1.x nicht kompatibel zu Entity Framework Core 2.0. Man benötigt also für die Version 2.0 neue Provider!

7.8 Funktionsumfang von Entity Framework Core

Abbildung 1 visualisiert, dass Entity Framework Core (gelb) gegenüber dem bisherigen Entity Framework (blau, aktuelle Version 6.1.3) einige neue Funktionen enthält (Bereich, der nur gelb, aber nicht blau ist). Es gibt aber auch einige Bereiche, die nur blau und nicht gelb sind: Das sind die Funktionen, die in Entity Framework 6.1.3 enthalten sind, aber nicht in Entity Framework Core 1.x. Microsoft wird einige Funktionen davon in den kommenden Versionen von Entity Framework Core nachrüsten, andere Funktionen werden für immer entfallen.

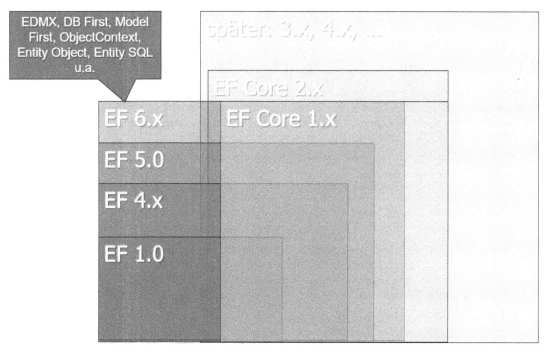

Abbildung 7.1: Funktionsumfang des bisherigen Entity Framework im Vergleich zu Entity Framework. Links zeigt eine Sprechblase einige Features, die dauerhaft entfallen sind.

7.9 Funktionen, die dauerhaft entfallen

Folgende Funktionen hat Microsoft grundsätzlich gestrichen:

- Die Vorgehensweise Database First und Model First. Es gibt nur noch das Code-based Modelling (früher Code First), mit dem man sowohl Programmcode aus Datenbanken erzeugen kann (Reverse Engineering) als auch Datenbanken aus Programmcode (Forward Engineering).

- Das Entity Data Model (EDM) und die XML-Repräsentation davon (EDMX) entfallen. Bisher wurde auch beim Code First intern ein EDM im RAM erzeugt. Der Overhead entfällt.

- Die Basisklasse ObjectContext für den Entity Framework-Kontext entfällt. Es gibt nur noch die Basisklasse DbContext. DbContext ist jetzt in Entity Framework Core kein Wrapper um ObjectContext mehr, sondern eine komplett eigenständige Implementierung.

- Die Basisklasse EntityObject für Entitätsklassen entfällt. Die Entitätsklassen sind nun immer Plain Old CLR Objects (POCOs).

- Auch die Abfragesprache Entity SQL (ESQL) entfällt. Es gibt nur noch Unterstützung für LINQ, SQL und Stored Procedures (SPs) sowie Table Valued Functions (TVFs).

- Automatische Schemamigrationen werden nicht mehr angeboten. Schemamigrationen inklusive der Ersterstellung eines Datenbankschemas sind nun zur Entwicklungszeit immer manuell auszuführen. Zur Laufzeit kann eine Migration weiterhin beim ersten Zugriff auf die Datenbank erfolgen.

- Einige Szenarien des komplexeren Mappings zwischen Tabellen und Typen entfallen. Dazu gehört das Multiple Entity Sets per Type (MEST, verschiedene Tabellen auf dieselbe Entität abbilden) und das Kombinieren der Strategien Table per HierarchyTable per Hierarchy (TPH), Table per Type (TPT) und Table per Concrete Type (TPC) in einer Vererbungshierarchie.

7.10 Funktionen, die Microsoft bald nachrüsten will

In der Roadmap für Entity Framework-Core [2] dokumentiert Microsoft-Entwickler Rowan Miller, welche Features in Entity Framework-Core fehlen, die man „bald" nachrüsten will. Dabei ist dies nicht mit einem konkreten Zeitplan hinterlegt. Bemerkenswert ist, dass Microsoft einige dieser Funktionen selbst als „kritisch" bezeichnet. Zu diesen "kritischen" fehlenden Funktionen gehören:

- Entity Framework Core unterstützt nur den Zugriff auf Tabellen, nicht aber auf Views (Sichten) in der Datenbank. Man kann Views nur nutzen, wenn man den View und den Programmcode manuell erstellt und den View behandelt wie eine Tabelle.

- Stored Procedures können bisher nur zum Abfragen von Daten (SELECT), nicht aber zum Einfügen (INSERT), Aktualisieren (UPDATE) und Löschen (DELETE) verwendet werden.

- Einige LINQ-Befehle werden derzeit nicht in der Datenbank, sondern im RAM ausgeführt. Dazu gehört auch der group by-Operator, d.h. bei allen Gruppierungen werden alle Datensätze aus der Datenbank ins RAM gelesen und dort gruppiert, was bei allen Tabellen (außer sehr kleinen) zu einer katastrophalen Performance führt.

- Es gibt weder ein automatisches Lazy Loading noch ein explizites Nachladen im Entity Framework Core-API. Aktuell kann der Entwickler verbundene Datensätze nur direkt Mitladen (Eager Loading) oder mit separaten Befehlen nachladen.

- Direktes SQL und Stored Procedures können nur genutzt werden, wenn sie Entitätstypen zurückliefern. Anderen Typen werden bisher nicht unterstützt.

- Reverse Engineering bestehender Datenbanken kann man bisher nur von der Kommandozeile bzw. der Nuget-Konsole in Visual Studio starten. Den GUI-basierten Assistenten gibt es nicht mehr.

- Es gibt auch kein „Update Model from Database" für bestehende Datenbanken, d.h. nach einem Reverse Engineering einer Datenbank muss der Entwickler Datenbankschemaänderungen im Objektmodell manuell nachtragen oder das ganze Objektmodell neu generieren. Diese Funktion gab es aber auch bisher schon bei Code First nicht, sondern nur bei Database First.

- Komplexe Typen (Complex Types), also Klassen, die keine eigene Entität, sondern Teil einer anderen Entität darstellen, gibt es nicht.

7.11 Hohe Priorität, aber nicht kritisch

In einer zweiten Liste nennt Microsoft weitere Funktionen, die sie nicht als kritisch ansehen, die aber dennoch „hohe Priorität" haben:

- Es gibt bisher keine grafische Visualisierung eines Objektmodells, wie das bisher bei EDMX möglich war.

- Einige der bisher vorhandenen Typkonvertierungen, z.B. zwischen XML und String, gibt es noch nicht.

- Die Geo-Datentypen Geography und Geometry von Microsoft SQL Server werden bisher nicht unterstützt.

- Entity Framework Core unterstützt keine N:M-Abbildungen: Bisher muss der Entwickler dies mit zwei 1:N-Abbildung und einer Zwischenentität analog zur Zwischentabelle in der Datenbank nachbilden.

- Table per Type wird bisher nicht als Vererbungsstrategie unterstützt. Entity Framework Core 1.x verwendet TPH, wenn es für die Basisklasse ein DBSet<T> gibt, sonst TPC. TPC kann man nicht explizit konfigurieren.

- Das Befüllen der Datenbank mit Daten im Rahmen der Migration (Seed()-Funktion) ist nicht möglich.

- Die mit Entity Framework 6.0 eingeführten Command Interceptors, mit denen ein Softwareentwickler von Entity Framework zur Datenbank gesendete Befehle vor und nach der Ausführung in der Datenbank beeinflussen kann, gibt es noch nicht.

Einige Punkte auf dieser High Priority-Liste von Microsoft sind auch neue Features, die Entity Framework 6.1.3 selbst (noch) gar nicht beherrscht:

- Festlegung von Bedingungen für mitzuladene Datensätze beim Eager Loading (Eager Loading Rules)

- Unterstützung für E-Tags.

- Unterstützung für Nicht-Relationale Datenspeicher ("NoSQL") wie Azure Table Storage und .

Diese Priorisierung stammt aus der Sicht von Microsoft. Der Autor dieses Buchs würde auf Basis seiner Praxiserfahrung einige Punkte anders priorisieren, zum Beispiel die N:M-Abbildung als „kritisch" hochstufen: Eine Nachbildung von N:M durch zwei 1:N-Beziehungen im Objektmodell ist zwar möglich, aber macht den Programmcode doch wesentlich komplexer. Die Migration von bestehenden Entity Framework-Lösungen zu Entity Framework Core wird damit sehr erschwert.

Das gilt auch für die fehlende Unterstützung von Table per Type-Vererbung: Auch hier muss bestehender Programmcode umfangreich geändert werden. Und auch für neue Anwendungen mit einem neuen Datenbankschema und Forward Engineering gibt es ein Problem: Wenn die Vererbung erst mal mit TPH oder TPC realisiert ist, muss man aufwändig die Daten im Datenbankschema umschichten, wenn man später doch auf TPH setzen will.

Außerdem fehlen in Microsofts Listen auch Features wie z.B. die Validierung von Entitäten, die unnötige Roundtrips zur Datenbank ersparen kann, wenn schon im RAM klar ist, dass die Entität die erforderlichen Bedingungen nicht erfüllt.

7.12 Neue Funktionen in Entity Framework Core

Entity Framework Core kann insbesondere mit folgenden Vorteilen gegenüber dem Vorgänger auftrumpfen:

- Entity Framework Core läuft nicht nur in Windows, Linux und MacOS, sondern auch auf Mobilgeräten mit Windows 10, iOS und Android. Auf den Mobilgeräten ist freilich nur ein Zugriff auf lokale Datenbanken (z.B. SQLite) vorgesehen.

- Entity Framework Core bietet eine höhere Ausführungsgeschwindigkeit – insbesondere beim Datenlesen (dabei wird fast die Leistung wie beim handgeschriebenen Umkopieren von Daten aus einem DataReader-Objekt in ein typisiertes .NET-Objekt erreicht).

- Projektionen mit Select() können nun direkt auf Entitätsklassen abgebildet werden. Der Umweg über anonyme .NET-Objekte ist nicht mehr notwendig.

- Per "Batching" fasst Entity Framework Core nun INSERT-, DELETE- und UPDATE-Operationen zu einem Rundgang zum Datenbankmanagementsystem zusammen, statt jeden Befehl einzeln zu senden.

- Standardwerte für Spalten in der Datenbank werden nun sowohl beim Reverse Engineering als auch Forward Engineering unterstützt.

- Zur Schlüsselgenerierung sind neben den klassischen Autowerten nun auch neuere Verfahren wie Sequences erlaubt.

- Als "Shadow State" bezeichnet Entity Framework Core den jetzt möglichen Zugriff auf Spalten der Datenbanktabelle, für die es kein Attribut in der Klasse gibt.

7.13 Einsatzszenarien

Angesichts dieser langen Liste von fehlenden Funktionen stellt sich die Frage, ob und wofür Entity Framework Core in der Version 1.x überhaupt zu gebrauchen ist.

Das Haupteinsatzgebiet liegt auf den Plattformen, wo Entity Framework bisher gar nicht lief: Windows Phone/Mobile, Android, iOS, Linux und MacOS/X.

- Universal Windows Platform (UWP) Apps und Xamarin Apps können nur Entity Framework Core verwenden.

- Wenn man eine neue ASP.NET Core-Anwendung entwickeln will und diese nicht auf .NET „Full" Framework, sondern .NET Core basieren soll, führt kein Weg an Entity Framework Core vorbei, denn das bisherige Entity Framework 6.1.3 läuft nicht auf .NET Core. Es gibt aber für ASP.NET Core auch den Weg, als Basis das .NET Framework 4.6.x zu verwenden, und dann kann man auch Entity Framework 6.x nutzen.

Für Projekte auf anderen Plattformen gilt:

- Eine aufwändige Migration bestehenden Programmcodes werden die verbesserten Features und die höhere Leistung von Entity Framework Core meist nicht rechtfertigen.

- Aber in neuen Projekten können Entwickler schon jetzt Entity Framework Core als Zukunftstechnik einsetzen und als Zwischenlösung für Lücken wie im Fall von Group By parallel dort noch das bisherige Entity Framework nutzen.

Ein Szenario, in dem der Einsatz von Entity Framework Core auf dem Webserver empfohlen werden kann, ist das Offline-Szenario, bei dem es auf dem Mobilgerät eine lokale Kopie der Serverdatenbank geben soll. In diesem Fall kann man auf dem Client und dem Server mit demselben Datenzugriffscode arbeiten: Der Client verwendet Entity Framework Core 1.x für den Zugriff auf SQLite und der Webserver denselben Entity Framework Core 1.x-Programmcode für den Zugriff auf einen Microsoft SQL Server (siehe Abbildung 2).

Teilen der Datenzugriffsschicht zwischen Mobilgerät und Server mit Entity Framework Core

© D. Holger Schwichtenberg 2016

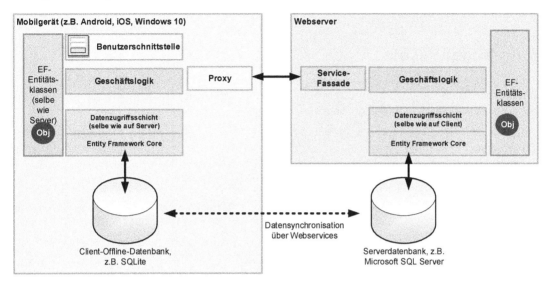

Abbildung 2: Teilen der Datenzugriffsschicht zwischen Mobilgerät und Webserver mit Entity Framework Code

Wenig Sinn macht zum jetzigen Zeitpunkt eine Migration von Entity Framework 6.1.3 auf Entity Framework Core 1.x. Dafür sprechen könnte nur die bessere Performance von Entity Framework Core in einigen Fällen. Man muss aber die schlechtere Performance in anderen Fällen (z.B. GroupBy) beachten und den enormen Umstellungsaufwand im Programmcode.

7.14 Literatur

[1] Entity Framework 6.x versus Entity Framework Core 1.0 Feature Comparison
http://www.efproject.net/en/latest/efcore-vs-ef6/features.html

[2] Rowan Miller: Entity Framework Core Roadmap
https://github.com/aspnet/EntityFramework/wiki/Roadmap

8 Installation von Entity Framework Core

Für Entity Framework Core gibt es keine Setup.exe. Entity Framework Core installiert man in einem Projekt über Nuget-Pakete.

8.1 Nuget-Pakete

Entity Framework Core besteht im Gegensatz zum klassischen Entity Framework aus mehr Nuget-Paketen. Die folgende Tabelle zeigt nur die Wurzelpakete. Deren Abhängigkeiten, zu denen die zugehörigen Pakete Nuget dann automatisch mitinstalliert, sind hier nicht genannt.

Datenbank-management system	Nuget-Paket, das zur Laufzeit benötigt wird	Nuget-Paket, das zur Entwicklungszeit für Reverse Engineering oder Schemamigrationen benötigt wird
Microsoft SQL Server Express, Standard, Enterprise, Developer, LocalDB (ab Version 2008)	Microsoft.EntityFrameworkCore.SqlServer	Microsoft.EntityFrameworkCore.Tools Microsoft.EntityFrameworkCore.SqlServer (für EF Core 2.0) Microsoft.EntityFrameworkCore.SqlServer.Design (für EF Core 1.x)
Microsoft SQL Server Compact 3.5	EntityFrameworkCore.SqlServerCompact35	Nicht verfügbar
Microsoft SQL Server Compact 4.0	EntityFrameworkCore.SqlServerCompact40	Nicht verfügbar
SQLite	Microsoft.EntityFrameworkCore.Sqlite	Microsoft.EntityFrameworkCore.Tools Microsoft.EntityFrameworkCore.Sqlite (für EF Core 2.0) Microsoft.EntityFrameworkCore.Sqlite.Design (für EF Core 1.x)
In-Memory	Microsoft.EntityFrameworkCore.InMemory	Nicht verfügbar – macht keinen Sinn
PostgreSQL	Npgsql.EntityFrameworkCore.PostgreSQL	Microsoft.EntityFrameworkCore.Tools Npgsql.EntityFrameworkCore.PostgreSQL (für EF Core 2.0) Npgsql.EntityFrameworkCore.PostgreSQL.Design (für EF Core 1.x)
MySQL	MySQL.Data.EntityFrameworkCore	MySQL.Data.EntityFrameworkCore.Design

Tabelle 1: Die wichtigsten auf nuget.org verfügbaren Pakete für Entity Framework Core

Seit Entity Framework Core Version 2.0 Preview 2 hat Microsoft den Zuschnitt der Pakete abermals geändert. Vorher gab es zu jedem Treiber zwei Pakete, eins mit "Design" im Namen. Die "Design"-Pakete wurden aufgelöst und in die eigentlichen Treiber-Assemblies integriert.

```
▲ ■-■ Microsoft.EntityFrameworkCore.SqlServer [2.0.0.0]
   ▷ { } JetBrains.Annotations
   ▷ { } Microsoft.EntityFrameworkCore
   ▷ { } Microsoft.EntityFrameworkCore.Design.Internal
   ▷ { } Microsoft.EntityFrameworkCore.Diagnostics
   ▷ { } Microsoft.EntityFrameworkCore.Infrastructure
   ▷ { } Microsoft.EntityFrameworkCore.Infrastructure.Internal
   ▷ { } Microsoft.EntityFrameworkCore.Internal
   ▷ { } Microsoft.EntityFrameworkCore.Metadata
   ▷ { } Microsoft.EntityFrameworkCore.Metadata.Conventions
   ▷ { } Microsoft.EntityFrameworkCore.Metadata.Conventions.Internal
   ▷ { } Microsoft.EntityFrameworkCore.Metadata.Internal
   ▷ { } Microsoft.EntityFrameworkCore.Migrations
   ▷ { } Microsoft.EntityFrameworkCore.Migrations.Internal
   ▷ { } Microsoft.EntityFrameworkCore.Migrations.Operations
   ▷ { } Microsoft.EntityFrameworkCore.Query.Expressions.Internal
   ▷ { } Microsoft.EntityFrameworkCore.Query.ExpressionTranslators.Internal
   ▷ { } Microsoft.EntityFrameworkCore.Query.Internal
   ▷ { } Microsoft.EntityFrameworkCore.Query.Sql.Internal
   ▷ { } Microsoft.EntityFrameworkCore.Scaffolding.Internal
   ▷ { } Microsoft.EntityFrameworkCore.Storage.Internal
   ▷ { } Microsoft.EntityFrameworkCore.Update.Internal
   ▷ { } Microsoft.EntityFrameworkCore.Utilities
   ▷ { } Microsoft.EntityFrameworkCore.ValueGeneration.Internal
   ▷ { } Microsoft.Extensions.DependencyInjection
   ▷ { } System
   ▷ { } System.Collections.Generic
   ▷ { } System.Reflection
   ▷ { } System.Text
▲ ■-■ Microsoft.EntityFrameworkCore.SqlServer.Design [1.1.1.0]
   ▷ { } JetBrains.Annotations
   ▷ { } Microsoft.EntityFrameworkCore.Infrastructure
   ▷ { } Microsoft.EntityFrameworkCore.Internal
   ▷ { } Microsoft.EntityFrameworkCore.Scaffolding.Internal
   ▷ { } Microsoft.EntityFrameworkCore.Scaffolding.Metadata.Internal
   ▷ { } Microsoft.EntityFrameworkCore.Utilities
   ▷ { } System
   ▷ { } System.Reflection
   ▷ { } System.Text
```

Abbildung: In EF Core 2.0 hat Microsoft die Klassen der Microsoft.EntityFrameworkCore.SqlServer.Design.dll in die Microsoft.EntityFrameworkCore.SqlServer.dll integriert

8.2   Paketinstallation

Die Installation erfolgt mit dem Nuget Package Manager oder dem PowerShell-Commandlet Install-Package in Visual Studio.

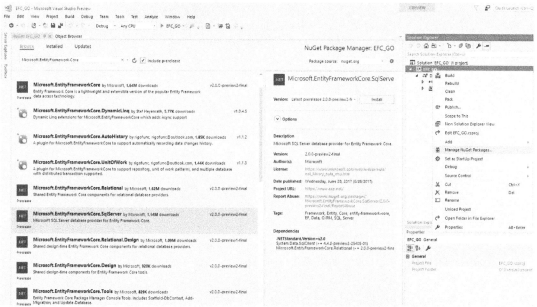

Abbildung: Installation des Treibers für Microsoft SQL Server mit dem Nuget Package Manager-GUI

An der Kommandozeile (Nuget Package Manager Console) installiert man die aktuelle stabile Version mit:

```
Install-Package Microsoft.EntityFrameworkCore.SqlServer
```

Man installiert die aktuelle Vorab-Version mit:

```
Install-Package Microsoft.EntityFrameworkCore.SqlServer -Pre
```

Man installiert eine bestimmte Version mit:

```
Install-Package Microsoft.EntityFrameworkCore.SqlServer -Version 1.1.2
```

```
Package Manager Console
Package source:  All                          ▼ ⚙  Default project:  EFC_GO                          ▼ ⚿ ⚙
PM> Install-Package Microsoft.EntityFrameworkCore.SqlServer -Version 1.1.2
  GET https://api.nuget.org/v3/registration2-gz-semver2/microsoft.entityframeworkcore.sqlserver/index.json
  OK https://api.nuget.org/v3/registration2-gz-semver2/microsoft.entityframeworkcore.sqlserver/index.json 647ms
Restoring packages for C:\Users\hs\source\repos\EFC_GO\EFC_GO\EFC_GO.csproj...
Installing runtime.win7-x86.runtime.native.System.Data.SqlClient.sni 4.3.0.
Installing runtime.win7-x64.runtime.native.System.Data.SqlClient.sni 4.3.0.
Installing System.Text.Encoding.CodePages 4.3.0.
Installing System.Net.Security 4.3.0.
Installing System.Data.SqlClient 4.3.1.
Installing runtime.native.System.Data.SqlClient.sni 4.3.0.
Installing System.IO.Pipes 4.3.0.
Installing NuGet package Microsoft.EntityFrameworkCore.SqlServer 1.1.2.
Committing restore...
Writing lock file to disk. Path: C:\Users\hs\source\repos\EFC_GO\EFC_GO\obj\project.assets.json
Restore completed in 2,6 sec for C:\Users\hs\source\repos\EFC_GO\EFC_GO\EFC_GO.csproj.
Successfully installed 'Microsoft.CSharp 4.3.0' to EFC_GO
Successfully installed 'Microsoft.EntityFrameworkCore 1.1.2' to EFC_GO
Successfully installed 'Microsoft.EntityFrameworkCore.Relational 1.1.2' to EFC_GO
Successfully installed 'Microsoft.EntityFrameworkCore.SqlServer 1.1.2' to EFC_GO
Successfully installed 'Microsoft.Extensions.Caching.Abstractions 1.1.1' to EFC_GO
Successfully installed 'Microsoft.Extensions.Caching.Memory 1.1.1' to EFC_GO
Successfully installed 'Microsoft.Extensions.DependencyInjection 1.1.0' to EFC_GO
Successfully installed 'Microsoft.Extensions.DependencyInjection.Abstractions 1.1.0' to EFC_GO
Successfully installed 'Microsoft.Extensions.Logging 1.1.1' to EFC_GO
Successfully installed 'Microsoft.Extensions.Logging.Abstractions 1.1.1' to EFC_GO
Successfully installed 'Microsoft.Extensions.Options 1.1.1' to EFC_GO
Successfully installed 'Microsoft.Extensions.Primitives 1.1.0' to EFC_GO
Successfully installed 'Microsoft.NETCore.Targets 1.1.0' to EFC_GO
Successfully installed 'Microsoft.Win32.Primitives 4.3.0' to EFC_GO
Successfully installed 'Remotion.Linq 2.1.1' to EFC_GO
```

Abbildung: Installation des Treibers für Microsoft SQL Server mit dem Nuget Package Manager Console (hier gezeigt in Version 1.1.2)

Alle verfügbaren Versionen eines Pakets kann man an der Nuget Package Manager Console auflisten mit:

```
(Find-Package Microsoft.EntityFrameworkCore.SqlServer -ExactMatch -allversions -
includeprerelease).Versions | Format-Table Version, Release
```

Die in den Projekten der aktuellen Projektmappe referenzierten Versionen eines Pakets sieht man mit:

```
(Get-Package Microsoft.EntityFrameworkCore.SqlServer) | Format-Table Projectname, id, Versions
```

```
Package Manager Console
Package source:  All                          ▼ ⚙  Default project:  EFC_Konsole                     ▼ ⚿ ⚙
PM> (Get-Package Microsoft.EntityFrameworkCore.SqlServer) | Format-Table Projectname, id, Versions

ProjectName Id                                                        Versions
----------- --                                                        --------
EFC_GL      Microsoft.EntityFrameworkCore.SqlServer                   {2.0.0-preview2-final}
EFC_GUI     Microsoft.EntityFrameworkCore.SqlServer                   {2.0.0-preview2-final}
EFC_Reverse Microsoft.EntityFrameworkCore.SqlServer                   {2.0.0-preview2-final}
EFC_Reverse Microsoft.EntityFrameworkCore.SqlServer.Design            {1.1.2}
EFC_Forward Microsoft.EntityFrameworkCore.SqlServer                   {1.1.1}
EFC_Forward Microsoft.EntityFrameworkCore.SqlServer.Design            {1.1.1}
EFC_Kontext Microsoft.EntityFrameworkCore.SqlServer                   {2.0.0-preview2-final}
EFC_Konsole Microsoft.EntityFrameworkCore.SqlServer                   {2.0.0-preview2-final}


PM>
```

Abbildung: Das Commandlet Get-Package zeigt, dass einige Projekte bereits auf EF Core 2.0 aktualisiert wurden, andere noch nicht

8.3 Aktualisierung auf eine neue Version

Bestehende Projekte aktualisiert man auf eine neue Version von Entity Framework Core mit dem Nuget Package Manager, entweder in seiner grafischen Version oder an der Kommandozeile.

Das Nuget Package Manager-GUI zeigt beim Vorliegen einer neuen Entity Framework Core-Version an zeigt an, dass zahlreiche Nuget-Pakete zu aktualisieren sind.

Praxistipp 1: Da der Nuget Package Manager bei vielen Aktualisierungen sich manchmal "verheddert" sollten Sie nicht alle Pakete auf einmal aktualisieren (wie Abbildung 1 es zeigt), sondern nur das eigentlich Wurzelpaket, also das Paket mit dem gewünschten Entity Framework Core-Treiber (siehe Abbildung 2). Diese Aktualisierung zieht dann die Aktualisierung der Abhängigkeiten nach sich.

Abbildung 1: Grafische Aktualisierung aller Nuget-Pakete (nicht empfohlen!)

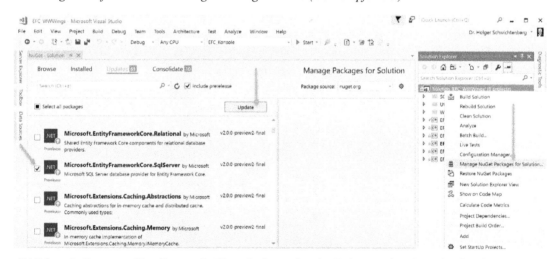

Abbildung 2: Besser wählen Sie nur die Wurzelpakete, also das Paket mit dem Datenbanktreiber

Dies entspricht der Vorgehensweise an der Kommandozeile, wo man ja auch nicht alle Pakete eintippen möchte, sondern nur das Wurzelpaket aktualisiert, z.B. Aktualisierung auf Entity Framework Core 2.0 Preview 2:

```
Update-Package Microsoft.EntityFrameworkCore.SqlServer -Version 2.0.0-preview2-final
```

Praxistipp 2: Wenn Sie bei der Aktualisierung von Entity Framework Core 1.x auf Version 2.0 ab Preview 2 die Fehlermeldung "*Could not install package 'Microsoft.EntityFrameworkCore.SqlServer 2.0.0-preview2-final'. You are trying to install this package into a project that targets '.NETFramework,Version=v4.x, but the package does not contain any assembly references or content files that are compatible with that framework.*" erhalten, kann dies folgende Ursachen haben:

- Sie verwenden eine .NET-Version vor 4.6.1, die nicht kompatibel zu .NET Standard 2.0 ist und daher nicht Entity Framework Core 2.0 nutzen kann.

- Wenn die Versionsnummer in der Fehlermeldung aber 4.6.1 oder höher ist (vgl. Abbildung 5), dann liegt dies daran, dass Sie eine zu alte Version von Visual Studio verwenden. Entity Framework Core 2.0 kann erst ab Visual Studio 2015 Update 3 mit installiertem .NET Core (auch wenn Sie das klassische .NET Framework nutzen, muss .NET Core <u>auf dem Entwicklungssystem</u> installiert sein!) eingesetzt werden.

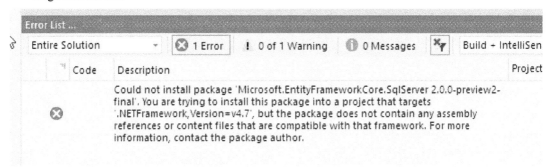

Abbildung 5: Fehlermeldung beim Aktualisieren auf EF Core 2.0 ab Preview 2

Praxistipp 3: Bei der Aktualisierung von EF Core 1.x und Version 2.0 müssen ab Preview 2 die Referenz auf das Paket "Microsoft.EntityFrameworkCore.SqlServer.Design" manuell entfernen:

```
uninstall-package Microsoft.EntityFrameworkCore.SqlServer.Design
```

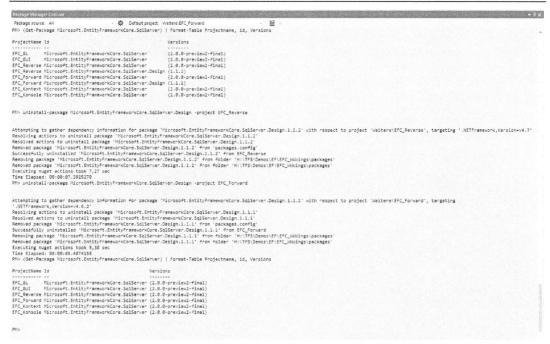

Abbildung 4: Deinstallation des in Entity Framework Core 2.0 ab Preview 2.0 nicht mehr benötigten Pakets Microsoft.EntityFrameworkCore.SqlServer.Design

Praxistipp 4: Manchmal findet Visual Studio nach einer Aktualisierung das Kompilat von anderen Projekten in der gleichen Projektmappe nicht mehr. In diesem Fall deaktivieren Sie im Reference Manager (References/Add Reference) das Projekt kurz, um es direkt wieder zu wählen.

Code	Description	Project ▲	File
⊗ CS0006	Metadata file 'H:\TFS\Demos\EF\EFC_WWWings\EFC_Kontext\bin\Debug \EFC_Kontext.dll' could not be found	EFC_Konsole	CSC

Abbildung 3: Das Projekt ist vorhanden, das Kompilat wird aber nicht gefunden

Abbildung 5: Entfernen und neu einfügen der Referenz

9 Artifakte der Entity Framework Core-Programmierung

Das folgende Schaubild zeigt die zentralen Artifakte der Programmierung mit Entity Framework Core. Danach folgt eine grobe Erklärung. Details zu diesen Artifakten erfahren Sie in den Folgekapiteln.

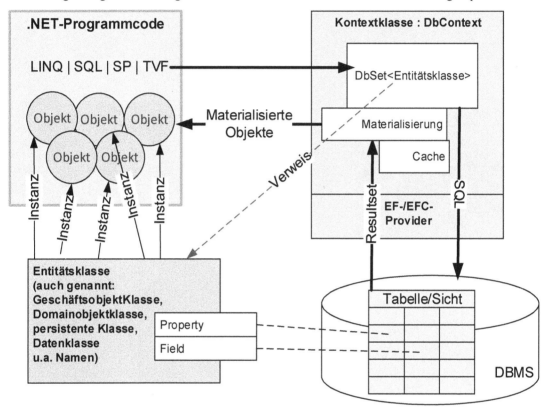

Abbildung 1: Die zentralen Artifakte in Entity Framework Core und ihr Zusammenhang.

Das Datenbankmanagementsystem (DBMS) enthält eine Datenbank mit Tabellen (Table) und Sichten (View). Wichtig ist, dass nur Tabellen mit Primärschlüssel bzw. Sichten, die einen Primärschlüssel einbeziehen, verwendet werden können.

Entitätsklassen (alias: Domainobjektklasse, Geschäftsobjektklasse, Datenklasse oder persistente Klasse) sind Abbildungen von Tabellen und Sichten. Sie enthaten Properties und/oder Fields, die auf Spalten der Tabellen/Sichten abgebildet werden. Entitätsklassen können POCO-Klassen sein (Plain Old CLR Objects, d.h. sie brauchen keine Basisklasse und keine Schnittstelle). Sie können aber eigenständig nicht auf die Datenbank zugreifen.

BEST PRACTICE: Auch wenn Fields möglich sind, sollten Sie nur mit Properties arbeiten.

Die Kontextklasse ist eine von der Basisklasse DbContext abgeleitete Klasse. Sie besitzt Properties vom Typ DbSet<Entitätsklasse> für die Entitätsklassen. Die Kontextklasse bzw. die DbSet-Properties nehmen die Befehle des selbsterstellten Programmcodes entgegen in Form von LINQ-Befehlen, SQL-Befehlen, Stored Procedure- und Table Valued Function (TVF)-Aufrufen bzw. speziellen API-Aufrufen für Anfügen, Ändern und Löschen. Die Kontextklasse sendet die Befehle an den DBMS-spezifischen Provider, der die Befehle via DbCommand-Objekte an die Datenbank sendet und Resultsets in einem DataReader von der Datenbank empfängt. Die Kontextklasse wandelt den Inhalt des DataReader-Objekts in Instanzen der Entitätsklasse um. Diesen Vorgang nennt man Materialisierung.

10 Reverse Engineering bestehender Datenbanken

Das komplett neu gestaltete Entity Framework Core unterstützt neben der Generierung von Datenbanken aus Objektmodellen (Forward Engineering) auch die Nutzung bestehender Datenbankmodelle (Reverse Engineering).

Das ADO.NET Entity Framework, der Vorgänger von Entity Framework Core, unterstützt bisher drei Vorgehensmodelle (siehe Abbildung 1):

- Database First (nur Reverse Engineering)
- Model First (nur Forward Engineering)
- Code First (Forward Engineering und später auch Reverse Engineering)

Von diesen drei Vorgehensmodellen ist in Entity Framework Core nur das letztere übriggeblieben (siehe Abbildung 1), wobei Microsoft nun nicht mehr von Code First spricht (weil dieser Name eben nur Forward Engineering suggeriert), sondern die Vorgehensweise jetzt allgemeiner "Code Based Modeling" nennt.

	EF-Versionen	Bestehende Datenbank (Reverse Eng.)	Keine bestehende Datenbank (Forward Eng.)
DB First (EF Designer)	EF 1.0 **bis 6.x**	Ja	Nein
Model First (EF Designer)	EF 4.0 **bis 6.x**	Nein	Ja
Code First (→ "Code Based Modeling")	Seit EF 4.1	Ja (relativ neu)	Ja

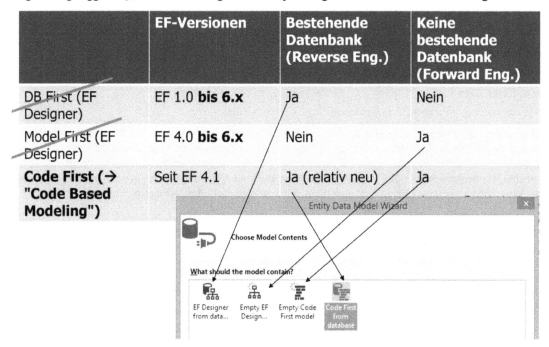

Abbildung 1: Von den drei Vorgehensmodellen aus Entity Framework bleibt in Entity Framework Core nur eins über.

Den in Abbildung 1 sichtbaren Assistenten zum Anlegen neuer Entity Framework-Modelle gibt es für Entity Framework Core zunächst auch nicht. Gemäß neuer Microsoft-Manier gibt es hier erst mal nur Kommandozeilenwerkzeuge. Dabei gibt es zwei Varianten dieser Kommandozeilenwerkzeuge:

- **PowerShell-Commandlets** für die Nuget Package Manager-Konsole innerhalb der Visual Studio-Entwicklungsumgebung. Diese Befehle kann man nicht nur in .NET Core-Projekten, sondern auch in .NET "Full" Framework-Projekten nutzen.

- Das **Kommandozeilenwerkzeug "dotnet"** (unter Windows: dotnet.exe), das man auch unabhängig von Visual Studio und Windows verwenden kann, ist aber nur verfügbar für .NET Core- oder ASP.NET Core-basierte Projekte

10.1 Reverse Engineering mit PowerShell-Befehlen

Für das Reverse Engineering mit PowerShell-Commandlets muss sich der Entwickler zunächst einmal zwei Nuget-Pakete in genau das Visual Studio-Projekt holen, in dem er die Klassen für das bestehende Datenbankschema erzeugen will.

Das ist zum einen ein Paket, das die PowerShell-Commandlets selbst beinhaltet:

```
Install-Package Microsoft.EntityFrameworkCore.Tools
```

Zum zweiten braucht man noch ein Paket, das den Treiber für diese Werkzeuge in Bezug auf ein konkretes Datenbankmanagementsystem beinhaltet, z.B. für einen Microsoft SQL Server in EF Core 1.x (siehe Tabelle 1):

```
Install-package Microsoft.EntityFrameworkCore.SqlServer.Design
```

In EF Core 2.0 hat Microsoft dieses Paket in das Paket Microsoft.EntityFrameworkCore.SqlServer integriert, d.h. ab EF Core 2.0 ist stattdessen notwendig

```
Install-package Microsoft.EntityFrameworkCore.SqlServer
```

Für SQLite ist dies dann für EF Core 2.0:

```
Install-package  Microsoft.EntityFrameworkCore.Sqlite
```

bzw. für EF Core 1.x:

```
Install-package  Microsoft.EntityFrameworkCore.Sqlite.Design
```

Es ist übrigens notwendig, dass die Werkzeuge-Pakete sowohl im Startprojekt der Projektmappe als auch in dem Projekt, in das die Codegenerierung erfolgen soll, vorhanden sind. Man kann natürlich das Projekt, in das die Codegenerierung erfolgen soll, kurzzeitig zum Startprojekt machen, selbst wenn es sich dabei um eine Klassenbibliothek (DLL-Assembly) handelt, die zum Anwendungsstart ja noch gar nicht geeignet ist. Visual Studio beschwert sich hier aber nicht, solange man nicht das Debugging konkret starten will.

Beim Ausführen dieser Paket-Installations-Befehle erschrickt man zunächst: Insgesamt 33 (sic!) Assembly-Referenzen kommen dadurch zum Projekt hinzu (siehe Abbildung 2). Darunter sind auch solche, über die man sich sehr wundern muss, z.B. Assemblies für ASP.NET Core, auch wenn man sich gar nicht in einem ASP.NET Core-Projekte befindet; zumal alle diese Abhängigkeiten dann zur Laufzeit gar nicht mehr gebraucht, sondern rein zur Entwicklungszeit benötigt werden. Microsoft hat diese Problematik zwar schon auf dem Radar [1], aber leider die Lösung auf eine spätere Version verschoben. Uns als Entwicklern bleiben aktuell nur zwei Möglichkeiten:

- die Werkzeug-Pakete nach der Codegenerierung wieder zu deinstallieren (und bei späterem Änderungsbedarf wieder neu zu installieren) oder

- die Codegenerierung in einem zusätzlichen Projekt vorzunehmen und die generierten Dateien dann in andere Projekte ohne diese unnötigen Abhängigkeiten zu kopieren. In diesen Projekten wird dann nur das Laufzeitpaket, z.B. install-package Microsoft.Entityframeworkcore.Sqlserver (bzw. anderer Datenbanktreiber) gebraucht, das aber im neuen Microsoft-Modularisierungsstil auch 32 Abhängigkeiten von anderen Assemblies hat. Diese Vorgehensweise bietet sich an, weil man sowie den generierten Programmcode trennen sollte: Die Entitätsklassen in ein Projekt, das man über mehrere Schichten verwendet; die Kontextklasse in ein anderes Projekt, das nur auf der Ebene der Datenzugriffsschicht existiert.

Visual Studio selbst unterstützt das Verschieben von Dateien zwischen Projekten übrigens gar nicht direkt; beim Drag&Drop wird eine Datei kopiert und muss dann händisch gelöscht werden. Hier im vorliegenden Fall reicht das Kopieren aber aus, denn das Generatorprojekt muss man überhaupt nicht referenzieren, sodass die doppelt existierenden Klassen nicht ins Gewicht fallen.

Leider kann man dem Code-Generator von Entity Framework Core keine Einstellungen für die Namensräume mitgeben; er verwendet sowohl für die generierten Entitätsklassen als auch für die Kontextklasse immer den Standardnamensraum des Projekts. Daher sollte man den Standardnamensraum in dem Generierungsprojekt so einstellen, dass dieser zumindest schon zu den Entitätsklassen passt. Dann muss man nur noch den Namensraum der Kontextklasse manuell ändern.

Abbildung 2: Die Entity Framework Core-Werkzeuge haben eine große Anzahl von Abhängigkeiten.

10.2 Code-Generierung

Die eigentliche Code-Generierung läuft dann nach der Installation der beiden Pakete über das Commandlet Scaffold-DbContext, welchem durch den Entwickler zumindest der Name des Datenbankproviders und eine Verbindungszeichenfolge zu übergeben sind:

```
Scaffold-DbContext -Connection
"Server=DBServer02;Database=WWWings;Trusted_Connection=True;MultipleActiveResultSets=True;" -Provider
Microsoft.EntityFrameworkCore.SqlServer
```

Mit diesem Befehl werden Klassen für alle Tabellen in dieser Datenbank erzeugt. Alternativ kann man mit -Schema oder -Tables die Generierung auf bestimmte Datenbankschemanamen oder Tabellennamen begrenzen. Bei beiden Parametern kann man mehrere Namen getrennt durch Semikolons angeben, z.B.

```
Scaffold-DbContext -Connection "Server=
DBServer02;Database=WWWings;Trusted_Connection=True;MultipleActiveResultSets=True;" -Provider
Microsoft.EntityFrameworkCore.SqlServer -tables Flug,Passagier,Flug_passagier
```

Die Tabellennamen kann man dabei mit oder ohne Schemanamen (also Flug oder Betrieb.Flug) angeben. Aber Achtung: Wenn eine Tabelle mit gleichem Namen in mehreren Schemata existiert, werden durch eine Angabe ohne Schemanamen Entitätsklassen für alle Tabellen dieses Namens aus allen Schemata generiert.

Im Standard erfolgt die Code-Generierung in das aktuell in der Nuget Paket Manager-Konsole gewählte Projekt in dessen Hauptverzeichnis unter Verwendung des Standardnamensraums dieses Projekts. Mit den Parametern -Project und -OutputDir kann der Entwickler das Projekt und den Ausgabeordner beeinflussen. Es ist aber leider mit den bisher vorhandenen Parametern nicht möglich, die Codegenerierung der Entitätsklasse und der Kontextklasse in verschiedene Projekte zu lenken.

In Bezug auf das in Abbildung 3 gezeigte Datenmodell erzeugt das Commandlet Scaffold-DbContext nun folgende Ausgaben (siehe Abbildung 4):

- Je eine Entitätsklasse (siehe Beispiel in Listing 1) im POCO-Stil für jede der sechs Tabellen – also auch für die N:M-Zwischentabelle "Flug_Passagier", die das bisherige Entity Framework stets im Objektmodell eliminiert hat. Entity Framework Core in der Version 1.x unterstützt aber leider noch keine N:M-Beziehungen, sondern lediglich deren Nachbildung durch zwei 1:N-Beziehungen, wie dies auch im relationalen Modell erfolgt.

- Eine Kontextklasse (siehe Listing 2), die von der Basisklasse Microsoft.EntityFrameworkCore.DbContext abgeleitet ist. Anders als bisher ist diese Klasse kein Wrapper um die Klasse ObjectContext mehr, sondern eine ganz neue und eigenständige Implementierung. Den Namen dieser Klasse kann der Entwickler mit dem Kommandozeilenparameter -Context beeinflussen. Leider ist die Angabe eines Namensraums hier nicht möglich. Die Verwendung von Punkten bei dem Parameterwert quittiert Visual Studio mit "The context class name passed in, is not a valid C# identifier."

- Sofern für einzelne Spalten eine Codegenerierung nicht möglich ist, gibt eine gelb hinterlegte Warnungsausgabe in der Paket Manager-Konsole. Dies passiert z.B. bei den Datentypen Geometry und Geography, die Entity Framework Core noch nicht unterstützt.

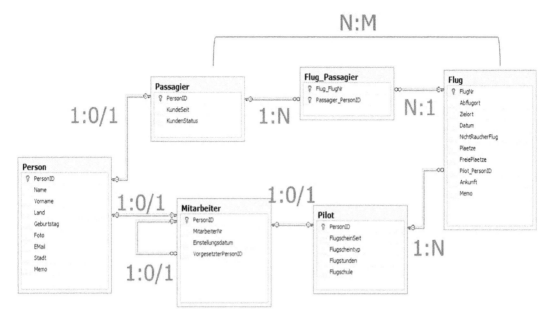

Abbildung 3: Beispieldatenbank für eine Fluggesellschaft

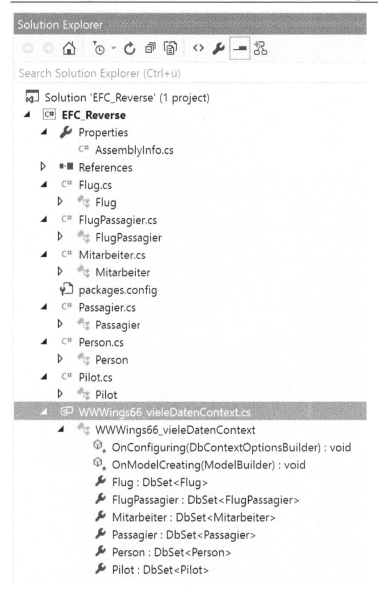

Abbildung 4: Generierte Klassen für die Beispieldatenbank aus Abbildung 3

Anders als bisher beim Reverse Engineering mit ADO.NET Entity Framework gibt es beim Entity Framework Core auch keinen automatischen Eintrag der Verbindungszeichenfolge in der Anwendungskonfigurationsdatei app.config bzw. web.config. Die Verbindungszeichenfolge befindet sich nach der Generierung in der Methode OnConfiguring() der Kontextklasse und es obliegt dem Softwareentwickler selbst, dafür einen geeigneten und ggf. gesicherten Speicherort zu finden.

Eine "Pluralisierung" (also ein In-den–Plural-Ssetzen der Tabellennamen in den Klassennamen) findet nicht statt. Bisher gibt es in Entity Framework Core auch keine Option dafür, was jedoch kein großer Verlust ist, da der Pluralisierungsdienst bislang immer nur für englische Tabellennamen funktionierte. Für

Entity Framework Core Version 1.1 hat Microsoft angekündigt [4], wieder einen Namenspluralisierungsdienst beim Reverse Engineering anzubieten.

```csharp
using System;

using System.Collections.Generic;

using System.ComponentModel.DataAnnotations.Schema;

namespace EFC_Reverse

{

 public partial class Flug

 {

  public Flug()

  {

   FlugPassagier = new HashSet<FlugPassagier>();

  }

  public int FlugNr { get; set; }

  public string Abflugort { get; set; }

  public string Zielort { get; set; }

  public DateTime Datum { get; set; }

  public bool NichtRaucherFlug { get; set; }

  public short Plaetze { get; set; }

  public short? FreiePlaetze { get; set; }

  public int? PilotPersonId { get; set; }

  public DateTime? Ankunft { get; set; }

  public string Memo { get; set; }

  public bool? Bestreikt { get; set; }

  public int? Auslastung { get; set; }

  public byte[] Timestamp { get; set; }

  public virtual ICollection<FlugPassagier> FlugPassagier { get; set; }

  public virtual Pilot PilotPerson { get; set; }

 }

}
```

Listing 1: Generierte Entitätsklasse "Flug"

```csharp
using System;

using Microsoft.EntityFrameworkCore;

using Microsoft.EntityFrameworkCore.Metadata;

namespace EFC_Reverse

{

    public partial class WWWingsContext : DbContext

    {

        protected override void OnConfiguring(DbContextOptionsBuilder optionsBuilder)

        {

            #warning To protect potentially sensitive information in your connection string, you
should move it out of source code. See http://go.microsoft.com/fwlink/?LinkId=723263 for guidance on
storing connection strings.
```

```
optionsBuilder.UseSqlServer(@"Server=.;Database=WWWings;Trusted_Connection=True;MultipleActiveResultS
ets=True;");

        }

        protected override void OnModelCreating(ModelBuilder modelBuilder)

        {

            modelBuilder.Entity<Flug>(entity =>

            {

                entity.HasKey(e => e.FlugNr)

                    .HasName("PK_Flug");

                entity.ToTable("Flug", "Betrieb");

                entity.HasIndex(e => new { e.Abflugort, e.Zielort, e.Datum })

                    .HasName("Abflugort");

                entity.Property(e => e.FlugNr).ValueGeneratedNever();

                entity.Property(e => e.Abflugort)

                    .IsRequired()

                    .HasColumnType("varchar(50)")

                    .HasDefaultValueSql("'(offen)'");

                entity.Property(e => e.Ankunft).HasColumnType("datetime");

                entity.Property(e => e.Datum).HasColumnType("datetime");

                entity.Property(e => e.Memo).HasColumnType("varchar(max)");

                entity.Property(e => e.PilotPersonId).HasColumnName("Pilot_PersonID");

                entity.Property(e => e.Timestamp)

                    .HasColumnType("timestamp")

                    .Va();

                entity.Property(e => e.Zielort)

                    .IsRequired()

                    .HasColumnType("varchar(50)");

                entity.HasOne(d => d.PilotPerson)

                    .WithMany(p => p.Flug)

                    .HasForeignKey(d => d.PilotPersonId)

                    .HasConstraintName("FK_FL_Flug_PI_Pilot");

            });

            modelBuilder.Entity<FlugPassagier>(entity =>

            {

                entity.HasKey(e => new { e.FlugFlugNr, e.PassagierPersonId })

                    .HasName("PK_Flug_Passagier");

                entity.ToTable("Flug_Passagier", "Betrieb");

                entity.Property(e => e.FlugFlugNr).HasColumnName("Flug_FlugNr");

                entity.Property(e => e.PassagierPersonId).HasColumnName("Passagier_PersonID");

                entity.HasOne(d => d.FlugFlugNrNavigation)

                    .WithMany(p => p.FlugPassagier)

                    .HasForeignKey(d => d.FlugFlugNr)
```

```
                    .OnDelete(DeleteBehavior.Restrict)

                    .HasConstraintName("FK_Flug_Passagier_Flug");

            entity.HasOne(d => d.PassagierPerson)

                    .WithMany(p => p.FlugPassagier)

                    .HasForeignKey(d => d.PassagierPersonId)

                    .OnDelete(DeleteBehavior.Restrict)

                    .HasConstraintName("FK_Flug_Passagier_Passagier");

    });

    modelBuilder.Entity<Mitarbeiter>(entity =>

    {

            entity.HasKey(e => e.PersonId)

                    .HasName("PK_Mitarbeiter");

            entity.ToTable("Mitarbeiter", "Betrieb");

            entity.Property(e => e.PersonId)

                    .HasColumnName("PersonID")

                    .ValueGeneratedNever();

            entity.Property(e => e.Einstellungsdatum).HasColumnType("datetime");

            entity.Property(e => e.VorgesetzterPersonId).HasColumnName("VorgesetzterPersonID");

            entity.HasOne(d => d.Person)

                    .WithOne(p => p.Mitarbeiter)

                    .HasForeignKey<Mitarbeiter>(d => d.PersonId)

                    .OnDelete(DeleteBehavior.Restrict)

                    .HasConstraintName("FK_MI_Mitarbeiter_PE_Person");

            entity.HasOne(d => d.VorgesetzterPerson)

                    .WithMany(p => p.InverseVorgesetzterPerson)

                    .HasForeignKey(d => d.VorgesetzterPersonId)

                    .HasConstraintName("FK_Mitarbeiter_Mitarbeiter");

    });

    modelBuilder.Entity<Passagier>(entity =>

    {

            entity.HasKey(e => e.PersonId)

                    .HasName("PK_Passagier");

            entity.ToTable("Passagier", "Betrieb");

            entity.Property(e => e.PersonId)

                    .HasColumnName("PersonID")

                    .ValueGeneratedNever();

            entity.Property(e => e.KundeSeit).HasColumnType("datetime");

            entity.Property(e => e.KundenStatus).HasColumnType("nchar(1)");

            entity.HasOne(d => d.Person)

                    .WithOne(p => p.Passagier)

                    .HasForeignKey<Passagier>(d => d.PersonId)

                    .OnDelete(DeleteBehavior.Restrict)
```

```
                .HasConstraintName("FK_PS_Passagier_PE_Person");
        });

        modelBuilder.Entity<Person>(entity =>
        {
            entity.ToTable("Person", "Betrieb");
            entity.Property(e => e.PersonId)
                .HasColumnName("PersonID")
                .ValueGeneratedNever();
            entity.Property(e => e.Email)
                .HasColumnName("EMail")
                .HasMaxLength(50);
            entity.Property(e => e.Geburtsort).HasMaxLength(30);
            entity.Property(e => e.Geburtstag).HasColumnType("datetime");
            entity.Property(e => e.Land).HasMaxLength(2);
            entity.Property(e => e.Memo).HasColumnType("varchar(max)");
            entity.Property(e => e.Name)
                .IsRequired()
                .HasMaxLength(50);
            entity.Property(e => e.Stadt).HasMaxLength(30);
            entity.Property(e => e.Vorname)
                .IsRequired()
                .HasMaxLength(50);
        });

        modelBuilder.Entity<Pilot>(entity =>
        {
            entity.HasKey(e => e.PersonId)
                .HasName("PK_Pilot");
            entity.ToTable("Pilot", "Betrieb");
            entity.Property(e => e.PersonId)
                .HasColumnName("PersonID")
                .ValueGeneratedNever();
            entity.Property(e => e.FlugscheinSeit).HasColumnType("datetime");
            entity.Property(e => e.Flugscheintyp).HasColumnType("nchar(1)");
            entity.Property(e => e.Flugschule).HasMaxLength(50);
            entity.HasOne(d => d.Person)
                .WithOne(p => p.Pilot)
                .HasForeignKey<Pilot>(d => d.PersonId)
                .OnDelete(DeleteBehavior.Restrict)
                .HasConstraintName("FK_PI_Pilot_MI_Mitarbeiter");
        });
    }
    public virtual DbSet<Flug> Flug { get; set; }
```

```
        public virtual DbSet<FlugPassagier> FlugPassagier { get; set; }

        public virtual DbSet<Mitarbeiter> Mitarbeiter { get; set; }

        public virtual DbSet<Passagier> Passagier { get; set; }

        public virtual DbSet<Person> Person { get; set; }

        public virtual DbSet<Pilot> Pilot { get; set; }

    }

}
```

Listing 2: Generierte Kontextklasse

Die Festlegung, wie das Objektmodell auf das Datenbankschema abgebildet wird, läuft wie bisher auf drei Wegen:

- Konventionen

- Datenannotationen

- Fluent-API

Der von den Entity Framework Core-Werkzeugen generierte Programmcode konzentriert sich dabei auf den dritten Weg; dementsprechend voll mit Fluent-API-Aufrufen ist die Methode OnModelCreating() in der Kontextklasse. Es wirken aber auch weiterhin Konventionen, z.B. dass die Properties der Klasse im Standard wie die Spalten in der Tabelle heißen.

Bisher hatte der Assistent auch die Datenannotationen verwendet, die nun im generierten Programmcode nicht mehr zum Einsatz kommen. Wer das alte Verhalten zurückhaben möchte, kann bei Scafold-DbContext den Parameter -DataAnnotations verwenden.

Im Fluent-API findet man folgende Festlegungen:

- Festlegung der Tabellennamen in der Datenbank, wenn diese abweichen oder einen Schemanamen abweichend von "dbo" haben: ToTable()

- Festlegung der Namen für Primärschlüsselspalten und Indexe: HasName()

- Festlegung der Spaltentypen und Spalteneigenschaften, wenn die .NET-Typnamen nicht eindeutig einem Datentyp im Datenbankmanagementsystem zuzuordnen sind: HasColumnType(), IsRequired(), HasMaxLength()

- Festlegung der Standardwerte für Spalten: HasDefaultValueSql()

- Festlegung der Kardinalitäten zwischen Tabellen und der zugehörigen Fremdschlüssel: HasOne(), HasMany(), WithOne(), WithMany(), HasForeignKey() und HasConstraintName()

- Festlegung der Indexe: HasIndex()

- Festlegung, ob ein Spalteninhalt nach dem Einfügen oder Ändern eines Datensatzes von Entity Framework Core neu gelesen werden muss, weil er vom Datenbankmanagementsystem erzeugt wird: ValueGeneratedOnAddOrUpdate() und ValueGeneratedOnAdd() und ValueGeneratedNever()

- Festlegung der Einstellungen für kaskadierendes Löschen: OnDelete()

Im Quellcode ist die Fluent-API-Konfiguration nach Klassen gegliedert:

```
modelBuilder.Entity<Person>(entity => { ... });
```

Innerhalb diese Methodenaufrufe findet man dann die Konfiguration für die einzelnen Spalten dieser Tabellen: entity.Property(e => e.PersonId)....

Gegenüber dem bisherigen ADO.NET Entity Framework gibt es einige syntaktische Änderungen und auch Verbesserungen. So ist die Indexkonfiguration nun deutlich prägnanter.

Wie bisher

- erzeugt der Reverse Engineering-Codegenerator keine Vererbungsbeziehungen zwischen Entitätsklassen, auch wenn dies wie im Fall Passagier->Person, Mitarbeiter->Person und Pilot->Mitarbeiter möglich wäre. Der Codegenerator erzeugt stattdessen immer Assoziationen und zugehörige Navigationseigenschaften. Solche Vererbungsbeziehungen muss der Entwickler nachträglich selbst definieren und dann die Navigationseigenschaften entfernen.

- sind die Navigationseigenschaften in den Entitätsklassen als "virtual" deklariert, auch wenn Entity Framework Code noch gar nicht Lazy Loading unterstützt, wozu das "virtual" notwendig ist.

- sind Navigationseigenschaften für Mengen mit ICollection<T> deklariert und werden dann im Konstruktor mit new HashSet<T>() befüllt.

- gibt es für jede Entitätsklasse eine DbSet<T>-Eigenschaft in der Kontextklasse.

Den generierten Quellcode kann man verändern, z.B. wenn man im Objektmodell andere Propertynamen haben möchte als Spaltennamen in der Datenbank. Dies würde man mit der Fluent-API-Methode HasColumnName("Spaltenname") bzw. der Datenannotation [Column("Spaltenname ")] erledigen.

10.3 NEU: .NET Core-Tool

Bei der Entwicklung von .NET Core-Projekten kann alternativ zu den PowerShell-Commandlets auch das Kommandozeilenwerkzeug dotnet (alias .NET Core Command Line Interface – CLI) zum Einsatz kommen.

Diese Form der Generierung funktioniert für

- .NET Core-Konsolenanwendungen

- ASP.NET Core-Projekte auf Basis von .NET Core oder .NET Framework 4.5.1 und neuer

Dafür ist zunächst das Paket Microsoft.EntityFrameworkCore.Tools.DotNet zu installieren, was aber nicht über ein Kommandozeilenwerkzeug geht, sondern nur über einen manuellen Eintrag in der XML-basierten .csproj-Projektdatei:

```xml
<ItemGroup>
  <DotNetCliToolReference Include="Microsoft.EntityFrameworkCore.Tools.DotNet" Version="1.0.0" />
</ItemGroup>
```

```
EF_NETCoreConsole.csproj* ⊕ X  EF_NETCoreConsole*      NuGet: EF_NETCoreConsole     Program.cs      Object Browser
  1  ⊟<Project Sdk="Microsoft.NET.Sdk">
  2  ⊟   <PropertyGroup Label="Globals">
  3        <SccProjectName>SAK</SccProjectName>
  4        <SccProvider>SAK</SccProvider>
  5        <SccAuxPath>SAK</SccAuxPath>
  6        <SccLocalPath>SAK</SccLocalPath>
  7      </PropertyGroup>
  8  ⊟   <PropertyGroup>
  9        <OutputType>Exe</OutputType>
 10        <TargetFramework>netcoreapp2.0</TargetFramework>
 11      </PropertyGroup>
 12  ⊟   <ItemGroup>
 13        <DotNetCliToolReference Include="Microsoft.EntityFrameworkCore.Tools.DotNet" Version="1.0.0" />
 14      </ItemGroup>
 15    </Project>
```

Abbildung: Manuell ergänzung der .csproj-Datei

Danach kann muss man noch das folgende Paket hinzufügen:

```
<ItemGroup>
  <PackageReference Include="Microsoft.EntityFrameworkCore.Design" Version="1.1.2" />
</ItemGroup>
```

Das geht allerdings auch per Kommandozeile in dem Projektverzeichnis:

```
dotnet add package Microsoft.EntityFrameworkCore.Design
```

Nun fügt man den gewünschten Provider hinzu:

```
dotnet add package Microsoft.EntityFrameworkCore.SqlServer
```

Bei Entity Framework Core 1.x ist außerdem notwendig (nicht mehr ab 2.0 notwendig!)

```
dotnet add package Microsoft.EntityFrameworkCore.SqlServer.Design
```

Danach kann der Entwickler die Codegenerierung ausführen:

```
dotnet ef dbcontext scaffold
"Server=.;Database=WWWings66;Trusted_Connection=True;MultipleActiveResultSets=True;"
Microsoft.EntityFrameworkCore.SqlServer --output-Dir Modell
```

```
Command Prompt                                                          —   □   ×
H:\TFS\Demos\EF\EF_NETCoreConsole\EF_NETCoreConsole>dotnet ef dbcontext scaffold "Server=.;Database=WWWings66_vieleDaten
;Trusted_Connection=True;MultipleActiveResultSets=True;" Microsoft.EntityFrameworkCore.SqlServer --output-dir Modell

Build succeeded.
    0 Warning(s)
    0 Error(s)

Time Elapsed 00:00:02.42
Could not find type mapping for column 'Immobilien.Flughafen.Position' with data type 'geography'. Skipping column.

H:\TFS\Demos\EF\EF_NETCoreConsole\EF_NETCoreConsole>
```

Abbildung: Reverse Engineering mit dotnet.exe

Hinweis: Microsoft hat die endgültige Version von dotnet.exe 1.0 erst erst am 6.3.2017 im Rahmen von Entity Framework Core 1.1.1 und Visual Studio 2017 veröffentlicht. Zuvor gab es nur "Preview"-Versionen. Diese Preview-Versionen haben noch eine project.json-Datei verwendet. Wenn Sie noch dieses veraltete Format verwenden, müssen Sie die Einträge nicht in der .csproj, sondern der project.json-Datei machen!

10.4 Schwächen des Reverse Engineering

Wie im bisherigen Entity Framework auch gilt, dass man Entitätstypen nur für Tabellen mit Primärschüssel erzeugen kann. Bei den in SQL Server 2016 hinzugekommenen temporalen Tabellen ("System-Versioned"-Tabellen) können die Historientabellen jedoch nicht direkt abgebildet werden, die eigentliche Tabelle allerdings schon, wobei die Abfrage der historischen Werte nur über SQL und bisher nicht per LINQ möglich ist. Zusammengesetzte Primärschlüssel sind hingegen kein Problem.

Für Datenbanksichten (Views) und Stored Procedures können in Entity Framework Core in Version 1.x im Gegensatz zum klassischen Entity Framework zunächst keine Klassen bzw. Funktionen generiert werden.

Ein einmal mit den Entity Framework Core-Kommandozeilenwerkzeugen generiertes Objektmodell kann man – auf dem bisherigen Stand der Werkzeuge – nicht aktualisieren. Das „Update Model from Database", das es für die Database First-Vorgehensweise gab, ist derzeit nicht realisiert. Man kann lediglich die Generierung neu anstoßen. Wenn es die zu generierenden Klassen schon gibt, meckert das Commandlet

Scaffold-DbContext. Mit dem Zusatzparameter -force bringt man das Commandlet dazu, bestehende Dateien zu überschreiben. Alle manuell vorgenommenen Änderungen an den Quellcodedateien sind dann aber verloren.

Wenn man bei einem erneuten Scaffold-DbContext nicht mehr alle vorher generierten Tabellen generieren lässt, sondern nur noch einige ausgewählte, dann fehlen in der Kontextklasse die DbSet<T>-Deklarationen und die Fluent-API-Konfigurationen für alle nun nicht mehr generierten Tabellen. Einmal mehr ein Grund, ein reines Generatorprojekt zu haben, von dem aus man dann die generierten Teile, die man braucht, in ein anderes Projekt kopiert. Microsoft hat aber in [2] angekündigt, die Werkzeuge zu verbessern und ein „Update Model from Database" anzubieten.

Bis dahin ist es der beste Weg, zumindest die Codegenerierung bei Änderungen auf neue Tabellen zu beschränken; die Änderungen für neue, geänderte oder gelöschte Spalten nimmt man lieber manuell im Quellcode vor. Oder man steigt nach einem Reverse Engineering einer Datenbank um auf Forward Engineering, d.h. man erfasst Änderungen nun im Objektmodell und lässt daraus DDL-Befehle zur Änderung des Datenbankschemas generieren.

10.5 Literatur

[1] Github Entity Framework Core-Projekt: Consider pay-for-play for tools packages
https://github.com/aspnet/EntityFramework/issues/5273

[2] Rowan Miller: Entity Framework Core Roadmap
https://github.com/aspnet/EntityFramework/wiki/Roadmap

[3] Rowan Miller: Entity Framework Core 1.1 Plans
https://blogs.msdn.microsoft.com/dotnet/2016/07/29/entity-framework-core-1-1-plans/

11   Forward Engineering für neue Datenbanken

Auch wenn Entity Framework Core das Reverse Engineering bestehender Datenbankmodelle unterstützt, so ist der Idealzustand doch das Forward Engineering, bei dem das Datenbankmodell aus dem Objektmodell generiert wird.

Forward Engineering gibt es im klassischen Entity Framework in den zwei Varianten Model First und Code First. Bei Model First klickt der Softwareentwickler ein Entity Data Model (EDM) grafisch zusammen und lässt sich daraus das Datenbankschema und .NET-Klassen generieren. Bei Code First schreibt der Softwareentwickler direkt Klassen, aus denen dann das Datenbankschema entsteht. Das EDM ist dabei unsichtbar. Im neu gestalteten Entity Framework Core gibt es nur noch die zweite Vorgehensweise, die dort jedoch nicht Code First, sondern Code-based Modeling heißt und gar kein unsichtbares EDM mehr verwendet.

Beim Code-based Modeling in Entity Framework Core geht man wie folgt vor:

- Man schreibt Entitätsklassen, die die zu speichernden Daten aufnehmen sollen. Man legt dabei Navigationseigenschaften in den Entitätsklassen an, die die Beziehungen zwischen den Entitätsklassen darstellen.

- Man schreibt eine Kontextklasse, die die Verbindung zu den Entitätsklassen herstellt und der Einsprungpunkt für alle Operationen auf der Datenbank sein wird.

Idealerweise realisiert man diese beiden Arten von Klassen in verschiedenen Projekten (DLL-Assemblies), da Entitätsklassen oft in mehreren oder gar allen Schichten der Softwarearchitektur verwendet werden, während die Kontextklasse Teil der Datenzugriffsschicht ist und nur von der darüber liegenden Schicht verwendet werden sollte. In dem hier gezeigten Beispiel (siehe Projektmappe in Abbildung 1) liegen die Entitätsklassen in einem Projekt mit Namen "GO" (für Geschäftsobjekte) und die Kontextklasse in einem Projekt mit Namen "DZ" (für Datenzugriff). Die Startanwendung ist eine Konsolenanwendung.

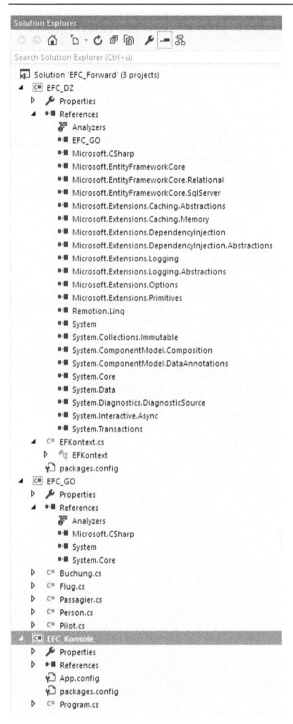

Abbildung 1: Projektmappe für das Beispiel in diesem Kapitel

11.1 Regeln für die selbsterstellten Entitätsklassen

Die Entitätsklassen sind einfache POCO-Klassen (Plain Old CLR Objects), d.h. sie müssen weder von einer Basisklasse erben, noch eine Schnittstelle implementieren. Es muss aber ein parameterloser Konstruktor vorhanden sein, mit dem Entity Framework Code die Instanzen bei der Materialisierung von Datenbanktabellenzeilen erzeugen kann.

Die in der Datenbanktabelle anzulegenden Spalten sind jeweils durch ein Property zu repräsentieren. Die Properties können automatische Properties mit { get; set; } oder explizite Properties mit Getter- und Setter-Implementierung sein (siehe Property Memo in Listing 1). Die Klasse darf auch Fields besitzen; diese werden aber nicht auf Spalten abgebildet, d.h. die Informationen in diesen Fields werden nicht persistiert. Ebensowenig werden Properties, die keinen Setter haben, persistiert, vgl. GanzerName in Klasse Person in Listing 2.

Als Datentypen sind die elementaren .NET-Datentypen (String, DateTime, Boolean, Byte, Byte[], Int16, Int32, Int64, Single, Double und Decimal sowie System.Guid) erlaubt. Für die elementaren Datentypen darf mit Nullable<T> angezeigt werden, dass die entsprechende Spalte in der Datenbanktabelle leer bleiben darf. Erlaubt sind auch Aufzählungstypen, siehe Fluglizenztyp in Listing 3. Die im klassischen Entity Framework seit Version 5.0 unterstützten Datentypen DbGeometry und DbGeography gibt es in Entity Framework Core 1.x leider vorerst nicht.

Es darf auch Properties geben, die auf einen anderen Entitätstyp deklariert werden. Diese nennt man Navigationseigenschaften, und sie drücken die Beziehungen zwischen Entitätsklassen aus. Entity Framework Core unterstützt:

- 1:0/1-Beziehungen: Hier wird das Property auf ein Einzelobjekt des in Beziehung bestehenden Typs deklariert (siehe Pilot und Copilot in der Klasse Flug in Listing 1). **WICHTIG: Bei Einzelobjekten ist oft semantisch falsch, in der Deklaration der Navigationseigenschaft oder im Konstruktor eine Instanz des in Beziehung stehenden Typs zuzuweisen, da ein ORM-Mapper wie Entity Framework Core dann ein neues Entitätsobjekt sieht. Sinn macht diese Instanziierung nur, wenn ein neues Oberobjekt immer auch ein neues Unterobjekt bedingt. Im Fall Flug und Pilot ist dies nicht so, denn es wird ja nicht für jeden Flug ein neuer Pilot eingestellt.**

- 1:0/n-Beziehungen: Hier wird das Property auf einen Mengentyp des in Beziehung bestehenden Typs deklariert (siehe List<Flug> bei FlugAlsPilotSet und FlugeAlsCopilotSet in der Klasse Pilot in Listing 3). Erlaubt ist, dass die Navigationseigenschaft als ICollection (siehe Listing 1) oder eine darauf aufbauende andere Schnittstelle (wie IList) oder eine ICollection<T> realisierende Klassen (wie List<T> in Listing 3 oder HashSet<T> in Listing 4) deklariert wird. **WICHTIG: Es bietet sich in der Regel an, konkrete Mengentypen in der Deklaration oder im Konstruktor direkt zuzuweisen, damit dies nicht der aufrufende Programmcode erledigen muss. Entity Framework Core erledigt eine Mengenklasseninstanziierung nur im Rahmen des Relationsship Fixup. Da hier ja nur eine leere Liste erzeugt wird, wird Entity Framework Core hier nichts persistieren wollen, solange die Liste nicht gefüllt wird.**

- N:M wird leider in Version 1.x von Entity Framework Core nicht unterstützt, sodass man hier im Objektmodell – wie im relationalen Datenbankdesign auch – eine Zwischenentität braucht, die als zusammengesetzten Primärschlüssel die Primärschlüssel der zu verbinden Entitätsklassen enthält. Die Zwischenentitätsklasse sieht man in Listing 5 (Klassen Buchung). Sie wird jeweils durch ein BuchungSet in Klasse Flug (Listing 1) und Klasse Passagier (Listing 3) referenziert.

Die Navigationseigenschaften müssen im klassischen Entity Framework Core als "virtual" gekennzeichnet sein, damit das Lazy Loading funktioniert. Da es in Entity Framework Core 1.x bisher kein Lazy Loading gibt, entfällt diese Auflage. Lazy Loading soll in einer späteren Version auch in Entity Framework Core kommen; bisher ist noch ist nicht klar, ob Microsoft virtual dafür wieder als Kennezichung erfordern wird. Es schadet aber auch nicht, die Navigationseigenschaften schon heute als virtual zu deklarieren.

Navigationseigenschaften können bidirektional sein, wie Listing 1 (Flug) und Listing 3 (Pilot) zeigen. Zu den 0/1-Seiten einer Navigationseigenschaft kann es (muss es aber nicht) explizite Fremdschlüsseleigenschaften geben (siehe PilotId und CopilotId in Listing 1).

Entitätsklassen können voneinander erben. Dies sieht man bei Klasse Pilot (Listing 3) und Passagier (Listing 4), die von der Klasse Person (Listing 2) erben. In diesem Fall ist Person eine abstrakte Klasse. Es könnte aber auch eine Klasse sein, von der eigene Instanzen möglich sind.

Eine weitere Voraussetzung ist, dass jede Entitätsklasse einen Primärschlüssel besitzen muss, der sich aus einer oder mehreren einfachen Properties zusammensetzt. Im einfachsten Fall legt man dafür eine Spalte mit Namen ID oder Id oder KlassennameID oder KlassennameId an. Die Groß- und Kleinschreibung von ID und dem Klassennamen ist dabei nicht relevant, auch wenn die noch lückenhafte Dokumentation von Entity Framework Core 1.x in [1] etwas Anderes suggeriert.

```csharp
using System;
using System.Collections.Generic;


namespace GO
{
 public partial class Flug
 {
  // Parameterloser Konstruktor ist immer notwendig für EF!
  public Flug()
  {  }

  public Flug(string abflugort, string zielort)
  {
   this.Abflugort = abflugort;
   this.Zielort = zielort;
  }

  // --- Primärschlüssel
  public int FlugID { get; set; }
  // --- Einfache Eigenschaften
  public string Abflugort { get; set; }
  public string Zielort { get; set; }
  public System.DateTime Datum { get; set; }
  public bool NichtRaucherFlug { get; set; }
  public short? Plaetze { get; set; }
  public short? FreiePlaetze { get; set; }
  public decimal Preis { get; set; }

  // Explizites Property
  private string memo;
```

```csharp
 public string Memo

 {

  get { return this.memo; }

  set { this.memo = value; }

 }


 // Navigationseigenschaften

 public Pilot Pilot { get; set; }

 public Pilot Copilot { get; set; }

 public ICollection<Buchung> BuchungSet { get; set; } = new List<Buchung>();


 // Explizite Fremdschlüsseleigenschaften zu den Navigationseigenschaften

 public int PilotId { get; set; }

 public int CopilotId { get; set; }


 // Methode (ohne Bedeutung für ORM)

 public override string ToString()

 {

   return String.Format($"Flug #{this.FlugID}: von {this.Abflugort} nach {this.Zielort} Freie Plätze:
{this.FreiePlaetze}");

 }

 }

}
```

Listing 1: Klasse Flug

```csharp
using System;


namespace GO

{

 public partial abstract class Person

 {

  // --- Primärschlüssel

  public int PersonID { get; set; }


  // --- Einfache Eigenschaften

  public string Name { get; set; }

  public string Vorname { get; set; }

  public Nullable<System.DateTime> Geburtsdatum { get; set; }

  public string Strasse { get; set; }

  public Byte[] Foto { get; set; }

  public string EMail { get; set; }

  public string Stadt { get; set; }

  public string Land { get; set; }
```

```
  public virtual string Memo { get; set; }


  // Berechnete Eigenschaft (wird nicht persistiert!)
  public string GanzerName { get { return this.Vorname + " " + this.Name; } }
  // Methode (ohne Bedeutung für ORM)
  public override string ToString()
  {
    return "#" + this.PersonID + ": " + this.GanzerName;
  }
 }
}
```

Listing 2: Klasse Person

```
using System;
using System.Collections.Generic;


namespace GO
{
 public enum Fluglizenztyp
 {
 CPL, PPL, GPL, SPL, LAPL
 }


 public partial class Pilot : Person
 {
  // Primärschlüssel wird geerbt!


  // --- Weitere Eigenschaften
  public System.DateTime FlugscheinSeit { get; set; }
  public Nullable<int> Flugstunden { get; set; }
  public Fluglizenztyp Fluglizenztyp { get; set; }
  public string Flugschule { get; set; }


  // --- Navigationseigenschaft deklariert auf Schnittstellen mit expliziter Mengentypinstanziierung
  public List<Flug> FluegeAlsPilot { get; set; } = new List<Flug>();
  // --- Navigationseigenschaft deklariert auf Mengentyp mit expliziter Mengentypinstanziierung
  public List<Flug> FluegeAlsCopilot { get; set; } = new List<Flug>(); }
}
```

Listing 3: Klasse Pilot

```
using System;
using System.Collections.Generic;
```

```
namespace GO
{
 public partial class Passagier : Person
 {
  // Primärschlüssel wird geerbt!


  // --- Einfache Eigenschaften
  public Nullable<System.DateTime> KundeSeit { get; set; }
  public string PassagierStatus { get; set; }


  // --- Navigationseigenschaften deklariert als Mengentyp
  public HashSet<Buchung> BuchungSet { get; set; } = new HashSet<Buchung>();
 }
}
```

Listing 4: Klasse Passagier

```
namespace GO
{
 /// <summary>
 /// Zwischenklasse, weil EF Core bisher kein N:M unterstützt
 /// </summary>
 public class Buchung
 {
  // --- Primärschlüssel
  public int FlugNr { get; set; }
  public int PassagierId { get; set; }
  // --- Navigationseigenschaften
  public Flug Flug { get; set; }
  public Passagier Passagier { get; set; }
 }
}
```

Listing 5: Klassen Buchung

```
using GO;
using Microsoft.EntityFrameworkCore;
using Microsoft.EntityFrameworkCore.Metadata;


namespace DZ
{
 public class EFKontext : DbContext
 {
  protected override void OnConfiguring(DbContextOptionsBuilder builder)
```

```
{

    // Provider und Connectring String festlegen!

    string connstring = @"Server=.;Database=WWWings_EFForward;Trusted_Connection=True;MultipleActiveRe
sultSets=True;";

    builder.UseSqlServer(connstring);

}


    public DbSet<Flug> FlugSet { get; set; }

    public DbSet<Pilot> PilotSet { get; set; }

    public DbSet<Passagier> PassagierSet { get; set; }

    public DbSet<Buchung> BuchungSet { get; set; }

}

}
```

Listing 6: Kontextklasse

11.2 Regeln für die selbsterstellte Kontextklasse

Die Kontextklasse ist der Dreh- und Angelpunkt für die Programmierung mit Entity Framework Core, bei deren Implementierung einige Regeln zu befolgen sind.

11.2.1 Nuget-Pakete

Für die Realisierung der Kontextklasse ist ein Nuget-Paket für das jeweilige Datenbankmanagementsystem notwendig (siehe Tabelle 1), z.B. gibt man in der Nuget Package Manager-Konsole ein:

```
Install-Package Microsoft.EntityFrameworkCore.SqlServer
```

Während im klassischen Entity Framework einfach nur zwei Assemblies referenziert werden mussten (und man diese Referenzen ggf. auch einmal manuell angelegt hat), zieht das neue Nuget-Paket – im Sinne der Modularisierung der Core-Produkte – einen Wust von 32 Referenzen nach sich (siehe Projekt "DZ" in Abbildung 1), die man nicht mehr manuell anlegen möchte. Für das Projekt "GO" ist keine Referenz auf eine Entity Framework-DLL notwendig!

Datenbankmanagementsystem	Nuget-Paket
Microsoft SQL Server Express, Standard, Enterprise, Developer, LocalDB ab Version 2008	Microsoft.EntityFrameworkCore.SqlServer
Microsoft SQL Server Compact 3.5	EntityFrameworkCore.SqlServerCompact35
Microsoft SQL Server Compact 4.0	EntityFrameworkCore.SqlServerCompact40
SQLite	Microsoft.EntityFrameworkCore.Sqlite
PostgreSQL	Npgsql.EntityFrameworkCore.PostgreSQL
In-Memory (für Unit Tests)	Microsoft.EntityFrameworkCore.InMemory

MySQL	MySQL.Data.EntityFrameworkCore

Tabelle 1: Die auf nuget.org verfügbaren Entity Framework Core 1.x-Provider

11.2.2 Basisklasse

Die Kontextklasse ist keine POCO-Klasse. Sie muss zwingend von der Basisklasse Microsoft.EntityFrameworkCore.DbContext abgeleitet sein. Außerdem muss der Entwickler für jede Entitätsklasse ein Property vom Typ DbSet<Entitätstyp> anlegen.

11.2.3 Konstruktor

Die Kontextklasse muss für die Verwendung der Schemamigrationswerkzeuge in Visual Studio oder der Kommandozeile einen parameterlosen Konstruktor haben, weil diese Werkzeuge die Kontextklasse zur Entwicklungszeit instanziieren müssen. Sie benötigt keinen parameterlosen Konstruktor, falls das Datenbankschema ausschließlich beim Anwendungsstart erzeugt werden soll. Dann hat der Entwickler die Möglichkeit, die Kontextklasse mit Konstruktorparametern aufzurufen.

11.2.4 Verbindungszeichenfolge

Die Verbindungszeichenfolge für die anzusprechende Datenbank musste im klassischen Entity Framework über den Konstruktor an die dortige Implementierung der Basisklasse DbContext übergeben werden. Entity Framework Core hat dafür einen anderen Weg, nämlich eine neue Methode OnConfiguring(), die es zu überschreiben gilt. Diese Methode wird von Entity Framework nach jeder Instanziierung des Kontextes aufgerufen, und zwar bei dessen erster Verwendung. Die Methode OnConfiguring() erhält dabei als Parameter eine Instanz von DbContextOptionsBuilder. In OnConfiguring() ruft der Softwareentwickler dann auf dieser Instanz von DbContextOptionsBuilder eine Erweiterungsmethode auf, die Datenbankprovider und ggf. Verbindungszeichenfolge festlegt. Die aufzurufende Erweiterungsmethode wird durch den Entity Framework Core-Datenbankprovider bereitgestellt. Im Fall von Microsoft SQL Server heißt sie UseSqlServer() und erwartet als Parameter die Verbindungszeichenfolge (siehe Listing 6). Es obliegt dem Softwareentwickler, die Verbindungszeichenfolge an einen geeigneten Ort (z.B. Konfigurationsdatei) zu speichern und von dort zu laden. In Listing 6 wird aus Gründen der Übersichtlichkeit hier darauf verzichtet.

Die Verbindungszeichenfolge muss den Zusatz *MultipleActiveResultSets=True* enthalten, da Entity Framework Core sonst in einigen Fällen nicht korrekt arbeiten kann und meldet "There is already an open DataReader associated with this Command which must be closed first."

```
@"Server=MeinServer;Database=MeineDB;Trusted_Connection=True;MultipleActiveResultSets=True"
```

11.2.5 Eigene Verbindungen

UseSqlServer() u.a. Treiber können anstelle der Verbindungszeichenfolge auch ein Verbindungsobjekt empfangen (Instanz der Klasse DbConnection). Die Verbindung muss damit NICHT unbedingt vorher geöffnet sein. Sie kann geöffnet sein, dann wird die vorhandene Verbindung verwendet und der Entity Framework Core-Kontext schließt diese auch nicht. Wenn sie nicht geöffnet ist, öffnet und schließt der Entity Framework Core-Kontext die Verbindung bei Bedarf.

BEST PRACTICE: Grundsätzlich sollten Sie die Verbindungsverwaltung Entity Framework Core überlassen! Nur in Ausnahmefällen, wo dies zwingend notwendig ist (z.B. Transaktionen über mehrere Kontextinstanzen hinweg) sollten Sie die Verbindung selbst vorher öffnen!

11.2.6 Thread-Sicherheit

Die Klasse DbContext ist nicht thread-safe, d.h. die selbst erstellte, von DbContext erbende Kontextklasse darf auf keinen Fall in mehreren verschiedenen Threads verwendet werden. Jeder Thread braucht eine eigene Instanz der Kontextklasse! Wer dies missachtet, riskiert unvorhersehbares Verhalten und kuriose Laufzeitfehler in den Innereien von Entity Framework Core!

11.3 Regeln für die Datenbankschemagenerierung

Aus diesen Klassen generiert Entity Framework Code dann ein Datenbankschema, das in der Lage ist, alle Instanzen der Entitätsklassen zu speichern. Der Aufbau des Datenbankschemas erfolgt per Konventionen und Konfigurationen. Dabei gilt das Prinzip Konvention vor Konfiguration.

Es gibt zahlreiche Konventionen. Die wichtigsten sind:

- Aus jeder Entitätsklasse, für die es ein DbSet<T> in der Kontextklasse gibt, entsteht eine Tabelle. Im klassischen Entity Framework wurde dazu im Standard der Klassenname der Entitätsklasse in den Plural gesetzt. Bei Entity Framework Core wird nun im Standard der Name der DbSet<T>-Eigenschaft in der Kontextklasse herangezogen.

- Aus jedem elementaren Property in einer Entitätsklasse wird eine Spalte in der Tabelle.

- Eine zusätzliche Spalte wird für jede 1/0-Seite einer Navigationseigenschaft angelegt, auch wenn es keine explizite Fremdschlüsseleigenschaft gibt.

- Eigenschaften, die ID oder KlassennameID heißen, werden automatisch zu Primärschlüsseln mit Autowerten.

- Eigenschaften, die heißen wie eine Navigationseigenschaft plus das Suffix "ID", repräsentieren die sowieso automatisch erzeugten Fremdschlüsseleigenschaften in der Klasse.

- Aus Aufzählungstypen werden int-Spalten in der Datenbank.

Diese Konventionen alleine reichen aber nun noch nicht aus, um aus den in Listing 1 bis 5 gezeigten Entitätsklassen und der in Listing 6 gezeigten Kontextklasse ein Datenbankschema zu erzeugen. Da merkt man aber leider nicht beim Kompilieren, sondern erst beim Ausführen von Programmcode, der die Kontextklasse aus Listing 6 verwendet.

```
using DZ;
using GO;
using System;
using System.Linq;
namespace EFC_Konsole
{
 class Program
 {
  static void Main(string[] args)
  {
   Console.WriteLine("Start...");
   using (var ctx = new EFKontext())
   {
    // Datenbank anlegen, wenn nicht vorhanden!
```

```
    ctx.Database.EnsureCreated();

    // Passagierobjekt erzeugen

    var p = new Passagier();

    p.Vorname = "Holger";

    p.Name = "Schwichtenberg";

    // Passagier an EF-Kontext anfügen

    ctx.PassagierSet.Add(p);

    // Objekt speichern

    var anz = ctx.SaveChanges();

    Console.WriteLine("Anzahl Änderungen: " + anz);

    // Alle Passagiere einlesen aus Datenbank

    var passagierSet = ctx.PassagierSet.ToList();

    Console.WriteLine("Anzahl Passagiere: " + passagierSet.Count);

   }

   Console.WriteLine("Ende!");

   Console.ReadLine();

  }

 }

}
```

Listing 7: Programmcode, der das erstellte EF-Modell aus Listing 1 bis 6 nutzt

11.4 Anpassung per Fluent-API

Das Programm in Listing 7 nutzt nun den Entity Framework-Kontext und die Entitätsklasse Passagier aus Listing 1 bis 6. Zunächst sorgt das Programm mit dem Aufruf der Methode EnsureCreated() dafür, dass die Datenbank angelegt wird, wenn sie noch nicht existiert. Die aus dem klassischen Entity Framework bekannten Datenbankinitialisierungsklassen gibt es in Entity Framework Core nicht mehr.

Danach erzeugt das Programm in Listing 7 einen neuen Passagier, fügt den Passagier an das DbSet<Passagier> an und speichert den neuen Passagier sodann in der Datenbank mit der Methode SaveChanges(). Zum Schluss werden zur Kontrolle alle Passagiere geladen und deren Anzahl ausgegeben.

Wenn man den Programmcode in Listing 7 startet, kommt es bei EnsureCreated() als erstes zum Laufzeitfehler: "The key {'PassagierId'} contains properties in shadow state and is referenced by a relationship from 'Passagier.BuchungSet' to 'Buchung.Passagier'. Configure a non-shadow principal key for this relationship." Diese Fehlermeldung ist leider nicht deutlich. Was Entity Framework Core eigentlich sagen will: Man kann nicht feststellen, was der Primärschlüssel der Klasse Passagier sein soll, denn diese Klasse erbt ja von der Klasse Person, und der dortige Primärschlüssel PersonID entspricht nicht der o.g. Konvention für den Primärschlüssel. Es ist daher notwendig, durch eine explizite Konfiguration festzulegen, dass PersonID auch für Passagier und Pilot der Primärschlüssel sein soll. Dies erfolgt durch das Fluent-API in der Kontextklasse in der Methode OnModelCreating(), die als Parameter eine Instanz der Klasse ModelBuilder erhält.

```
protected override void OnModelCreating(ModelBuilder builder)

{

    builder.Entity<Passagier>().HasKey(x => x.PersonID);

    builder.Entity<Pilot>().HasKey(x => x.PersonID);
```

```
}
```

Startet man das Programm erneut, kommt nun der Laufzeitfehler "The entity type 'GO.Buchung' requires a key to be defined." Diese Fehlermeldung ist aussagekräftiger: Entity Framework Core weiß auch bei der Zwischenklasse Buchung nicht, was der Primärschlüssel sein soll.

In OnModelCreating() ist zusätzlich die Festlegung eines zusammengesetzten Primärschlüssels notwendig:

```
builder.Entity<Buchung>().HasKey(b => new { b.FlugNr, b.PassagierId });
```

Nach der Behebung dieses Laufzeitfehlers stoßen wir auf das nächste Problem: "Unable to determine the relationship represented by navigation property 'Flug.Pilot' of type 'Pilot'. Either manually configure the relationship, or ignore this property from the model." Entity Framework Core sagt dem Entwickler damit, dass es im Fall der zweifachen Beziehung zwischen Flug und Pilot (Eigenschaften Pilot und Copilot) nicht weiß, wie welche Navigationseigenschaften auf der Pilot-Seite (FluegeAlsPilot und FluegeAlsCopilot) den Navigationseigenschaften Pilot und Copilot auf der Flug-Seite entsprechen. Dies muss man durch folgende Aufrufe im Fluent-API klarstellen:

```
builder.Entity<Pilot>().HasMany(p => p.FluegeAlsCopilot)
.WithOne(p => p.Copilot).HasForeignKey(f => f.CopilotId);
builder.Entity<Pilot>().HasMany(p => p.FluegeAlsPilot).
 WithOne(p => p.Pilot).HasForeignKey(f => f.PilotId);
```

Aber auch damit kommt es immer noch zu einem Laufzeitfehler. Dieses Mal tritt der Fehler nicht mehr im Entity Framework selbst auf, sondern die Datenbank lehnt es ab, die Datenbank anzulegen, und zwar mit der Fehlermeldung:

"Introducing FOREIGN KEY constraint 'FK_FlugSet_PilotSet_PilotId' on table 'FlugSet' may cause cycles or multiple cascade paths. Specify ON DELETE NO ACTION or ON UPDATE NO ACTION, or modify other FOREIGN KEY constraints."

Das unerlaubte zyklische kaskadierende Löschen schaltet man nun aus mit OnDelete(DeleteBehavior.Restrict). Diese Methode kann man aber nur aufrufen, nachdem man die beiden 1:N-Beziehungen zwischen Pilot und Flug für Pilot und Copilot noch einmal explizit im Fluent-API festgelegt hat. Das musste im vorherigen Schritt schon getan werden, sodass nur OnDelete() zu ergänzen ist:

```
builder.Entity<Pilot>().HasMany(p => p.FluegeAlsCopilot).WithOne(p => p.Copilot).HasForeignKey(f =>
f.CopilotId).OnDelete(DeleteBehavior.Restrict);
builder.Entity<Pilot>().HasMany(p => p.FluegeAlsPilot).WithOne(p => p.Pilot).HasForeignKey(f =>
f.PilotId).OnDelete(DeleteBehavior.Restrict);
```

Listing 8 zeigt die verbesserte Version der Kontextklasse aus Listing 6. Mit dieser Version ist das Programm in Listing 7 lauffähig.

```
using GO;

using Microsoft.EntityFrameworkCore;

using Microsoft.EntityFrameworkCore.Metadata;


namespace DZ

{

 public class EFKontext : DbContext

 {

  protected override void OnConfiguring(DbContextOptionsBuilder builder)

  {
```

```
// Provider und Connectring String festlegen!

string connstring = @"Server=.;Database=WWWings_EFForward;Trusted_Connection=True;MultipleActiveRe
sultSets=True;";

builder.UseSqlServer(connstring);

}


public DbSet<Flug> FlugSet { get; set; }

public DbSet<Pilot> PilotSet { get; set; }

public DbSet<Passagier> PassagierSet { get; set; }

public DbSet<Buchung> BuchungSet { get; set; }


/// <summary>

/// Methode zur Aktivierung/Deaktivierung von Konventionen

/// sowie zur manuellen Konfiguration per Fluent-API

/// </summary>

protected override void OnModelCreating(ModelBuilder builder)

{

// Primärschlüsse für erbende Klassen

builder.Entity<Passagier>().HasKey(x => x.PersonID);

builder.Entity<Pilot>().HasKey(x => x.PersonID);

// Zusammengesetzter Primärschlüssel für Zwischenklassen

builder.Entity<Buchung>().HasKey(b => new { b.FlugNr, b.PassagierId });

// Beziehungen festlegen und kaskadierendes Löschen ausschalten

builder.Entity<Pilot>().HasMany(p => p.FluegeAlsCopilot)

.WithOne(p => p.Copilot).HasForeignKey(f => f.CopilotId).OnDelete(DeleteBehavior.Restrict);

builder.Entity<Pilot>().HasMany(p => p.FluegeAlsPilot).

WithOne(p => p.Pilot).HasForeignKey(f => f.PilotId).OnDelete(DeleteBehavior.Restrict);

}

}

}
```

Listing 8: Verbesserte Version der Kontextklasse aus Listing 6

11.5 Das erzeugte Datenmodell

Abbildung 2 zeigt das entstandene Datenbankmodell. Wie man sieht, bildet Entity Framework Core die Vererbung als "Table per Concrete Type" (TPC) an, d.h. es besteht für die Klassen Passagier und Person jeweils eine Tabelle, aber keine Tabelle für Person, da es ja keine eigenständigen Person-Instanzen geben kann, weil in der Kontextklasse für Person kein DbSet<Person> vorgesehen ist. Gäbe es in der Kontextklasse ein DbSet<Person>, hätte Entity Framework Core die Table per Hierarchy (TPH)-Strategie verwendet, also für die Klassen Person, Pilot und Passagier nur eine einzige Tabelle mit Diskriminatorspalte angelegt. Die Strategie Table per Hierarchy (TPH), bei der es dann für Person, Passagier und Pilot jeweils eine Tabelle geben würde, gibt es in Entity Framework Core 1.x leider noch nicht. Wie bisher im klassischen Entity Framework legt Entity Framework Core auch Indexe für alle Primär- und Fremdschlüssel an.

Wie im klassischen Entity Framework auch legt Entity Framework Core die String-Spalten im Standard als nvarchar(max) an. Dies gilt es noch anzupassen. Besser als beim klassischen Entity Framework ist, dass Entity Framework Core die Datumsspalten mit dem Datentyp DateTime2(7) statt wie bisher DateTime anlegt. So kommt es nicht mehr zu dem Problem, dass in .NET gültige Datumsangaben vor dem 1.1.1601 vom SQL Server abgelehnt werden.

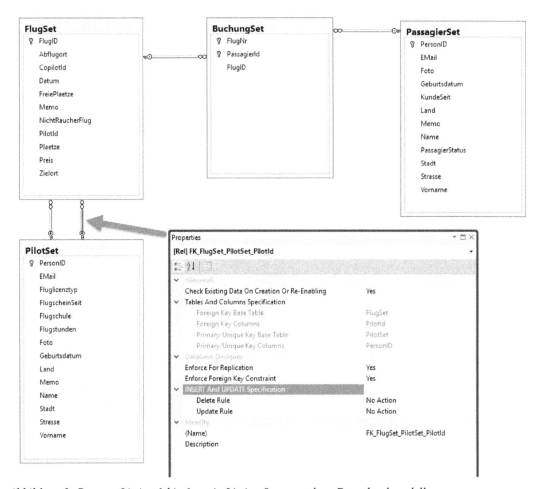

Abbildung 2: Das aus Listing 1 bis 6 sowie Listing 8 entstandene Datenbankmodell

11.6 Literatur

[1] Entity Framework Core Documentation / Creating a Model / Keys (Primary)
http://www.efproject.net/en/latest/modeling/keys.html

12 Anpassung des Datenbankschemas

Entity Framework Core kann beim Forward Engineering in vielen Fällen allein schon auf Basis von Konventionen aus einem Objektmodell ein Datenbankschema erzeugen. Bei manchen Dingen braucht der Objekt-Relationale Mapper aber Nachhilfe per Konfiguration via Datenannotationen oder Fluent-API.

Bereits die das letzte Kapitel hat aufgezeigt, dass Konventionen nicht immer reichen, um ein gültiges Datenbankschema zu erzeugen. Nachhilfe für den Softwareentwickler war in dem Fall notwendig bei zusammengesetzten Primärschlüsseln, Primärschlüsseln für erbende Klassen sowie dem Deaktivieren des kaskadierenden Löschens, weil es sonst zu zirkulären Löschoperationen kommt. Dieses Kapitel zeigt nun noch einmal systematisch alle Möglichkeiten auf, wie der Softwareentwickler mit Datenannotationen in den Entitätsklassen oder dem Fluent-API in der Methode OnModelCreating() in der Kontextklasse dem Entity Framework Core sagen kann, wie das Datenbankschema zu erzeugen ist. Man bezeichnet diese Möglichkeiten als Konfiguration des Datenbankschemas.

Es gelten dabei drei Grundregeln:

- Konfiguration per Datenannotationen oder Fluent-API wiegt schwerer als die Konventionen, d.h. Konfiguration setzt Konventionen für einzelne Fälle außer Kraft. Microsoft spricht bei Entity Framework Core von "Konvention vor Konfiguration". Damit ist jedoch gemeint, dass es Ziel ist, durch Konventionen die explizite Konfiguration soweit es geht überflüssig zu machen.

- Wenn es sich widersprechende Datenannotationen und Fluent-API-Aufrufe gibt, wiegt immer der Fluent-API-Aufruf schwerer.

- Man kann alle Konfigurationsmöglichkeiten per Fluent-API ausdrücken. Eine Teilmenge davon ist auch per Datenannotation möglich.

12.1 Persistente versus transiente Klassen

Als persistent bezeichnet man eine Klasse aus dem Objektmodell, deren Instanzen in der Datenbank gespeichert werden. Im Rahmen von Entity Framework Core bezeichnet man persistente Klasse auch als Entitätsklassen. Transiente Klasse haben hingegen nur flüchtige Instanzen, die rein im Hauptspeicher liegen.

Grundsätzlich ist erstmal jede .NET-Klasse transient. Entity Framework Core macht Klassen persistent, für die es

- ein DbSet<Entitätsklasse> in der Kontextklasse gibt oder

- die im Fluent-API per modelBuilder.Entity<Entitätsklasse>() bei Entity Framework Core angemeldet wird oder

- auf die eine andere persistente Klasse per Navigationseigenschaft verweist.

Die zweite Option zu verwenden, macht meist keinen Sinn, denn ohne DbSet<Entitätsklasse> oder eine Navigationseigenschaft steht die Klasse für den Datenzugriff per Entity Framework Core gar nicht zur Verfügung.

Abweichungen von der dritten Regel möchte ein Entwickler manchmal definieren, wenn eine persistente Klasse eine Beziehung zu einer transienten Klasse haben soll. In diesem Fall muss der Entwickler die in Beziehung bestehende Klasse, die transient bleiben soll, mit [NotMapped] annotieren oder modelBuilder.Ignore<Klasse>() im Fluent-API verwenden.

[NotMapped] kann man auch auf Ebene von Attributen der Klasse einsetzen, wenn man einzelne Properties einer persistenten Klasse nicht in der Datenbank persistieren möchte, denn im Standard persistiert Entity Framework Core alle Properties einer Entitätsklasse, die einen Getter und Setter haben. Im Fluent-API verwendet man wieder die Ignore()-Methode, dieses Mal jedoch nach dem Aufruf der Methode Entity<T>(): modelBuilder.Entity<Entitätsklasse>().Ignore(b => b.Eigenschaft).

Ein Property einer Entitätsklasse muss insbesondere dann ignoriert werden, wenn das Property einen komplexeren .NET-Datentyp hat, den Entity Framework Core nicht abbilden kann. Dies gilt zum Beispiel für die Klasse System.Xml.XmlDocument. Entity Framework Core scheitert hier beim Generieren des Datenbankschemas mit dem Fehler "The key {'TempId'} contains properties in shadow state and is referenced by a relationship from 'XmlSchemaCompilationSettings' to 'XmlSchemaSet.CompilationSettings'. Configure a non-shadow principal key for this relationship." Grundsätzlich gibt es zwar einen XML-Datentyp in Microsoft SQL Server und anderen Datenbankmanagementsystemen, in Entity Framework Core ist aber eine Abbildung auf die .NET-Klasse System.Xml.XmlDocument bisher nicht realisiert.

12.2 Namen im Datenbankschema

Per Konvention vergibt Entity Framework Core:

- einer Tabelle den Namen des Properties, der in der Kontextklasse für das DbSet<Entitätsklasse> verwendet wird,

- einer Spalte den Namen des Properties in der Entitätsklasse.

Um dies zu ändern, gibt es die folgenden Möglichkeiten, wie sie in Tabelle 1 dargestellt werden.

	Datenannotation	Fluent-API
Tabellenname	Vor einer Klasse: [Table("Tabellenname")] oder unter zusätzlicher Angabe des Schemanamens [Table("Tabellenname", Schema = "Schemaname")] Ohne die Schemanamensangabe landet die Tabelle immer im Standardschema "dbo".	modelBuilder.Entity<Entitätsklasse>() .ToTable("Tabellenname"); bzw. modelBuilder.Entity<Entitätsklasse>() .ToTable("Tabellenname", schema: "Schemaname");
Spaltenname	Vor einem Property: [Column("Spaltenname ")]	modelBuilder.Entity<Entitätsklasse>().Property(b => b.Property).HasColumnName("Spaltenname");

Tabelle 1: Ändern der per Konvention festgelegten Tabellen- und Spaltennamen im Datenbankschema

12.3 Reihenfolge der Spalten in einer Tabelle

Entity Framework Core sortiert die Spalten in einer Tabelle wie folgt:

- zuerst die Primärschlüsselspalten in alphabetischer Reihenfolge,

- danach alle anderen Spalten in alphabetischer Reihenfolge (siehe Abbildung 1).

- später ergänzte Spalten werden nicht in die Reihenfolge einsortiert, sondern hinten ergänzt.

Anders als das klassische Entity Framework richtet sich Entity Framework Core nicht nach der Reihenfolge der Properties im Quellcode. Microsoft begründet dies in [2] mit "In EF6 we tried having column order match the order of properties in the class. The issue is that reflection can return a different order on different architectures."

Im klassischen Entity Framework war die Festlegung der Reihenfolge mit der Annotation [Column(Order = Zahl)] möglich. Allerdings wirkt dies lediglich beim ersten Anlegen der Tabelle, nicht für später hinzugefügte Spalten, da das Einsortieren neuer Spalten zwischen bestehende Spalten in vielen Datenbankmanagementsystemen einen Table Rebuild erfordert. "There isn't anyway to do this since SQL Server requires a table rebuild (rename existing table, create new table, copy data, delete old table) to re-order the columns" [2]. Microsoft hat daher in Entity Framework Core darauf verzichtet, die Order-Eigenschaft der Annotation Column zu berücksichtigen.

12.4 Spaltentypen

Den Datenbanktyp, der im Datenbankschema für einen .NET-Typ verwendet wird, wählt nicht Entity Framework Core, sondern der Datenbankprovider aus. So zeigt Tabelle 2 exemplarisch auf, was etwa bei Microsoft SQL Server im Standard gewählt wird.

.NET-Datentyp	Microsoft SQL Server-Datentyp
Byte	Tinyint
Short	Smalint
Int32	Int
Int64	Bitint
DateTime	DateTime2
String	Nvarchar
Boolean	Bit
Guid	Uniqueidentifier
Float	Real
Double	Float
Decimal	decimal(18, 2)
Byte[]	varbinary(MAX)

Tabelle 2: Abbildung von .NET-Datentypen auf SQL Server-Datentypen

Wenn der Softwareentwickler mit dieser Auswahl nicht einverstanden ist, muss er die Datenannotation [Column(TypeName = "varchar(200)")] oder das Fluent-API verwenden: modelBuilder.Entity<Entitätsklasse>().Property(b => b.Eigenschaft).HasColumnType("varchar(200)").

Entity Framework Core kann als einzigen Array-Typ ein Byte-Array (Byte[]) auf die Datenbank abbilden. Alle anderen Array-Typen führen beim Generieren des Datenbankschemas (entweder bei Ausführung des Commandlets Add-Migration oder beim Start der Anwendung beim ersten Zugriff auf die Datenbank) zum

Laufzeitfehler "The property xy could not be mapped, because it is of type 'String[]' which is not a supported primitive type or a valid entity type. Either explicitly map this property, or ignore it." Die Klassen DbGeometry und DbGeography, die Entity Framework seit Version 5.0 unterstützt, können in Entity Framework Core noch nicht genutzt werden. Es gibt also bisher keine Abbildung für die SQL Server-Datentypen Geometry und Geography.

12.5 Pflichtfelder und optionale Felder

Die Konvention besagt, dass in der Datenbank nur solche Spalten als "nullable" angelegt werden, bei denen der .NET-Typ im Objektmodell auch ein null bzw. nothing vertragen kann, also string, byte[] und die expliziten Nullable Value Types, also Nullable<int>, int?, Nullable<DateTime>, DateTime? usw.

Mit der Annotation [Required] bzw. modelBuilder.Entity<Entitätsklasse>().Property(b => b.Eigenschaft).IsRequired() legt der Entwickler für ein Property, das eigentlich null bzw. nothing erlauben würde, fest, dass es in der Datenbank doch nicht nullable sein soll. Man kann nicht per Annotation oder Fluent-API eine nullable Spalte erzwingen, denn es würde zu Laufzeitfehlern führen, wenn die Datenbank null-Werte in einer Spalte erlaubt, das korrespondierende Property diese jedoch nicht aufnehmen kann.

12.6 Feldlängen

Eine wesentliche Schwäche in dem erzeugten Datenbankschema im Kapitel "Forward Engineering" war, dass alle Zeichenketten-Spalten mit dem langen Datentyp nvarchar(max) erzeugt wurden. Lediglich bei einer Zeichenketten-Spalte, die Primärschlüssel ist, würde Entity Framework Core im Standard auf 450 Zeichen begrenzen.

Eine Längenbegrenzung definiert der Softwareentwickler mit Annotation [MaxLength(Zahl)] oder modelBuilder.Entity<Entitätsklasse>().Property(b => b.Eigenschaft).HasMaxLength(Zahl).

12.7 Primärschlüssel

Per Konvention wird zum Primärschlüssel einer Tabelle ein Property mit Namen ID oder Id oder KlassennameID oder KlassennameId. Die Groß- und Kleinschreibung von ID und Klassennamen ist dabei also nicht relevant. Wenn der Entwickler frevelhafterweise in einer Klasse mehrere von diesen Varianten verwendet (in C# sind alle vier möglich, in Visual Basic .NET wegen der fehlenden Unterscheidung zwischen Groß- und Kleinschreibung nur zwei), dann nimmt Entity Framework Core das erste passende Property in der Reihenfolge, wie sie im Programmcode stehen. Alle anderen dieser Konvention entsprechenden Properties werden zu normalen Spalten der Tabelle.

Wenn ein anderes Property Primärschlüssel werden soll, muss der Entwickler es mit [Key] annotieren oder im Fluent-API schreiben: modelBuilder.Entity<Entitätsklasse>().HasKey(c => c.Eigenschaft). Zusammengesetzte Primärschlüssel kann man in Entity Framework Core leider nicht mehr per Datenannotation festlegen, sondern nur noch per Fluent-API: builder.Entity<Buchung>().HasKey(b => new { b.FlugNr, b.PassagierId });

Für Primärschlüssel, die Ganzzahlen sind (byte, short, int, long) legt Entity Framework Core im Standard Identity-Spalten (alias Autowert-Spalten) im Datenbankschema an. In der Dokumentation steht "By convention, primary keys that are of an integer or GUID data type will be setup to have values generated on add" wobei "Integer" als vermeintlicher Oberbegriff hier irreführend ist (weil es auch für byte, short und long gilt!) und sich im Fall von GUID zumindest für Version 1.x in der Praxis nicht reproduzieren lässt. Wer keine Autowert-Spalten will, schreibt [DatabaseGenerated(DatabaseGeneratedOption.None)] vor das

Property oder modelBuilder.Entity<Klasse>().Property(b => b.Eigenschaft).ValueGeneratedNever() in OnModelCreating().

12.8 Beziehungen und Fremdschlüssel

Entity Framework Core behandelt Properties, die auf eine oder mehrere Instanzen einer anderen Klasse verweisen, automatisch als Navigationseigenschaften. Für Mengen kann der Entwickler ICollection (siehe Listing 1) oder eine darauf aufbauende andere Schnittstelle (wie IList) wie auch eine ICollection<T> realisierende Klassen (wie List<T> oder HashSet<T>) verwenden). Entity Framework Core erzeugt im Datenbankschema in der Tabelle auf der N-Seite einer 1:N-Beziehung bzw. auf einer Seite einer 1:0/1-Beziehung automatisch eine Fremdschlüsselspalte, die den Namen der Navigationseigenschaft plus den Namen des Primärschlüssels der in Beziehung stehenden Entitätsklasse erhält. Für jede Fremdschlüsselspalte erzeugt Entity Framework Core auch automatisch einen Index in der Datenbank.

Für den Programmcode in Listing 1 entsteht somit in der Tabelle Flug die Fremdschlüsselspalte FlugzeugtypTypNr (siehe auch Abbildung 1). Um Entity Framework Core dazu zu bewegen, einen anderen Namen zu verwenden, nutzt der Entwickler die Annotation [ForeignKey("FlugzeugTypNr")] auf der Navigationseigenschaft. Im Fluent-API ist es etwas komplizierter, denn hier muss man die Kardinalität mit HasOne(), HasMany(), WithOne() und WithMany() erst einmal explizit formulieren, bevor man die Methode HasForeignKey() aufrufen kann, um den Namen der Fremdschlüsselspalte zu setzen.

```
builder.Entity<Flug>().HasOne(f =>
f.Flugzeugtyp).WithMany(t=>t.FlugSet).HasForeignKey("FlugzeugTypNr");
```

Der Entwickler hat dabei die Wahl, zu bestimmen, aus welcher Richtung er die Beziehung formulieren will. Daher ist die folgende Befehlszeile äquivalent zur vorherigen. Beide Befehle im Programmcode zu haben, ist kein Fehler, jedoch unnötig.

```
builder.Entity<Flugzeugtyp>().HasMany(t => t.FlugSet).WithOne(t =>
t.Flugzeugtyp).HasForeignKey("FlugzeugTypNr");
```

Diese Fremdschlüsselspalte kann auch explizit im Objektmodell durch ein Fremdschlüsselproperty abgebildet sein (siehe public byte FlugzeugTypNr { get; set; } in Listing 1). Allerdings ist diese explizite Abbildung keine Pflicht. Vorteil der Darstellung der Fremdschlüsselspalte durch ein Property im Objektmodell ist, dass eine Herstellung von Beziehungen über den Fremdschlüssel möglich ist, ohne dass das komplette in Beziehung stehende Objekt geladen sein muss. Per Konvention behandelt Entity Framework Core ein Property automatisch als Fremdschlüsselproperty, wenn es demjenigen Namen entspricht, den Entity Framework Core für die Fremdschlüsselspalte wählt.

12.9 Optionale Beziehungen und Pflichtbeziehungen

In dem Beispiel in Listing 1 ist die Beziehung zwischen Flug und Flugzeugtyp eine Pflichtbeziehung, d.h. jedem Flug muss genau ein Flugzeugtyp zugeordnet werden, denn das Fremdschlüsselproperty FlugzeugTypNr muss mit einem Wert belegt werden. Um diese Beziehung optional zu gestalten, d.h. Flug-Objekte zuzulassen, die keinen Flugzeugtyp haben, muss das Property für die Fremdschlüsselspalte null bzw. nothing erlauben. In diesem Fall müsste also dort stehen: public byte? FlugzeugTypNr { get; set; }. Der Entwickler kann per Fluent-API auch dann eine Pflichtbeziehung mit IsRequired() im Fluent-API anlegen, wenn die Fremdschlüsselspalte null bzw. nothing erlaubt:

```
builder.Entity<Flug>()
.HasOne(f => f.Flugzeugtyp)
.WithMany(t => t.FlugSet)
.IsRequired()
.HasForeignKey("FlugzeugTypNr");
```

Wenn es kein explizites Fremdschlüsselproperty gibt, ist die Beziehung immer optional. Auch hier braucht man dann den Aufruf der Methode IsRequired(), um eine Pflichtbeziehung zu erzwingen.

```
public partial class Flug
{
  // --- Primärschlüssel
  [Key]
  public int FlugNr { get; set; }
  ...
  [ForeignKey("FlugzeugTypNr")]
  public Flugzeugtyp Flugzeugtyp  { get; set; } // Navigationseigenschaft
  public byte FlugzeugTypNr { get; set; } // Fremdschlüsseleigenschaft
  // Navigationseigenschaften
  [InverseProperty("FluegeAlsPilot")]
  public Pilot Pilot { get; set; }
  [InverseProperty("FluegeAlsCoPilot")]
  public Pilot Copilot { get; set; }
  public ICollection<Buchung> BuchungSet { get; set; }
  // Explizite Fremdschlüsseleigenschaften zu den Navigationseigenschaften
  public int PilotId { get; set; }
  public int? CopilotId { get; set; }
}
public class Flugzeugtyp
{
  [Key]
  public byte TypID { get; set; }
  public string Hersteller { get; set; }
  public string Name { get; set; }
  // Navigationseigenschaft 1:N
  public List<Flug> FlugSet { get; set; }
  // Navigationseigenschaft 1:1
  public Flugzeugtypdetail Detail { get; set; }
}
/// <summary>
/// Flugzeugtypdetail ist ein abhängiges Objekt (1:1) von Flugzeugtyp
/// Flugzeugtypdetail verwendet den gleichen Primärschlüssel wie Flugzeugtyp
/// </summary>
public class Flugzeugtypdetail
{
  [Key]
  public byte TypID { get; set; }
  public byte? Turbinen { get; set; }
  public float? Laenge { get; set; }
```

```
public short? LeergewichtInTonnen { get; set; }

public string Memo { get; set; }

}

public  partial class Pilot : Person

{

…

 // --- Navigationseigenschaften deklariert auf Schnittstellen mit expliziter
Mengentypinstanziierung

 public List<Flug> FluegeAlsPilot { get; set; } = new List<Flug>();

 // --- Navigationseigenschaften deklariert auf Mengentyp

 public List<Flug> FluegeAlsCopilot { get; set; }

 }
```

Listing 1: Beziehungen zwischen Flug und Flugzeugtyp sowie Flug und Pilot

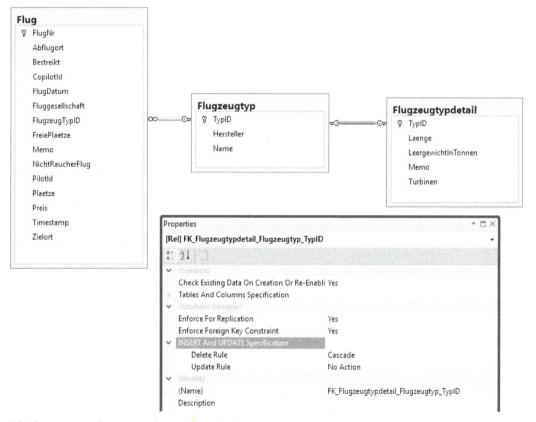

Abbildung 1: Beziehung zwischen Flug und Flugzeugtyp sowie Flugdetails

12.10 Uni- und Bidirektionale Beziehungen

Beziehungen zwischen zwei Entitätsklassen können im Objektmodell bidirektional sein, wie es Listing 1 zeigt, d.h. es gibt Navigationseigenschaften in beide Richtungen, also sowohl von Flug zu Flugzeugtyp (über das Property Flugzeugtyp in Klasse Flug) als auch von Flugzeugtyp zu Flug (über das Property FlugSet in Klasse Flugzeugtyp). Alternativ sind auch unidirektionale Beziehungen erlaubt, die dadurch entstehen, dass der Softwareentwickler in einer der beiden Klassen die Navigationseigenschaft einfach weglässt (siehe Beziehung zwischen Flugzeugtypdetail und Flugzeugtypdetail in Listing 1). In Listing 1 sieht man, dass Flugzeugtyp eine Navigationseigenschaft mit Namen "Detail" besitzt, die auf ein Flugzeugtypdetail-Objekt verweist. In der Implementierung von Flugzeugtypdetail findet man aber keine Navigationseigenschaft zu Flugzeugtyp. Bidirektionale Beziehungen sind aber meist sinnvoll für die komfortable Nutzung des Objektmodells, zumal sie keinen zusätzlichen Platz in der Datenbank und nur minimal mehr Platz im Hauptspeicher verbrauchen.

Auch wiederum anhand von Konventionen findet Entity Framework Core die beiden zueinander passenden Navigationseigenschaften und deren Kardinalitäten. Wenn also Flug eine Navigationseigenschaft vom Typ Flugzeugtyp und Flugzeugtyp eine Navigationseigenschaft vom Typ List<Flug> besitzt, dann nimmt Entity Framework Core hier automatisch eine 1:N-Beziehung an.

Dieser Automatismus auf Basis einer Konvention ist jedoch nicht möglich für die Beziehungen zwischen Flug und Pilot, denn hier gibt es zwei Navigationseigenschaften vom Typ Pilot (Pilot und Copilot) in der Klasse Flug und zwei Navigationseigenschaften vom Typ List<Flug> (FluegeAlsPilot und FluegeAlsCopilot) in der Klasse Pilot (siehe Listing 1). An dieser Stelle muss der Softwareentwickler dem Entity Framework Core also sachdienliche Hinweise darüber geben, was zusammengehört. Dies erfolgt entweder über die Datenannotation [InverseProperty("FluegeAlsPilot")] bzw. [InverseProperty("FluegeAlsCoPilot")] oder das Fluent-API:

```
builder.Entity<Pilot>().HasMany(p => p.FluegeAlsCopilot)
.WithOne(p => p.Copilot).HasForeignKey(f => f.CopilotId);
builder.Entity<Pilot>().HasMany(p => p.FluegeAlsPilot).
WithOne(p => p.Pilot).HasForeignKey(f => f.PilotId);
```

In dem Beispiel in Listing 1 ist die Beziehung zwischen Flug und Pilot über die Navigationseigenschaft Pilot eine Pflichtbeziehung; der Copilot ist aber optional. Den Copiloten abzuschaffen und im Notfall die Stewardess das Flugzeug landen zu lassen (wie im Film "Turbulence" aus dem Jahr 1997), war übrigens ein realer Vorschlag der Fluggesellschaft Ryanair im Jahr 2010 (vgl. [3]).

12.111:1-Beziehungen

Listing 1 zeigt auch die 1:1-Beziehung zwischen Flugzeugtyp und Flugzeugtypdetail. Hier handelt es sich um eine Pflichtbeziehung, d.h. es muss zu jedem Flugzeugtyp-Objekt genau ein Flugzeugtypdetail-Objekt geben, weil die Beziehung zwischen den Klassen nicht über eine Fremdschlüsselspalte erzeugt wird. Flugzeugtyp und Flugzeugtypdetail haben vielmehr ein Primärschlüsselproperty, das von Namen und Typ her identisch ist. Die Beziehung entsteht also von Flugzeugtyp.TypNr zu Flugzeugtypdetail.TypNr (siehe Abbildung 1).

Flugzeugtyp.TypNr entsteht als Autowert. Entity Framework Core ist intelligent genug, dann Flugzeugtypdetail.TypNr nicht auch als Autowert anzulegen, denn diese beide Nummer müssen ja korrespondieren, damit die Beziehung funktioniert.

Wäre Flugzeugtyp.TypNr kein Autowert, würde Entity Framework Core aber Flugzeugtypdetail.TypNr als Autowert anlegen, was natürlich zu Problemen führt. Hier müsste der Softwareentwickler etwas nachhelfen und die Flugzeugtypdetail.TypNr auch als Nicht-Autowert konfigurieren:

builder.Entity<Flugzeugtypdetail>().Property(b => b.TypNr).ValueGeneratedNever(). Wenn der Entwickler das nicht tut, kommt es zu einem kuriosen Verhalten: Flugzeugtyp.TypNr hat kein Autowert, aber Entity Framework Core speichert dennoch nicht den Wert, den man im Quellcode explizit zugewiesen hat. Entity Framework Core verwendet dann bei Flugzeugtyp.TypNr den Autowert, den Flugzeugtypdetail.TypNr vorgegeben hat. Nur wenn Flugzeugtyp.TypNr und Flugzeugtypdetail.TypNr beide als ValueGeneratedNever() konfiguriert werden, kann man wirklich die Werte frei setzen.

Besäße die Entitätsklasse Flugzeugtypdetail einen von Name oder Typ her von Flugzeugtyp.TypNr abweichenden Primärschlüssel (z.B. FlugzeugtypdetailID), dann hätte Entity Framework Core diese Primärschlüsselspalte als Autowertspalte angelegt und in der Tabelle Flugzeugtyp eine Fremdschlüsselspalte dafür ergänzt (mit Name DetailFlugzeugtypdetailID). Diese Beziehung wäre dann 1:0/1-Beziehung, sodass es Flugzeugtyp-Objekte ohne Flugzeugtypdetail-Objekt geben dürfte. Dann wären die Werte aber nicht mehr so "sprechend", denn dann hätte zum Beispiel Flugzeugtypobjekt 456 das Flugtypdetailobjekt 72 haben können.

Ein DbSet<Flugzeugtypdetail> muss es in diesem Fall in der Kontextklasse nicht geben. Außerdem ist die Beziehung zwischen Flugzeugtyp und Flugzeugtypdetail eine unidirektionale Beziehung, da es lediglich eine Navigationseigenschaft von Flugzeugtyp zu Flugzeugtypdetail, nicht aber von Flugzeugtypdetail zu Flugzeugtyp gibt. Aus der Sicht von Entity Framework Core ist das in Ordnung, und in diesem Fall passt es auch fachlich durchaus, dass Flugzeugtypdetail als ein rein von Flugzeugtyp abhängiges Objekt existiert.

Im klassischen Entity Framework gibt es als alternative Modellierungsmöglichkeit für solche abhängigen Objekte den sogenannten "Complex Type". Entity Framework Core bietet dies in Version 1.x allerdings bisher nicht an.

12.12Syntaxtricks mit dem Fluent-API

Das Fluent-API-Aufrufe für eine Entitätsklasse kann man in OnModelCreating() sequentiell nacheinander setzen (siehe Syntaxform 1 in Listing 2) oder aber mit Lambda-Ausdruck zusammenfassen (siehe Syntaxform 2 in Listing 2). Eine weitere Option im Fluent-API ist, nicht einzelne Entitätsklassen zu konfigurieren, sondern mehrere auf einmal. Das Unterobjekt Model des übergebenen ModelBuilder-Objekts liefert über GetEntityTypes() eine Liste aller Entitätsklassen in Form von Objekten mit der Schnittstelle IMutableEntityType. Diese Schnittstelle bietet wiederrum Zugang zu allen Konfigurationsoptionen für eine Entitätsklasse. Das Beispiel in Listing 3 zeigt, im unteren Teil, wie man

- die Konventionen aushebelt, dass alle Tabellennamen heißen wie die DbSet<Entitätsklasse>-Eigenschaft in der Kontextklasse. Mit entity.Relational().TableName = entity.DisplayName() erhalten wieder alle Tabellen den Namen der Entitätsklasse selbst.

- man erreicht, dass Properties, die auf die Buchstaben "Nr" enden, automatisch zum Primärschlüssel werden und es für diese Primärschlüssel keine Autowerte gibt.

```
protected override void OnModelCreating(ModelBuilder builder)

    {

// Syntaxform 1

builder.Entity<Flug>().HasKey(f => f.FlugNr);

builder.Entity<Flug>().Property(b => b.FlugNr).ValueGeneratedNever();

builder.Entity<Flug>().Property(f => f.Memo).HasMaxLength(5000);

builder.Entity<Flug>().Property(f => f.Plaetze).IsRequired();

builder.Entity<Flug>().Ignore(f => f.UndoPuffer);


// Syntaxform 2

builder.Entity<Flug>(x =>

    {
```

```
x.HasKey(f => f.FlugNr);

x.Property(b => b.FlugNr).ValueGeneratedNever();

x.Property(f => f.Memo).HasMaxLength(5000);

x.Property(f => f.Plaetze).IsRequired();

x.Ignore(f => f.UndoPuffer);

});


// Konfiguration über Model-Klasse

foreach (IMutableEntityType entity in builder.Model.GetEntityTypes())

{

// Alle Tabellennanmen wie bisher

entity.Relational().TableName = entity.DisplayName();

// Spalten, die auf Nr enden, werden Primärschlüssel ohne Autowerte

var propNr = entity.GetProperties().FirstOrDefault(x => x.Name.EndsWith("Nr"));

if (propNr != null)

{

  entity.SetPrimaryKey(propNr);

  propNr.ValueGenerated = ValueGenerated.Never;

}

}

}
```

Listing 2: Syntaktische Möglichkeiten in der Fluent-API-Konfiguration

12.13 Literatur zu diesem Kapitel

*[2] Github-Diskussion zu Entity Framework Core, Issue 2272: Column ordering,
https://github.com/aspnet/EntityFramework/issues/2272*

[3] n-tv: Im Notfall fliegt die Stewardess - Ryanair will Co-Piloten abschaffen, http://www.n-tv.de/mediathek/videos/wirtschaft/Ryanair-will-Co-Piloten-abschaffen-article1428656.html

13 Datenbankschemamigrationen

Entity Framework Core legt auf Wunsch beim Start der Anwendung die Datenbank an. Der OR-Mapper kann aber auch das Schema einer bestehenden Datenbank ändern – zur Entwicklungszeit oder Laufzeit.

Im Standard geht Entity Framework Core beim Start davon aus, dass die anzusprechende Datenbank vorhanden ist und in der korrekten Schemaversion vorliegt. Es erfolgt keinerlei Prüfung, ob dies wirklich so ist. Wenn zum Beispiel eine Tabelle oder Spalte fehlt bzw. eine Beziehung nicht wie vorgesehen vorhanden ist, kommt es in dem Moment zum Laufzeitfehler (z.B. "Invalid object name 'Flugzeugtyp'."), in dem ein Zugriff darauf erfolgt.

13.1 Anlegen der Datenbank zur Laufzeit

Der Entwickler kann zu Programmstart die Methode EnsureCreated() im Unterobjekt Database der Kontextklasse aufrufen (siehe Listing 1); sie legt die komplette Datenbank im Sinne des Forward Engineering an, wenn Sie nicht vorhanden ist, und erzeugt die Tabellen mit zugehörigen Schlüsseln und Indexen.

Sofern die Datenbank jedoch bereits vorhanden ist, ist dies aus der Sicht von EnsureCreated() kein Fehler. Allerdings prüft die Methode EnsureCreated() dann nicht, ob das Datenbankschema korrekt ist. Vielmehr prüft EnsureCreated() mit dem Befehl IF EXISTS (SELECT * FROM INFORMATION_SCHEMA.TABLES WHERE TABLE_TYPE = 'BASE TABLE') SELECT 1 ELSE SELECT 0 lediglich, ob es überhaupt irgendeine Tabelle in der Datenbank gibt. Wenn es keine Tabelle gibt, werden alle Tabellen angelegt. Sobald es jedoch schon irgendeine Tabelle in der Datenbank gibt, passiert nichts und das Programm fällt zur Laufzeit auf die Nase. Mehr "Intelligenz" bekommt der Softwareentwickler mit Schemamigrationen.

```
using (var ctx = new WWWingsContext())
{

    Print("Datenbank: " + ctx.Database.GetDbConnection().ConnectionString);


    var e = ctx.Database.EnsureCreated();


    if (e)
    {
     Print ("Datenbank wurde neu erzeugt!");
    }
    else
    {
     Print("Datenbank war vorhanden!");
    }

}
```

Listing 1: Nutzung von EnsureCreated

13.2 Schemamigrationen zur Entwicklungszeit

Im klassischen Entity Framework in Version 4.3 führte Microsoft die Schemamigrationen ein. Diese Schemamigrationen gibt es nun – in veränderter Form – auch in Entity Framework Core.

Schemamigrationen ermöglichen:

- Das Datenbankenschema unter Beibehaltung der bereits vorhandenen Daten nachträglich zu ändern

- Änderungen bei Bedarf auch wieder rückgängig zu machen

- Die Migration wahlweise zur Entwicklungszeit oder beim Start der Anwendung auszuführen.

13.3 Befehle für die Schemamigrationen

Wie im klassischen Entity Framework steht für die Migrationen keine grafische Benutzeroberfläche bereit. Vielmehr führt der Softwareentwickler alle Aktionen per Kommandozeilenbefehl - entweder via PowerShell-Commandlet innerhalb der Package Manager-Konsole von Visual Studio oder über das externe Kommandozeilenwerkzeug dotnet.exe (bzw. dotnet auf anderen Betriebsystemen) - aus.

Zur   Nutzung   dieser   Befehle   ist   ein   Nuget-Paket   zu   installieren:
```
Install-Package Microsoft.EntityFrameworkCore.Tools
```

Leider bringt dieses Paket eine Vielzahl neuer Assembly-Referenzen in das Projekt, die später zur Laufzeit überhaupt nicht mehr gebraucht werden. Da die Nuget-Pakete jedoch nur in dem Startprojekt der Anwendung und nicht in anderen Projekten gebraucht werden, bietet sich eine einfache Lösung an, um das eigentliche Startprojekt nicht aufzublähen:

- Man legt ein neues Konsolenanwendungsprojekt an, z.B. mit Namen "Werkzeuge".

- Man installiert dort das Entity Framework Core-Tools-Paket (Microsoft.EntityFrameworkCore.Tools).

- Man referenziert von dem "Werkzeuge"-Projekt dasjenige Projekt, in dem sich die Kontextklasse befindet.

- Man macht dieses "Werkzeuge"-Projekt zum Startprojekt.

- Man führt hier nun die benötigen Migrationsbefehle aus.

- Danach kann man das Startprojekt wieder ändern.

Dieses "Werkzeug"-Projekt muss dann später nicht an die Nutzer ausgeliefert werden. Auf die Änderung des Startprojekts kann der Softwareentwickler auch noch verzichten, wenn er bei den Commandlets angibt, was das "Startprojekt" sein soll (siehe unten).

Die Vorgehensweise zum Anlegen und Nutzen von Schemamigrationen hat Microsoft in Entity Framework Core gegenüber dem klassischen Entity Framework in einigen Details geändert. Den Befehl Enable-Migrations muss der Softwareentwickler zu Beginn nicht mehr ausführen, er kann direkt mit Add-Migration loslegen. Das Commandlet Enable-Migrations gibt es zwar noch, es liefert aber nur die Meldung "Enable-Migrations is obsolete. Use Add-Migration to start using Migrations." Automatische Migrationen – ohne Aufruf von Add-Migration – gibt es in Entity Framework Core gar nicht mehr. Die Aktualisierung der Datenbank erfolgt wie bisher mit Update-Database. Wer lieber ein SQL-Skript zur eigenen Ausführung will, erhält dies nun mit Script-Migration statt wie bisher mit Update-Database -script (siehe Abbildung 1).

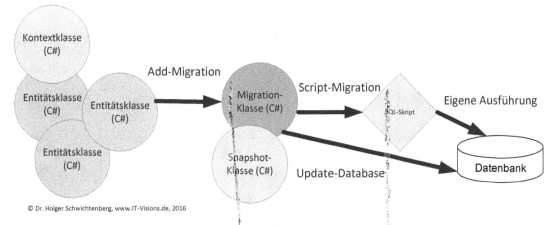

Abbildung 1: Ablauf der Schemamigration bei Entity Framework Core

13.4 ef.exe

Die PowerShell-Commandlets verwenden intern ein klassisches Kommandozeilenwerkzeug mit Namen ef.exe (Entity Framework Core Command Line Tools), das sich im Nuget-Paket "Microsoft.EntityFrameworkCore.Tools" im Ordner "Tools" befindet.

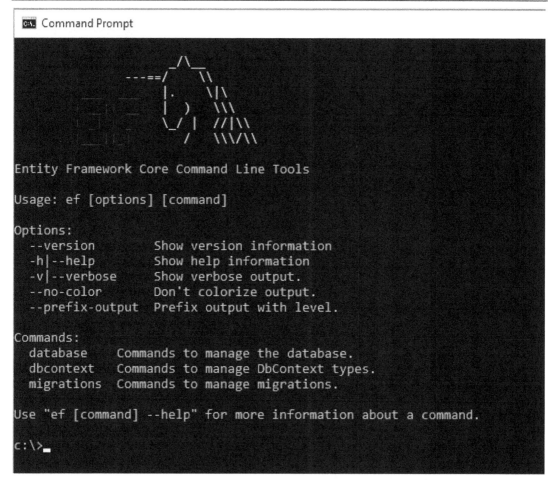

Abbildung: Hilfe zu ef.exe

13.5 Add-Migration

Bei Entity Framework Core startet der Entwickler eine Schemamigration (auch die allererste) mit Add-Migration, wobei er darauf achten muss, dass in der Nuget Package Manager-Konsole

- des aktuellen Startprojekts die Entity Framework Core-Tools installiert sind (s.o.) und

- als "Default Projekt" das Projekt gewählt ist, in dem sich die Kontextklasse befindet, und

- sich alle Projekte in der Projektmappe übersetzen lassen.

Die Groß- und Kleinschreibung ist wie bei allen PowerShell-Commandlets nicht relevant. Man sollte in jedem Projekt nur eine Kontextklasse haben. Die Entity Framework Core-Werkzeuge wissen sonst nicht, welche Kontextklasse gemeint ist ("More than one DbContext was found. Specify which one to use. Use the '-Context' parameter for PowerShell commands and the '--context' parameter for dotnet commands."), und man muss dies immer lösen, indem man bei jedem Befehl den Zusatzparameter -Context angibt.

Wie bisher ist bei Add-Migration ein frei wählbarer Name anzugeben, z.B. Add-Migration v1. Durch die Ausführung dieses Befehls in der Package Manager-Konsole entsteht in dem Projekt der Kontextklasse ein Ordner "Migrations" mit drei Dateien und zwei Klassen (siehe Abbildung 2):

- Eine Klasse, die so heißt wie der bei Add-Migration angegebene Name. Diese Klasse erstreckt sich über zwei Dateien, eine davon mit dem Zusatz .designer. Diese Dateien tragen zusätzlich den Zeitstempel im Namen, wobei dieser auf den Zeitpunkt aufweist, zu dem die Migration angelegt wurde. Diese Klasse erbt von Microsoft.EntityFrameworkCore.Migrations.Migration. Sie wird im Folgenden als Migrationsklasse bezeichnet.

- Eine Klasse, die den Namen der Kontextklasse mit dem Zusatz "ModelSnapshot" übernimmt und von Microsoft.EntityFrameworkCore.Infrastructure.ModelSnapshot erbt. Diese Klasse wird im Folgenden als Snapshot-Klasse bezeichnet.

Die Migrationsklasse umfasst drei Methoden: Die Methode Up() überführt das Datenbankschema in den neuen Zustand (falls es noch keine Migration gibt, entsteht der Programmcode, der die Datenbank in ihrem Grundzustand anlegt), und die Methode Down() macht die Änderung wieder rückgängig. Die Methode BuildTargetModel() gibt den Zustand des Objektmodells zum Zeitpunkt des Anlegens der Migration wieder. BuildTargetModel() verwendet dafür eine von Entity Framework Core übergebene Instanz von ModelBuilder – genau wie die Methode OnModelCreating() in der Kontextklasse. Im klassischen Entity Framework hatte Microsoft den aktuellen Zustand des Objektmodells in einer XML-Ressourcendatei (.resx) mit binärer Repräsentation des aktuellen Zustandes in einem eingebetteten BLOB gespeichert. Solch eine binäre Repräsentation war jedoch nicht für Vergleiche in Versionsverwaltungssystemen geeignet und führt daher zu Herausforderungen, wenn mehrere Entwickler Schemamigrationen angelegt haben (vgl. [2]). Mit Entity Framework Core kann es in Teamumgebungen zwar immer auch noch zu Konflikten kommen, diese lassen sich nun aber über das Versionsverwaltungssystem einfacher lösen, da das Versionsverwaltungssystem hilft, die komplett in C# (oder Visual Basic .NET) gehaltenen Klassen für den Snapshot und die Migrationsschritte abzugleichen.

Die Snapshot-Klasse enthält eine Methode BuildModel(), die bei der ersten Migration den gleichen Programmcode enthält wie BuildTargetModel(), siehe Abbildung 3. Die Snapshot-Klasse gibt immer den letzten Zustand des Objektmodells wieder, während BuildTargetModel() sich auf den Zeitpunkt des Anlegens der Migration bezieht. Beiden Methoden ist gemein, dass sie das komplette Objektmodell in Fluent-API-Syntax ausdrücken, also nicht nur den Inhalt von OnModelCreating() wiedergeben, sondern auch die Konventionen und die Datenannotationen per Fluent-API formulieren. Spätestens hier erkennt man, dass das Fluent-API alle Konfigurationsmöglichkeiten von Entity Framework Core bietet (vgl. [3]).

Der Entwickler kann die Up() und Down()-Methoden selbst erweitern und hier eigene Schritte ausführen. Zur Verfügung stehen stehen dabei neben CreateTable(), DropTable(), AddColumn() und DropColumn() weitere Operationen wie CreateIndex(), AddPrimaryKey(), AddForeignKey(), DropTable(), DropIndex(), DropPrimaryKey(), DropForeignKey(), RenameColumn(), RenameTable(), MoveTable() und Sql(). Mit der letzteren Operation kann der Entwickler einen beliebigen SQL-Befehl ausführen, zum Beispiel um Werte zu aktualisieren oder Datensätze zu erzeugen. Eine Seed()-Methode zum Befüllen der Datenbanktabellen wie in Entity Framework gibt es in Entity Framework Core bisher nicht.

```
2016090506514_v1.cs   20160905065614_v1.designer.cs   WWWingsContex...elSnapshot.cs
EFC_Kontext                                    EFC_Kontext.Migrations.v1              Up(MigrationBuilder migrationBuilder)
 1   using System;
 2   using System.Collections.Generic;
 3   using Microsoft.EntityFrameworkCore.Migrations;
 4   using Microsoft.EntityFrameworkCore.Metadata;
 5
 6   namespace EFC_Kontext.Migrations
 7   {
 8       public partial class v1 : Migration
 9       {
10           protected override void Up(MigrationBuilder migrationBuilder)
11           {
12               migrationBuilder.CreateTable(
13                   name: "Flugdetail",
14                   columns: table => new
15                   {
16                       FlugNr = table.Column<int>(nullable: false),
17                       Ankunftszeit = table.Column<DateTime>(nullable: true),
18                       Gate = table.Column<string>(maxLength: 3, nullable: true)
19                   },
20                   constraints: table =>
21                   {
22                       table.PrimaryKey("PK_Flugdetail", x => x.FlugNr);
23                   });
24
25               migrationBuilder.CreateTable(
26                   name: "Flughafen",
27                   columns: table => new
28                   {
29                       Id = table.Column<long>(nullable: false)
30                           .Annotation("SqlServer:ValueGenerationStrategy",
                               SqlServerValueGenerationStrategy.IdentityColumn),
```

```
Package Manager Console
Package source: All          Default project: EFC_Kontext
PM> Add-Migration v1
To undo this action, use Remove-Migration.
PM>
```

Abbildung 2: Nach der Ausführung von Add-Migration

```
WWWingsContex...delSnapshot.cs                                   20160905065614_v1.designer.cs   Kontext.cs
EFC_Kontext          EFC_Kontext.Migrations.WWW   BuildModel(ModelBuilder mo    EFC_Kontext     EFC_Kontext.Migrations.v1   BuildTargetModel(ModelBu
 1   using System;                                                  4   using Microsoft.EntityFrameworkCore.Metadata;
 2   using Microsoft.EntityFrameworkCore;                           5   using Microsoft.EntityFrameworkCore.Migrations;
 3   using Microsoft.EntityFrameworkCore.Infrastructure;            6   using Kontext;
 4   using Microsoft.EntityFrameworkCore.Metadata;
 5   using Microsoft.EntityFrameworkCore.Migrations;                8   namespace EFC_Kontext.Migrations
 6   using Kontext;                                                 9   {
                                                                   10       [DbContext(typeof(WWWingsContext))]
 8   namespace EFC_Kontext.Migrations                              11       [Migration("20160905065614_v1")]
 9   {                                                             12       partial class v1
10       [DbContext(typeof(WWWingsContext))]                       13       {
11       partial class WWWingsContextModelSnapshot : ModelSnapshot 14           protected override void BuildTargetModel(ModelBuilder
12       {                                                                        modelBuilder)
13           protected override void BuildModel(ModelBuilder modelBuilder) 15       {
14           {                                                     16               modelBuilder
15               modelBuilder                                      17                   .HasAnnotation("ProductVersion", "1.0.0-rtm-21431")
16                   .HasAnnotation("ProductVersion", "1.0.0-rtm-21431") 18               .HasAnnotation("SqlServer:ValueGenerationStrategy",
17                   .HasAnnotation("SqlServer:ValueGenerationStrategy",                   SqlServerValueGenerationStrategy.IdentityColumn);
                       SqlServerValueGenerationStrategy.IdentityColumn);
18                                                                 20               modelBuilder.Entity("GO.Buchung", b =>
19               modelBuilder.Entity("GO.Buchung", b =>            21               {
20               {                                                 22                   b.Property<int>("FlugNr");
21                   b.Property<int>("FlugNr");                    24                   b.Property<int>("PassagierId");
23                   b.Property<int>("PassagierId");               26                   b.HasKey("FlugNr", "PassagierId");
25                   b.HasKey("FlugNr", "PassagierId");            28                   b.HasAlternateKey("FlugNr");
27                   b.HasAlternateKey("FlugNr");                  30                   b.HasIndex("FlugNr");
29                   b.HasIndex("FlugNr");                         32                   b.HasIndex("PassagierId");
31                   b.HasIndex("PassagierId");                    34                   b.ToTable("Buchung");
33                   b.ToTable("Buchung");                         35               });
34               });                                               37               modelBuilder.Entity("GO.Flug", b =>
36               modelBuilder.Entity("GO.Flug", b =>               38               {
37               {                                                 40                   b.Property<int>("FlugNr");
39                   b.Property<int>("FlugNr");                    42                   b.Property<string>("Abflugort")
40                   b.Property<string>("Abflugort")                                       .ValueGeneratedOnAdd()
                           .ValueGeneratedOnAdd()                                          .HasDefaultValue("(offen)")
```

Abbildung 3: Inhalt von BuildModel() versus BuildTargetModel() bei der ersten Migration

Add-Migration legt keine Datenbank an und nimmt auch keinen Kontakt zur Datenbank auf. Add-Migration entscheidet allein anhand der aktuellen Snapshot-Klasse, was zu tun ist. Somit kann der Softwareentwickler in Entity Framework Core mehrere Migrationen nacheinander anlegen, ohne zwischendurch die Datenbank tatsächlich aktualisieren zu müssen.

Im klassischen Entity Framework war dies anders: Hier hat Add-Migration immer zuerst in der Datenbank nachgeschaut, ob diese auf dem aktuellen Stand war. War sie es nicht, kam der Fehler: "Unable to generate an explicit migration because the following explicit migrations are pending…" Das bedeutete leider: Man konnte nicht mehrere Schemamigrationen nacheinander anlegen, ohne die eigene Datenbank zwischendurch zu aktualisieren, obwohl es ratsam ist, Schemamigrationen in kleinen Schritten anzulegen und man dabei nicht immer wieder zwangsweise die Datenbank aktualisieren will.

Listing 2 zeigt die Migration "v2", die angelegt wurde nach "v1", und nachdem der Entwickler das in der Klasse Persondetail vergessene Property "Plz" ergänzt hat. Up() ergänzt die Spalte mit AddColumn() und Down() löscht sie wieder mit DropColumn().

```
using Microsoft.EntityFrameworkCore.Migrations;

namespace EFC_Kontext.Migrations
{
    public partial class v2 : Migration
    {
        protected override void Up(MigrationBuilder migrationBuilder)
        {
            migrationBuilder.AddColumn<string>(
                name: "Plz",
                table: "Persondetail",
                maxLength: 8,
                nullable: true);
        }
        protected override void Down(MigrationBuilder migrationBuilder)
        {
            migrationBuilder.DropColumn(
                name: "Plz",
                table: "Persondetail");
        }
    }
}
```

Listing 2: Die Migration "v2" ergänzt die Spalte "Plz" in der Tabelle "Persondetail".

13.6 Update-Database

Das Commandlet Update-Database bringt dann zum gewünschten Zeitpunkt die Datenbank in den Zustand, den die Migrationsschritte beschreiben. Dabei ist es wichtig, dass nun, in der OnConfiguring()-Methode der Kontextklasse, die korrekte Verbindungszeichenfolge zu der gewünschten Datenbank an Entity Framework Core per UseSqlServer(Verbindungszeichenfolge) übergeben wird, denn Update-Database wird die Kontextklasse instanziieren und OnConfiguring() sie ausführen. Update-Database legt die Datenbank und alle Tabellen gemäß den Vorgaben der Up()-Methoden aller noch nicht ausgeführten

Schemamigrationen durch. In Abbildung 4 sieht man, dass direkt zwei Schemamigrationen (v1 und v2) zur Ausführung kommen.

```
Package Manager Console
Package source:  All                          ▼  ⚙  Default project:  EFC_Kontext                    ▼  ≊ »
PM> update-database -verbose
Using startup project 'EFC_Konsole'.
Using project 'EFC_Kontext'
Build started...
Build succeeded.
Using application base 'h:\TFS\Demos\EF\EFC_WWWings\EFC_Konsole\bin\Debug\'.
Using application configuration 'h:\TFS\Demos\EF\EFC_WWWings\EFC_Konsole\App.config'
Using current directory 'h:\TFS\Demos\EF\EFC_WWWings\EFC_Konsole\bin\Debug\'.
Finding DbContext classes...
Using context 'WWWingsContext'.
Using database 'WWWings_EFCore' on server 'E60'.
Applying migration '20160905072815_v1'.
Applying migration '20160905072826_v2'.
Done.
PM>
```

Abbildung 4: Ausführung von Update-Database: Mit dem Zusatz -verbose sieht man einige Details.

Update-Database legt in der Datenbank außerdem eine zusätzliche Tabelle __EFMigrationsHistory mit den Spalten MigrationId und ProductVersion an. MigrationId entspricht dabei dem Dateinamen der Migrationsklasse ohne die Dateinamenserweiterung (z.B. 20160905072815_v1). und ProductVersion ist die Versionsnummer von Entity Framework Core (z.B. 1.0.0-rtm-21431). Im klassischen Entity Framework hieß die Tabelle __MigrationHistory und enthielt ebenfalls ein BLOB des Objektmodellzustandes.

Wenn die Datenbank bereits vorhanden ist, schaut Entity Framework Core nach, ob es die Tabelle __EFMigrationsHistory ebenfalls schon gibt. Wenn es die Tabelle gibt und dort alle Migrationsschritte verzeichnet sind, passiert nichts. Die wiederholte Ausführung bei Update-Database ist kein Fehler (die Ausführung ist idempotent). Entity Framework Core prüft also nicht, ob das tatsächliche Datenbankschema passt. Wenn also jemand eine Tabelle gelöscht hat (via SQL Management Studio o.ä.), fällt das Problem erst auf, wenn das Programm läuft und auf die Tabelle zugreifen will.

Wenn die Tabelle __EFMigrationsHistory nicht existiert, legt Entity Framework Core diese an, geht aber gleichzeitig dann auch davon aus, dass das Datenbankschema noch nicht vorhanden ist, und führt alle Migrationsschritte aus. Wenn es Tabellen mit den besagten Namen allerdings schon gibt, scheitert Update-Database (z.B. "There is already an object named 'Flughafen' in the database."). Wenn jemand also die Tabelle __EFMigrationsHistory löscht, weil er sie für überflüssig hält, dann zerstört er damit die Möglichkeit, weitere Schemamigrationen einzuspielen.

13.7 Script-Migration

Mit Script-Migration entsteht ein SQL-Data Definition Language (DDL)-Skript mit den Migrationsaktionen. Script-Migration schaut nicht in der Datenbank nach und weiß daher nicht, auf welchem Stand dieses ist. Das Commandlet erstellt im Standard ohne weitere Angabe von Parametern immer ein SQL-Skript für alle Migrationsschritte seit dem allerersten. Wer nur einzelne Migrationsschritte als SQL-Skript will, muss dies mit -from und -to angeben, z.B. Script-Migration -from 20160905085855_v2 -to 20160905090511_v3. Dabei sind zwei "Nickeligkeiten" in dieses Commandlet eingebaut:

- Es sind nicht die selbst vergebenen Namen (z.B. v2) anzugeben, sondern die kompletten Namen inklusive des von Entity Framework Core vergebenen Zeitstempels. 0 ist bei -from ein feststehendeer Zeitpunkt für den Ausgangszustand.

- Der bei -from angegebene Migrationsschritt wird auch ausgeführt. Der obige Befehl erstellt also kein SQL-Skript mit den Unterschieden zwischen v2 und v3, sondern ein SQL-Skript mit den Unterschieden zwischen v1 und v3.

13.8 Weitere Migrationsschritte

Auch nach dem Einspielen von einem oder mehreren Migrationsschritten kann der Softwareentwickler jederzeit weitere Migrationsschritte anlegen. So stellt z.B. Add-Migration v3. Update-Database fest, wenn ein Migrationsschritt noch nicht eingespielt ist, und führt diesen Migrationsschritt dann aus.

13.9 Migrationsszenarien

Es stellt sich die Frage, für welche Arten von Schemaänderungen Entity Framework Core automatisch passende Schemamigrationen erzeugen kann. Unkritisch sind Schemaänderungen, die Tabellen oder Spalten ergänzen, wobei Spalten immer am Ende der Tabelle ergänzt werden, unabhängig von der sonst angewendeten alphabetischen Reihenfolge (da sonst die ganze Tabelle gelöscht und neu angelegt werden müsste und wozu vorher allerdings die Daten in eine temporäre Tabelle gesichert werden müssten).

Beim Anlegen von Migrationsschritten, die Tabellen oder Spalten löschen, warnt Add-Migration mit "An operation was scaffolded that may result in the loss of data. Please review the migration for accuracy."

Nicht immer möchte man nur Tabellen und Spalten hinzufügen. Beim Umbenennen einer Tabelle oder Spalte etwa muss der Softwareentwickler bereits manuell eingreifen. Hier erzeugt Add-Migration dann einen Programmcode, der die alte Tabelle bzw. Spalte löscht und eine neue Tabelle bzw. Spalte erzeugt, da es kein Merkmal einer .NET-Klasse oder eines Properties gibt, das beim Umbenennen bewahrt bleibt. Die Daten gingen bei dieser Migration also verloren. Der Entwickler muss hier, in der Migrationsklasse, also durch eigenes Zutun aus einem DropTable() und CreateTable() ein RenameTable() bzw. aus DropColumn() und CreateColumn() ein RenameColumn() machen.

Beim Ändern eines Datentyps, zum Beispiel der Reduzierung einer nvarchar-Spalte von acht auf fünf Zeichen, bricht die Migration bei Update-Database ab, wenn es längere Zeichenketten in der Datenbank gibt (Fehlermeldung: "String or binary data would be truncated."). In diesem Fall muss der Entwickler vorher die Daten selbst zurechtstutzen, z.B. beim Verkürzen der Spalte Plz von acht auf fünf Zeichen durch das Vorschalten der Anweisung migrationBuilder.Sql("update persondetail set plz = left(plz, 5)") in der Up()-Methode vor der Anweisung migrationBuilder.AlterColumn<string>(name: "Plz", table: "Persondetail", maxLength: 5, nullable: true);

Schwierig sind Schemamigrationen, die Kardinalitäten ändern, zum Beispiel: Der Softwareentwickler muss aus der 1:0/1-Beziehung zwischen Pilot und Persondetail plötzlich eine 1:N-Beziehung machen, weil die Anforderung sich dahingehend geändert hat, dass jeder Pilot nun mehrere Adressen haben kann. Bei dieser Kardinalitätsänderung kann Entity Framework Core keinen konsistenten Datenzustand mehr erhalten. Während es vorher in der Tabelle Pilot eine Spalte DetailID gab, die auf einen Datensatz in der Tabelle Persondetail verwies, muss es nach dem Schemaumbau in Persondetail eine Spalte PersonID geben, die auf einen Piloten verweist. Entity Framework Core löscht zwar die eine Spalte und legt die andere neue an, aber füllt die neue Spalte nicht mit passenden Werten. Hier muss der Entwickler in der Migrationsklasse unter Verwendung der Methode Sql() die Werte manuell umkopieren.

Die Entity Framework Core-Werkzeuge erzeugen zum allgemeinen Verdruss leider ebenfalls Migrationscode, der erst die Spalte DetailID löscht und dann die PersonID in der Tabelle Persondetails neu anlegt. Hier kann ein Erhalt der Daten natürlich nicht klappen. Listing 3 zeigt die korrekte Lösung mit geänderter Reihenfolge und unter Einsatz der Methode Sql() zum Umkopieren der Schlüssel.

```
namespace EFC_Kontext.Migrations
{
    public partial class v4 : Migration
    {
    protected override void Up(MigrationBuilder migrationBuilder)
    {
    // Erst neue Spalte auf der N-Seite anlegen
        migrationBuilder.AddColumn<int>(
            name: "PilotPersonID",
            table: "Persondetail",
            nullable: true);
    // Nun die Werte von der 1-Seite umkopieren
        migrationBuilder.Sql("update Persondetail set PilotPersonID = pilot.PersonID FROM Pilot INNER JOIN
Persondetail ON Pilot.DetailID = Persondetail.ID");
    // Dann erst die Spalte auf der 1-Seite löschen
        migrationBuilder.DropForeignKey(
            name: "FK_Pilot_Persondetail_DetailID",
            table: "Pilot");
        migrationBuilder.DropIndex(
            name: "IX_Pilot_DetailID",
            table: "Pilot");
        migrationBuilder.DropColumn(
            name: "DetailID",
            table: "Pilot");
    // Dann Index und FK anlegen für neue Spalte
        migrationBuilder.CreateIndex(
            name: "IX_Persondetail_PilotPersonID",
            table: "Persondetail",
            column: "PilotPersonID");
        migrationBuilder.AddForeignKey(
            name: "FK_Persondetail_Pilot_PilotPersonID",
            table: "Persondetail",
            column: "PilotPersonID",
            principalTable: "Pilot",
            principalColumn: "PersonID",
            onDelete: ReferentialAction.Restrict);
    } }
}
```

Listing 3: Up()-Methode der Migrationsklasse für eine Kardinalitätsänderung von 1:0/1 zu 1:N

13.10 Weitere Möglichkeiten

Mit Update-Database kann der Softwareentwickler auch zu einem vorherigen Zustand des Datenbankschemas zurückkehren: Z.B. kann er nach dem Einspielen von Version 3 mit Update-Database -Migration v2 zu Version 2 zurückkehren. Update-Database nutzt dafür die Down()-Methode der Migrationsklasse. Mit Script-Migration kann der Entwickler auch ein Skript für dem "Down"-Fall anlegen, z.B. script-migration -from v3 -to v2.

Mit Remove-Migration kann der Softwareentwickler die Migrationsklasse für den jeweils letzten Migrationsschritt wieder aus Visual Studio entfernen. Die Migrationsklasse händisch löschen sollte man nicht, da dann die Snapshotklasse nicht mehr zum aktuellen Stand passt. Folglich würden beim nächsten Erstellen einer Migration die händisch gelöschten Migrationsschritte unberücksichtigt bleiben. Wer also die Migrationsklasse händisch löscht, muss auch die Snapshotklasse händisch anpassen.

Remove-Migration prüft, ob der letzte Migrationsschritt schon in der Datenbank angewendet wurde. Wenn dies der Fall ist, unterbleibt das Löschen der Migrationsklasse sowie das Ändern der Snapshotklasse. Die Fehlermeldung ist dann: "The migration has already been applied to the database. Unapply it and try again. If the migration has been applied to other databases, consider reverting its changes using a new migration." Diese Prüfung kann der Entwickler durch den Parameter -force umgehen. Ohne manuellen Eingriff in das Datenbankschema wird es dem Entwickler dann aber ggf. nicht mehr gelingen, neue Migrationsschritte in der Datenbank anzulegen. Denn es besteht die Gefahr, dass diese wieder versuchen, bereits vorher erstellte Tabellen oder Spalten erneut anzulegen.

Add-Migration, Remove-Migration, Update-Database und Script-Migration haben jeweils noch drei Parameter für Einstellungen:

- Parameter -StartupProject: legt das Visual Studio-Projekt fest, in dem sich die Entity Framework Core-Werkzeug-Pakete befinden, wenn der Softwareentwickler nicht das Startprojekt ändern möchte.

- Parameter -Project: legt das Visual Studio-Projekt fest, in dem sich die Kontextklasse befindet

- Parameter -Context: legt die Kontextklasse fest (mit Namensraum), wenn sich in dem Visual Studio-Projekt mehrere Kontextklassen befinden.

Beispiel:

```
Update-Database v2 -StartupProject EFC_Tools -Project EFC_Kontext -Context WWWingsContext
```

Um die wiederholte Verwendung dieser Parameter in Commandlets zu vermeiden, kann man diese Werte mit dem Commandlet Use-DbContext setzen und somit erreichen, dass alle folgenden Commandlet-Aufrufe diese Werte verwenden:

```
Use-DbContext -StartupProject EFC_Tools -Project EFC_Kontext -Context WWWingsContext
```

In Verbindung mit dem Versionsverwaltungssystem des Team Foundation Server (TFS) – zumindest in der klassischen Variante, die mit Schreibschutz auf Dateien arbeitet – haben die Werkzeuge von Entity Framework Core Schwierigkeiten. Sie melden, dass ein Ändern der Dateien im Migrations-Ordner nicht möglich sei (Access to the path …\Migrations\20160905090511_v3.cs' is denied). In diesem Fall ist vor der Ausführung des Befehls der Migrations-Ordner mit "Check Out for Edit" zu entsperren.

13.11 Schemamigrationen zur Laufzeit

Anders als das klassische Entity Framework prüft Entity Framework Core während der Laufzeit einer Anwendung beim ersten Datenbankzugriff nicht, ob das Schema aktuell ist. Das Programm läuft also ggf. auf einen Fehler (z.B. "Invalid column name 'Plz'"). Mit dem Aufruf der Methode Migrate() in dem Objekt Database der Kontextklasse kann der Softwareentwickler zum Programmstart sicherstellen, dass das Datenbankschema aktuell ist (siehe Listing 4). Migrate() führt ggf. fehlende Migrationsschritte aus, was möglich ist, da sich die Migrationsklassen bekanntlich in dem Kompilat des Projekts befinden, in dem auch die Kontextklasse liegt. Für diese Funktionen werden die Nuget-Pakete aus Tabelle 1 nicht benötigt.

```
using (var ctx = new WWWingsContext())
{

  ctx.Database.Migrate();

}
```

Listing 4: Ausführung von Schemamigration im Programmablauf mit der Methode Migrate()

Verboten ist die Verwendung von EnsureCreated() und Migrate() zusammen. Bereits der Tooltip von Migrate() warnt davor. Wer es dennoch ausprobieren will, kassiert den wenig aussagenden Laufzeitfehler "An item with the same key has already been added."

Datenbankmanagementsystem	Nuget-Paket, das zur Laufzeit benötigt wird	Nuget-Paket, das zur Entwicklungszeit für Migrations benötigt wird
Microsoft SQL Server Express, Standard, Enterprise, Developer, LocalDB (ab Version 2008)	Microsoft.EntityFrameworkCore.SqlServer	Microsoft.EntityFrameworkCore.Tools Microsoft.EntityFrameworkCore.SqlServer (ab EF Core 2.0) Microsoft.EntityFrameworkCore.SqlServer.Design (für EF Core 1.x)
Microsoft SQL Server Compact 3.5	EntityFrameworkCore.SqlServerCompact35	Nicht verfügbar
Microsoft SQL Server Compact 4.0	EntityFrameworkCore.SqlServerCompact40	Nicht verfügbar
SQLite	Microsoft.EntityFrameworkCore.Sqlite	Microsoft.EntityFrameworkCore.Tools Microsoft.EntityFrameworkCore.Sqlite.Design
In-Memory	Microsoft.EntityFrameworkCore.InMemory	Nicht verfügbar – macht keinen Sinn
PostgreSQL	Npgsql.EntityFrameworkCore.PostgreSQL	Microsoft.EntityFrameworkCore.Tools Npgsql.EntityFrameworkCore.PostgreSQL.Design

Tabelle 1: Die auf nuget.org verfügbaren Provider für Entity Framework Core

14 Daten lesen mit LINQ

Genau wie das klassische Entity Framework unterstützt auch Entity Framework Core die Formulierung von Datenbankenabfragen mit der Language Integrated Query (LINQ). Im Detail gibt es aber einige positive und negative Unterschiede bei der LINQ-Ausführung.

LINQ ist eine allgemeine Abfragesprache für unterschiedliche Datenspeicher, die im Jahr 2007 in .NET Framework 3.5 eingeführt wurde. Microsoft verwendet auch im klassischen Entity Framework von Anfang an LINQ. Dort spricht Microsoft von "LINQ-to-Entities". Diesen Begriff verwendet Microsoft in Entity Framework Core nicht mehr; hier redet Microsoft nur noch von "LINQ". Die Syntax und die Vorgehensweise sind aber grundsätzlich sehr ähnlich, einige Unterschiede liegen im Detail.

14.1 Kontextklasse

Ausgangspunkt für alle LINQ-Abfragen ist die Kontextklasse, die der Softwareentwickler entweder im Rahmen des Reverse Engineering einer bestehenden Datenbank erzeugen lässt oder manuell erstellt beim Forward Engineering. Die Kontextklasse erbt bei Entity Framework Core in jedem Fall von der Basisklasse Microsoft.EntityFrameworkCore.DbContext. Die alternative Basisklasse ObjectContext, die es im klassischen Entity Framework noch gibt, wurde bei Entity Framework Core gestrichen. Dementsprechend gibt es nur noch das API von DbContext. Aber auch die Basisklasse DbContext hat in Entity Framework Core inzwischen etwas verändert.

Geblieben ist, dass die Klasse DbContext die Schnittstelle IDisposable implementiert. Im Rahmen der Dispose()-Methode gibt der DbContext alle allokierten Ressourcen wieder frei, dazu gehören auch Verweise auf alle mit Änderungsverfolgung geladenen Objekte. Daher ist es wichtig, dass der Nutzer der Kontextklasse immer Dispose() aufruft, wenn die Arbeit erledigt ist. Am besten verwendet man einen using(){ }-Block, siehe Listing 1.

14.2 LINQ-Abfragen

Nach der Instanziierung der Kontextklasse kann der Softwareentwickler eine LINQ-Abfrage formulieren. Diese wird aber noch nicht sofort ausgeführt, sie liegt zunächst in Form eines Objekst mit Schnittstelle IQueryable<T> vor. Im Sinne der sogenannten "verzögerten Ausführung" (Deferred Execution) wird die LINQ-Abfrage ausgeführt, wenn das Ergebnis tatsächlich gebraucht wird, z.B. in einer foreach-Schleife. Die Ausführung der Abfrage erzwingen kann der Softwareentwickler mit einem LINQ-Konvertierungsoperator, also ToList(), ToArray(), ToLookup(), ToDictionary(), Single(), SingleOrDefault(), First(), FirstOrDefault() bzw. einem Aggregatoperator wie Count(), Min(), Max() und Sum().

Da IQueryable<T> ein Untertyp von IEnumerable<T> ist, kann man eine foreach-Schleife über ein Objekt mit IQueryable<T> starten. Dadurch wird die Abfrage dann aber sofort ausgeführt. Zudem hält Entity Framework Core die Datenbankverbindung so lange offen, bis das letzte Objekt abgeholt wurde, was zu unerwünschten Nebeneffekten führen kann. Man sollte daher immer explizit einer der o.g. Konvertierungs- oder Aggregatoperator verwenden, denn in diesem Fall schließt Entity Framework Core die Datenbankverbindung wieder. Da Entity Framework Core auf ADO.NET basiert wird die Datenbankverbindung jedoch nicht tatsächlich sofort geschlossen, sondern an den Verbindungspool von ADO.NET zurückgegeben. Auch Datenbindung an ein Objekt mit Schnittstelle IQueryable<T> löst einen Abruf der Daten aus.

Abbildung 1 zeigt den internen Ablauf bei einer LINQ-Anfrage: Die LINQ-Abfrage wird zunächst in einen Expression Tree verwandelt. Aus dem Expression Tree entsteht ein SQL-Befehl, den Entity Framework

Core mit Hilfe eines Command-Objekts von ADO.NET zum Datenbankmanagementsystem sendet. Entity Framework Core besitzt einen Cache für die SQL-Befehle, um zu verhindern, dass stets derselbe große Aufwand für die Umwandlung von LINQ in SQL für die gleichen Befehle entsteht.

Das Datenbankmanagementsystem analysiert die Abfrage und prüft, ob es dafür schon einen geeigneten Ausführungsplan gibt. Wenn im Cache keiner vorhanden ist, wird dieser angelegt. Danach führt das Datenbankmanagementsystem die Abfrage aus und liefert Entity Framework Core ein Resultset. Entity Framework Core verwendet zum Einlesen des Resultset ein DataReader-Objekt, das der Benutzercode jedoch nicht zu Gesicht bekommt, denn Entity Framework Core materialisiert die DataReader-Zeilen in Objekte. Außer im No-Tracking-Modus schaut Entity Framework Core nach, ob sich die zu materialisierenden Objekte bereits im First Level Cache des Entity Framework Core-Kontextes befinden. Sofern die Objekte dort vorhanden sind, entfällt die Materialisierung. Dies bedeutet jedoch zugleich, dass, wenn sich ein Objekt im RAM befindet, der Benutzer trotz der erneuten Ausführung eines SQL-Befehls nicht den aktuellen Stand des Datensatzes aus der Datenbank erhält, sondern das Objekt aus dem Cache.

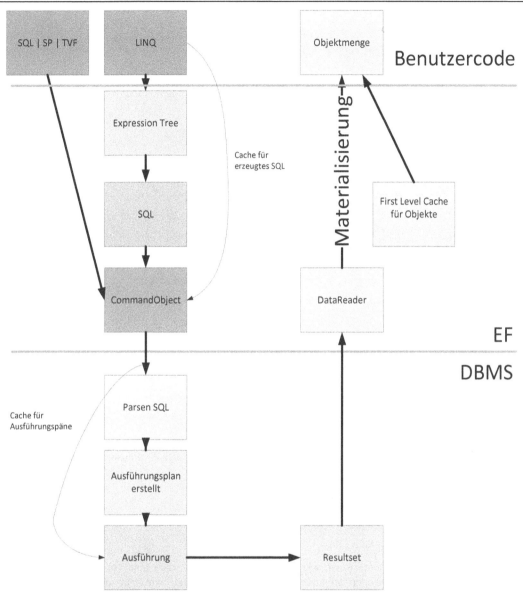

© Dr. Holger Schwichtenberg, www.IT-Visions.de, 2016

Abbildung 1: Interna zur Ausführung eines LINQ-Befehls durch Entity Framework Core

Listing 1 zeigt eine einfache LINQ-Abfrage, die alle noch nicht ausgebuchten Flüge von einem Abflugort liefert – sortiert nach Datum und Abflugort. Mit ToList() wird IQueryable<Flug> in eine List<Flug> mit Schnittstelle IEnumerable<T> verwandelt. Anstelle des konkreten Typname wird in der Praxis aber häufig im Programmcode das Schlüsselwort var verwendet.

```
var ort = "Berlin";
// Kontext instanziieren
using (var ctx = new WWWingsContext())
```

```
{
   // Abfragen definieren, aber noch nicht ausführen

   var IQueryable<Flug> abfrage = (from x in ctx.FlugSet

                  where x.Abflugort == ort &&

                        x.FreiePlaetze > 0

                  orderby x.Datum, x.Abflugort

                  select x);


   // Abfrage jetzt ausführen

   List<Flug> flugSet = abfrage.ToList();

   // Geladene Objekte zählen

   var anzahl = flugSet.Count;

   Console.WriteLine("Anzahl der geladenen Flüge: " + anzahl);

   // Ergebnis ausgeben

   foreach (var f in flugSet)

   {

     Console.WriteLine($"Flug Nr {f.FlugNr} von {f.Abflugort} nach {f.Zielort} hat {f.FreiePlaetze}
freie Plätze!");

   }
}// Ende using-Block -> Dispose() wird aufgerufen
```

Listing 1: LINQ-Abfrage, die alle nicht ausgebuchten Flüge von einem Abflugort liefert

Die prägnantere Formulierung in der Methodensyntax von LINQ ist möglich:

```
var abfrage = ctx.FlugSet.Where(x => x.Abflugort == ort && x.FreiePlaetze > 0)

.OrderBy(x=>x.Datum).ThenBy(x=>x.Abflugort);
```

Es ist natürlich ebenfalls möglich, den Aufruf von ToList() mit der Definition der LINQ-Abfrage zusammenzufassen und damit die LINQ-Abfrage sofort auszuführen:

```
   var flugSet = (from x in ctx.FlugSet

                  where x.Abflugort == ort && x.FreiePlaetze > 0

                  orderby x.Datum, x.Abflugort

                  select x).ToList();
```

Der Vorteil der getrennten Schreibweise wie in Listing 1 ist jedoch, dass man vor der Ausführung der Abfrage noch weitere Operationen anhängen kann. Listing 2 zeigt, wie man an die Grundabfrage FreiePlaetze > 0 fallweise eine Restriktion auf Abflugort und/oder Zielort anhängt, wenn die Variablen nicht null oder einen Leerstring enthalten. Dies ist das typische Szenario von durch den Benutzer gesetzten Filtern. Wenn er in einem Filterfeld nichts eingibt, dann will er ja nicht diejenigen Datensätze sehen, in denen der Wert leergeblieben ist, sondern er will, dass dieser Filter bei der Abfrage ignoriert wird.

14.3 Repository-Pattern

Eine IQueryable<T> kann auch als Rückgabewert einer Methode verwendet werden, sodass auch der Aufrufer der Methode die Abfrage noch erweitern kann. Dies macht aber nur Sinn, wenn die Kontextinstanz nach Ende der Methode noch weiterlebt und die Abfrage auch noch ausführen kann. Daher muss er dafür die Kontextinstanz als Attribut der Klasse halten und mit der IDisposable-Schnittstelle für die spätere

Vernichtung der Kontextinstanz beim Aufruf von Dispose() sorgen (siehe Klasse "FlugManager" im Repository-Stil in Listing 3). Der Aufrufer kann die Abfrage dann erweitern und sollte die Klasse FlugManager aus Listing 3 mit einem using()-Block verwenden, um den Aufruf von Dispose() sicherzustellen (siehe Listing 4).

```
var abflugort = "";

var zielort = "Rom";

// Kontext instanziieren

using (var ctx = new WWWingsContext())

{

 // Abfragen definieren, aber noch nicht ausführen

 var abfrage = from x in ctx.FlugSet

               where x.FreiePlaetze > 0

               select x;

 // Bedingtes Anfügen weiterer Bedingungen

 if (!String.IsNullOrEmpty(abflugort)) abfrage = abfrage.Where(x => x.Abflugort == abflugort);

 if (!String.IsNullOrEmpty(zielort)) abfrage = abfrage.Where(x => x.Zielort == zielort);

 // jetzt Sortierung anwenden, da sonst Probleme mit Typ (IQueryable<Flug> vs.
IOrderedQueryable<Flug>)

 var abfrageSortiert = from x in abfrage

                       orderby x.Datum, x.Abflugort

                       select x;

 // Abfrage jetzt ausführen

  List<Flug> flugSet = abfrageSortiert.ToList();


 // Geladene Objekte zählen

 long anzahl = flugSet.Count;

 Console.WriteLine("Anzahl der geladenen Flüge: " + anzahl);

 // Ergebnis ausgeben

 foreach (var f in flugSet)

 {

   Console.WriteLine($"Flug Nr {f.FlugNr} von {f.Abflugort} nach {f.Zielort} hat {f.FreiePlaetze}
freie Plätze!");

 }

} // Ende using-Block -> Dispose() wird aufgerufen
```

Listing 2: LINQ-Abfrage, die alle nicht ausgebuchten Flüge auf einer Flugroute liefert, wobei sowohl Abflugort und oder Zielort optional sein dürfen

```
class FlugManager : IDisposable

{

 private WWWingsContext ctx = new WWWingsContext();

 public IQueryable<Flug> GetBasisabfrage()

 {


  var abfrage = (from x in ctx.FlugSet
```

```
                where x.FreiePlaetze > 0

                select x);

   return abfrage;

}


public void Dispose()

{

  ctx.Dispose();

  }

}
```

Listing 3: Realisierung einer Repository-Klasse, deren Methode ein IQuerably<Flug> liefert

```
using (var fm = new FlugManager())

{

 var abfrage = fm.GetBasisabfrage();

 // Basisabfrage nun erweitern

 abfrage = abfrage.Where(f => f.Abflugort == "Rom");

 // jetzt erst die Abfrage ausführen

 var liste = abfrage.ToList();

 Console.WriteLine(liste.Count + " gefundene Flüge!");

}
```

Listing 4: Aufruf der Repository-Klasse in Listing 3

In Listing 2 ist zudem gezeigt, dass man anstelle der konkreten Typnamen beim Einsatz von LINQ in der Praxis meist das Schlüsselwort var verwendet. Über den Einsatz von var wird auch heute noch unter Entwicklern immer viel gestritten (vgl. [5]). In Verbindung mit LINQ vereinfacht var oft die Schreibweise sehr. In Listing 2 ändert sich Rückgabetyp, wenn man orderby verwendet. Ohne orderby erhält man ein Objekt, das IQueryable<Flug> realisiert. Mit orderby ist es ein IOrderedQueryable<Flug>. So erklärt sich dann auch die Reihenfolge der Befehle in Listing 2: Hätte man das orderby schon in den ersten Teil der Abfrage (wo auf die Eigenschaft FreiePlaetze gefiltert wird) gepackt, dann wäre abfrage = abfrage.Where(x => x.Abflugort == abflugort) nicht mehr möglich, weil die hier dann IOrderedQueryable<Flug> und IQueryable<Flug> aufeinanderprallen würden.

Theoretisch kann man in dem Beispiel in Listing 1 und 2 anstelle der Eigenschaft flugSet.Count auch die Methode abfrage.Count() aufrufen. Damit produziert man allerdings eine erneute Datenbankabfrage, die die Anzahl der Datensätze liefert. Das ist überflüssig, denn die Objekte sind ja bereits materialisiert und können im RAM schnell gezählt werden. Ein Zugriff auf das DBMS mit abfrage.Count() macht nur Sinn, wenn man ermitteln will, ob sich die Anzahl der Datensätze in der Datenbank inzwischen geändert hat.

14.4 LINQ-Abfrage mit Paging

Paging bedeutet, dass aus einer Ergebnismenge nur ein bestimmter Teilbereich geliefert werden soll, z. B. die Datensätze 50 bis 59. Dies realisiert man in LINQ mit den Methoden Skip() und Take() (bzw. den Sprachelementen Skip und Take in Visual Basic .NET).

Listing 5 zeigt eine komplexere LINQ-Abfrage. Es werden diejenigen Flüge gesucht, bei denen

- es mindestens einen freien Platz gibt und

- es mindestens eine Buchung gibt und

- es einen Passagier mit Namen "Müller" gibt und

- der Pilot vor dem 1.1.1972 geboren ist und

- es einen Copiloten gibt.

Von dem Resultset werden dann durch Paging im Datenbankmanagementsystem die ersten 50 Datensätze übersprungen und nur die darauf folgenden 10 Datensätze geliefert, also die Datensätze 50 bis 59.

```
string name = "Müller";

// Kontext instanziieren

using (var ctx = new WWWingsContext())

{

  // Abfrage definieren und ausführen

  var flugSet = (from f in ctx.FlugSet

    where f.FreiePlaetze > 0 &&

         f.Buchungen.Count > 0 &&

         f.Buchungen.Any(p => p.Passagier.Name == name) &&

         f.Pilot.Geburtsdatum < new DateTime(1972, 1, 1) &&

         f.Copilot != null

     select f).Skip(58).Take(10).ToList();

  // Geladene Objekte zählen

  var anzahl = flugSet.Count;

  Console.WriteLine("Anzahl der geladenen Flüge: " + anzahl);

  // Ergebnis ausgeben

  foreach (var f in flugSet)

  {

    Console.WriteLine($"Flug Nr {f.FlugNr} von {f.Abflugort} nach {f.Zielort} hat {f.FreiePlaetze}
freie Plätze!");

  }

} // Ende using-Block -> Dispose() wird aufgerufen
```

Listing 5: Komplexere LINQ-Abfrage

Listing 6 zeigt den aus Listing 5 abgesendeten SQL-Befehl, der deutlich komplexer ist als das LINQ-Pendant. Dieser Befehl wurde an einen Microsoft SQL Server 2016 gesendet und mit Hilfe des bei SQL Server mitgelierten Werkzeugs "SQL Server Profiler" abgegriffen. Die Erwähnung der SQL Server-Version ist hierbei tatsächlich wichtig, denn die Row Limiting Clauses mit den Schlüsselwörtern OFFSET, FETCH FIRST und FETCH NEXT aus dem SQL-ANSI-Standard des Jahres 2008 (ISO/IEC 9075:2008, siehe [4]) unterstützt Microsoft SQL Server erst ab Version 2012 (erschienen am 2.4.2012). Oracle bietet es seit Version 12c (erschienen am 1.7.2013) an. Für DBMS, die diese neue Syntax nicht unterstützen, muss Entity Framework Core zur Realisierung von Skip() eine noch wesentlich komplexere Abfrage mit rownumber()-Funktion und Sub-Selects erzeugen.

Eine Verbesserung in Entity Framework Core ist die Verwendung der Variablennamen aus der LINQ-Abfrage (hier: f und b) auch im SQL-Befehl. Im bisherigen Entity Framework wurden stattdessen Namen wie extend1, extend2, extend3 usw. verwendet. Wenn Entity Framework Core in SQL für eine Tabelle

mehrfach einen Alias braucht, hängt der ORM an den Variablennamen eine Zahl an (siehe [b0] in wie in
Listing 6).

```
exec sp_executesql N'SELECT [f].[FlugNr], [f].[Abflugort], [f].[Bestreikt], [f].[CopilotId],
[f].[FlugDatum], [f].[Fluggesellschaft], [f].[FlugzeugTypNr], [f].[FreiePlaetze],
[f].[LetzteAenderung], [f].[Memo], [f].[NichtRaucherFlug], [f].[PilotId], [f].[Plaetze], [f].[Preis],
[f].[Timestamp], [f].[Zielort]

FROM [Flug] AS [f]

INNER JOIN [Mitarbeiter] AS [f.Pilot] ON [f].[PilotId] = [f.Pilot].[PersonID]

WHERE (((([f].[FreiePlaetze] > 0) AND ((

    SELECT COUNT(*)

    FROM [Buchung] AS [b]

    WHERE [f].[FlugNr] = [b].[FlugNr]

) > 0)) AND EXISTS (

    SELECT 1

    FROM [Buchung] AS [b0]

    INNER JOIN [Passagier] AS [b.Passagier] ON [b0].[PassagierId] = [b.Passagier].[PersonID]

    WHERE ([b.Passagier].[Name] = @__name_0) AND ([f].[FlugNr] = [b0].[FlugNr]))) AND
([f.Pilot].[Geburtsdatum] < ''1972-01-01T00:00:00.000'')) AND [f].[CopilotId] IS NOT NULL

ORDER BY @@ROWCOUNT

OFFSET @__p_1 ROWS FETCH NEXT @__p_2 ROWS ONLY',N'@__name_0 nvarchar(4000),@__p_1 int,@__p_2
int',@__name_0=N'Müller',@__p_1=5,@__p_2=10
```

Listing 6: SQL-Befehl zur Abfrage aus Listing 5

14.5 Projektionen

Als Projektion wird in relationalen Datenbanken die Beschränkung auf ausgewählte Spalten bezeichnet
(vgl. Mengenlehre). Es ist oft ein schwerer Performance-Fehler, alle Spalten einer Tabelle zu laden, wenn
gar nicht alle Spalten gebraucht werden. Die LINQ-Abfragen in Listing 1 bis 3 laden und materialisieren
tatsächlich immer alle Spalten der Flug-Tabelle. Listing 7 zeigt eine Projektion mit select new Flug() und
der Angabe der gewünschten Spalten. Nach der Ausführung von der Methode ToList() erhält der
Entwickler eine Liste von Flug-Objekten, die zwar alle Properties besitzen (da die Klasse ja so definiert
ist), von denen aber lediglich die angegebenen Properties befüllt sind. Listing 8 beweist, dass Entity
Framework Core in der Tat allein die gewünschten Spalten beim Datenbankmanagementsystem anfordert.

Die direkte Unterstützung von Projektionen ist ein wesentlicher Vorteil von Entity Framework Core
gegenüber dem klassischen Entity Framework. Im klassischen Entity Framework waren Projektionen nur
auf anonyme Typen, nicht aber direkt auf die Entitätsklassen möglich. Da man anonyme Typen aber nur
begrenzt verwenden kann (z.B. nicht in Methoden als Rückgabewert), war in der Regel ein Umkopieren in
Instanzen der Entitätsklasse erforderlich.

```
using (var ctx = new WWWingsContext())

  {

  CUI.Headline("Projektion - nur lesend");

  var abfrage = from f in ctx.FlugSet

    where f.FlugNr > 100

    orderby f.FlugNr

    select new Flug()

    {
```

```
    FlugNr = f.FlugNr,

    Datum = f.Datum,

    Abflugort = f.Abflugort,

    Zielort = f.Zielort,

    FreiePlaetze = f.FreiePlaetze

  };

var flugSet = abfrage.ToList();

foreach (var f in flugSet)

{

    Console.WriteLine($"Flug Nr {f.FlugNr} von {f.Abflugort} nach {f.Zielort} hat {f.FreiePlaetze}
freie Plätze!");

}
```

Listing 7: LINQ-Abfrage mit Projektion

```
SELECT [f].[FlugNr], [f].[FlugDatum], [f].[Abflugort], [f].[Zielort], [f].[FreiePlaetze]

FROM [Flug] AS [f]

WHERE [f].[FlugNr] > 100

ORDER BY [f].[FlugNr]
```

Listing 8: SQL-Befehl zur Abfrage aus Listing 7

14.6 Abfrage nach Einzelobjekten

Die sprachintegrierte Suchsprache LINQ (Language Integrated Query) bietet vier Operationen, um das erste bzw. einzige Element einer Menge zu wählen:

- First(): Das erste Element einer Menge. Wenn mehrere Elemente in der Menge sind, werden alle anderen bis auf das erste verworfen. Wenn es kein Element gibt, tritt ein Laufzeitfehler auf.

- FirstOrDefault(): Das erste Element einer Menge oder ein Standardwert (bei Referenztypen null bzw. Nothing), wenn die Menge leer ist. Wenn mehrere Elemente in der Menge sind, werden alle anderen bis auf das erste verworfen.

- Single(): Das einzige Element einer Menge. Wenn es kein Element gibt oder wenn mehrere Elemente in der Menge sind, tritt ein Laufzeitfehler auf.

- SingleOrDefault(): Das einzige Element einer Menge. Wenn es kein Element gibt, wird der Standardwert (bei Referenztypen null oder Nothing) geliefert. Wenn mehrere Elemente in der Menge sind, tritt ein Laufzeitfehler auf.

First() und FirstOrDefault() beschränken die Ausgabemenge datenbankseitig mit dem SQL-Operator TOP(1). Single() und SingleOrDefault() verwenden ein Top(2) und stellen damit fest, ob es mehr als ein Element gibt, was dann zum Laufzeitfehler führt. Listing 9 zeigt das Laden eines Flug-Objekts anhand des Primärschlüssels.

14.7 Laden anhand des Primärschlüssels mit Find()

Die DbSet<T>-Klasse im klassischen Entity Framework bietet als Alternative zum Laden eines Objekts anhand des Primärschlüssels mit LINQ eine Methode Find() an. Bei Find() übergibt man den Wert des Primärschlüssels. Wenn es einen mehrteiligen Primärschlüssel gibt, kann man auch mehrere Werte übergeben, z.B. Find("DE","NRW",12345), wenn der Primärschlüssel aus zwei Zeichenketten und einer Zahl besteht.

Find() war in Entity Framework Core Version 1.0 nicht verfügbar, wurde aber in Version 1.1 nachgerüstet (siehe Listing 9a). Find() hat die besondere Verhaltensweise, dass es nach einem Objekt zuerst im First Level Cache des Entity Framework Core-Kontextes sucht und nur eine Datenbankabfrage startet, wenn das Objekt dort nicht enthalten ist. Die Methoden Single(), SingleOrDefault(), First() und FirstOrDefault() fragen immer die Datenbank, auch wenn das Objekt im lokalen Cache vorhanden ist!

```
using (var ctx = new WWWingsContext())

{

 var flugNr = 101;

 var f = (from x in ctx.FlugSet

          where x.FlugNr == flugNr

          select x).SingleOrDefault();

 if (f != null)

 {

    Console.WriteLine($"Flug Nr {f.FlugNr} von {f.Abflugort} nach {f.Zielort} hat {f.FreiePlaetze}
freie Plätze!");

 }

 else

 {

    Console.WriteLine("Flug nicht gefunden!");

 }

} // Ende using-Block -> Dispose() wird aufgerufen
```

Listing 9: LINQ-Abfrage nach einem Einzelobjekt

```
public static void LINQ_EinObjekt_Find_v11()

 {

 using (var ctx = new WWWingsContext())

 {

 ctx.FlugSet.ToList(); // Caching aller Flüge im Kontext (hier nur als Beispiel!)

 var flugNr = 101;

 var f = ctx.FlugSet.Find(flugNr); // Flug wird aus Cache geladen!

 if (f != null)

 {

    Console.WriteLine($"Flug Nr {f.FlugNr} von {f.Abflugort} nach {f.Zielort} hat {f.FreiePlaetze} fr
eie Plätze!");

 }

 else

 {

    Console.WriteLine("Flug nicht gefunden!");
```

```
    }

  } // Ende using-Block -> Dispose() wird aufgerufen


}
```

Listing 9a: LINQ-Abfrage nach einem Einzelobjekt

14.8 LINQ im RAM statt in der Datenbank

Listing 10 zeigt eine LINQ-Abfrage mit Gruppierung unter Einsatz des LINQ-Gruppierungsoperators (group by bzw. GroupBy()). Diese Abfrage liefert zwar das gewünschte Ergebnis (Flüge pro Abflugort), aber die Abfrage benötigt bei großen Datenmengen extrem viel Zeit. Bei der Ursachenforschung stößt man schnell darauf, dass in dem zum Datenbankmanagementsystem gesendeten SQL-Befehl die Gruppierung völlig fehlt (siehe Listing 11): Entity Framework Core hat alle Datensätze geladen und im RAM gruppiert. Tatsächlich unterstützt Entity Framework Core in der Version 1.x und 2.0 nicht die Übersetzung einer LINQ-Gruppierung in die SQL GROUP BY-Syntax, was eine sehr erschreckende Lücke in diesem Produkt ist.

```
// Ermittele die Anzahl der Flüge pro Abflugort
using (var ctx = new WWWingsContext())
{
 var gruppen = from p in ctx.FlugSet
               orderby p.FreiePlaetze
               group p by p.Abflugort into g
               select new { Ort = g.Key, Anzahl = g.Count() };
 Console.WriteLine("Anzahl: " + gruppen.Count());
 // Ausgabe
 foreach (var g in gruppen)
 {
  Console.WriteLine(g.Ort + ": " + g.Anzahl);
 }
}
```

Listing 10: Ermittele die Anzahl der Flüge pro Abflugort.

```
SELECT [p].[FlugNr], [p].[Abflugort], [p].[Bestreikt], [p].[CopilotId], [p].[FlugDatum],
[p].[Fluggesellschaft], [p].[FlugzeugTypNr], [p].[FreiePlaetze], [p].[LetzteAenderung], [p].[Memo],
[p].[NichtRaucherFlug], [p].[PilotId], [p].[Plaetze], [p].[Preis], [p].[Timestamp], [p].[Zielort]

FROM [Flug] AS [p]

ORDER BY [p].[Abflugort]
```

Listing 11: SQL-Befehl zur Abfrage aus Listing 10

Leider gibt es eine Reihe weiterer Fälle, in denen Entity Framework Core Operationen im RAM statt in der Datenbank ausführt.

Bei der Abfrage

```
var q2 = from f in ctx.FlugSet
          where f.FlugNr > 100
```

```
        && f.FreiePlaetze.ToString().Contains("1")

        orderby f.FlugNr

        select f;
```

findet in Entity Framework Core 1.x nur das Filtern über die FlugNr in der Datenbank statt.
ToString().Contains() kann Entity Framework Core offenbar nicht übersetzen und führt diese Bedingung
im RAM aus. In Version 2.0 wird der ganze LINQ-Befehl in SQL übersetzt.

Bei der Abfrage

```
var q3 = from f in ctx.FlugSet

        where f.FreiePlaetze > 0 &&

        f.Datum > DateTime.Now.AddDays(10)

        orderby f.FlugNr

        select f;
```

kann in Entity Framework Core 1.x AddDays() nicht übersetzt werden, sodass nur der Filter über die freien
Plätze, nicht aber der Datumsfilter im Datenbankmanagementsystem stattfindet. In Entity Framework Core
2.0 ist auch dies behoben.

Nicht unerwähnt sein soll, dass die letzten beiden LINQ-Abfragen im klassischen Entity Framework
überhaupt nicht lauffähig waren. Sie wurden zwar kompiliert, führten aber zu Laufzeitfehlern. Man kann
nun darüber streiten, ob die neue Lösung in Entity Framework Core eine bessere Lösung ist. Zwar sind die
Befehle jetzt möglich, es lauert aber eine große Falle. Immerhin hat Microsoft angekündigt (siehe [3]), in
zukünftigen Version von Entity Framework Core mehr Operationen im Datenbankmanagementsystem
ausführen zu wollen.

Die folgende Abfrage mit Union() findet leider auch in Entity Framework Core 2.0 noch im RAM statt:

```
var alleOrte = (from f in ctx.FlugSet select f.Abflugort).Union(from f in ctx.FlugSet select
f.Zielort).Count();
```

Obwohl hier ja nur eine Zahl gebraucht wird, wird ausgeführt:

```
SELECT [f].[Abflugort]

FROM [Flug] AS [f]

SELECT [f0].[Zielort]

FROM [Flug] AS [f0]
```

Bei der Ausführung im drohen jeweils erhebliche Performanceprobleme, weil viel zu viele Datensätze
geladen werden. Entwickler können in eine schwere Falle laufen, wenn sie eine solche Abfrage verwenden
und dann nicht mit vielen Datensätzen testen, sodass das Performanceproblem erst beim Benutzer in der
Praxis auftritt. Das ist um so verwunderlicher als dass Microsoft immer von "Big Data" redet, dann aber
mit dem LINQ in Entity Framework Core ein Werkzeug zur Verfügung stellt, dass in einigen Punkten nicht
Big Data-fähig ist.

Möglich sind solche RAM-Operationen in Entity Framework Core überhaupt erst durch eine neue Provider-
Architektur, die dem Provider die Entscheidung überlässt, bestimmte Operationen im RAM auszuführen.
Microsoft nennt dies "Client-Evaluation".

Durch diese neue Architektur in Entity Framework Core erschließt sich so auch die Möglichkeit, eigene
Funktionen in LINQ-Abfragen einzubauen; ausgeführt wird dieser Teil der Abfrage dann aber natürlich im
RAM. Die folgende Abfrage bindet die eigene Methode GetTage() ein. Auch in diesem Fall wird nur der
Filter über die freien Plätze in der Datenbank ausgeführt.

```
public static int GetTage(DateTime t)
```

```
{
  return (t - DateTime.Now).Days;
}
var q4 = from p3 in ctx.FlugSet
            where p3.FreiePlaetze > 0 &&
            GetTage(p3.Datum) > 10
            orderby p3.FlugNr
            select p3;
```

Vor diesen Performance-Problemen können sich Softwareentwickler schützen, indem sie die Client-Evaluation abschalten. Dies ist mit der Methode ConfigureWarnings() möglich, die das DbContextOptionsBuilder-Objekt bereitstellt, das der Entwickler in der OnConfiguring()-Methode erhält. Durch die nachstehende Konfiguration löst jede Client-Evaluation einen Laufzeitfehler (siehe Abbildung 2) aus. Im Standard protokolliert Entity Framework Core die Client-Evaluation nur (Kapitel "Protokollierung" folgt in einer späteren Version dieses inkrementellen Buchs).

```
protected override void OnConfiguring(DbContextOptionsBuilder builder)
  {
    builder.UseSqlServer(connstring);

    builder.ConfigureWarnings(warnings => warnings.Throw(RelationalEventId.QueryClientEvaluationWarnin
g));
}
```

```
337                         select t;
338
339        List<Flug> l2 = q2.Take(10).ToList();
340
341        Console.WriteLine("Anzahl: " + l2.Count
342
343        foreach (var f in l2)
344            {
```

! InvalidOperationException was unhandled   ×

An unhandled exception of type 'System.InvalidOperationException' occurred
in Microsoft.EntityFrameworkCore.dll

Additional information: Warning as error exception for warning
'RelationalEventId.QueryClientEvaluationWarning': The LINQ expression
'[f].FreiePlaetze.ToString().Contains("1")' could not be translated and will be
evaluated locally. To suppress this Exception use the

Abbildung 2: Laufzeitfehler, der bei einer Client-Evaluation ausgelöst wird, wenn diese deaktiviert wurde

Manchmal verursachen Softwareentwickler aber auch selbst den Fehler, dass Operationen im RAM statt im Datenbankmanagementsystem stattfinden. Hätte der Entwickler in Listing 2 bei der ersten Bedingung schon ToList() verwendet, wäre es immer noch möglich, weitere Bedingungen und Sortierungen anzuhängen, das würde dann jedoch im RAM stattfinden:

```
var abfrage = (from x in ctx.FlugSet
            where x.FreiePlaetze > 0
            select x).ToList();
```

LINQ verwendet für Abfragen im RAM (LINQ-to-Objects) und LINQ in Entity Framework/Entity Framework Core die gleiche Syntax. Daher kann man einer Programmcodezeile nicht ansehen, ob sie im RAM oder im Datenbankmanagementsystem ausgeführt wird. Das hängt immer vom Datentyp der Grundmenge (also dem, was nach "in" steht) ab.

14.9 Globale Abfragefilter (ab Version 2.0)

Ein schönes neues Feature in Entity Framework Core 2.0 sind globale Abfragefilter. Damit kann ein Entwickler zentral in OnModelCreating() Filter-Bedingungen definieren, die Entity Framework Core dann an jede LINQ-Abfrage, jede direkte SQL-Abfrage, jeden Aufruf einer Table Value Function und auch an jede Nachladeoperation anhängt. Dies ist zum Beispiel gut geeignet für folgende Szenarien:

- **Mandantenfähigkeit**: Eine Spalte in einem Datensatz drückt aus, zu welchem Mandant ein Datensatz gehört. Mit dem globalen Filter wird sichergestellt, dass jeder Mandant nur seine Daten sieht. Ohne globalen Filter müsste der Entwickler daran denken, die Abfrage des Mandanten in jeder Abfrage zu berücksichtigen.

- **Soft Delete:** Datensätze, die gelöscht werden, sollen nicht wirklich gelöscht werden, sondern nur eine Markierung erhalten. Mit dem globalen Filter wird sichergestellt, dass der Nutzer keine aus seiner Sicht "gelöschten" Daten sieht. Ohne globalen Filter müsste der Entwickler daran denken, die Abfrage "Geloescht = false" in jeder Abfrage zu berücksichtigen.

14.9.1 Filter definieren

Der globale Filter wird in OnModelCreating() pro Entitätsklasse mit HasQueryFilter() eingestellt.

Beispiel: Globaler Filter, dass immer bei allen Anfragen nur die Flüge einer Fluggesellschaft (also eines Mandanten) und nur nicht ausgebuchte Flüge zurückgegeben werden

```
builder.Entity<Flug>().HasQueryFilter(x => x.FreiePlaetze > 0 && x.Fluggesellschaft ==
Fluggesellschaft.WorldWideWings);
```

ACHTUNG: Man kann immer nur höchstens einen Filter definieren pro Entitätsklasse. Wenn man HasQueryFilter() mehrfach aufruft, gilt nur der Inhalt des letzten Filters. Um mehrere Bedingungen zu verknüpfen, setzt man den UND-Operator (in C#: &&) ein wie oben gezeigt.

14.9.2 Filter nutzen

Durch obigen Filter entsteht aus dieser LINQ-Abfrage

```
List<Flug> flugSet = (from f in ctx.FlugSet

                where f.Abflugort == "Essen/Mülheim"

                select f).ToList();
```

das folgende SQL:

```
SELECT [f].[FlugNr], [f].[Abflugort], [f].[Bestreikt], [f].[CopilotId], [f].[FlugDatum],
[f].[Fluggesellschaft], [f].[FlugzeugTypID], [f].[FreiePlaetze], [f].[LetzteAenderung], [f].[Memo],
[f].[NichtRaucherFlug], [f].[PilotId], [f].[Plaetze], [f].[Preis], [f].[Timestamp], [f].[Zielort]

FROM [Flug] AS [f]

WHERE ((([f].[FreiePlaetze] > 0) AND ([f].[Fluggesellschaft] = 0)) AND ([f].[Abflugort] =
N'Essen/Mülheim')
```

Auch bei Eager Loading

```
var pilotenMitFluegenSet = ctx.PilotSet.Include(x => x.FluegeAlsPilot).ToList();
```

und beim expliziten Nachladen berücksicht Entity Framework Core die globalen Filter!

```
var pilotenSet = ctx.PilotSet.ToList();
foreach (var p in pilotenSet.ToList())
    {
    Console.WriteLine(p);
    ctx.Entry(p).Collection(x => x.FluegeAlsPilot).Load();
    foreach (var f in p.FluegeAlsPilot.ToList())
    {
     Console.WriteLine(" - " + f.ToString());
    }
    }
```

Listing: Beispiel für explizites Nachladen mit Load()

14.9.3 Filter ignorieren

TIPP: Der Entwickler kann dann in jeder einzelnen Abfrage entscheiden, die globalen Filter zu ignorieren. Dies erfolgt mit IgnoreQueryFilters():

```
List<Flug> flugAlleSet = (from f in ctx.FlugSet.IgnoreQueryFilters()
                          where f.Abflugort == "Essen/Mülheim"
                          select f).ToList();
```

Es ist aber nicht möglich, nur einzelne Teile eines Filters zu ignorieren. Dies ist zwar von Nutzern gewünscht (vgl. [4]), aber eine Implementierung ist bisher von Microsoft nicht vorgesehen.

14.10 Literatur zu diesem Kapitel

[3] Rowan Miller: Entity Framework Core 1.1 Plans
https://blogs.msdn.microsoft.com/dotnet/2016/07/29/entity-framework-core-1-1-plans

[4] ISO/IEC 9075:2008
http://www.iso.org/iso/home/store/catalogue_tc/catalogue_tc_browse.htm?commid=45342

[5] Holger Schwichtenberg: Die Diskussionen um das Schlüsselwort "var" in C# gibt es immer noch,
http://www.heise.de/developer/artikel/Die-Diskussionen-um-das-Schluesselwort-var-in-C-gibt-es-immer-noch-2583227.html

[4] Global query filters feedback - more flexibility
https://github.com/aspnet/EntityFramework/issues/8576

15   Objektbeziehungen und Ladestrategien

Entity Framework Core unterstützt im Gegensatz zu dem bisherigen Entity Framework nur zwei statt vier Ladestrategien. Und auch die Realisierung des Eager Loading entspricht nicht dem aus dem Vorgänger gewohnten Verhalten.

Entity Framework Core beschränkt sich in der Standardeinstellung bei einer Abfrage (wie das bisherige Entity Framework auch) darauf, die tatsächlich angeforderten Objekte zu laden und lädt verbundene Objekte nicht automatisch mit. Eine LINQ-Abfrage wie

```
List<Flug> liste = (from x in ctx.FlugSet

                where x.Abflugort == ort &&

                    x.FreiePlaetze > 0

                orderby x.Datum, x.Abflugort

                select x).ToList();
```

lädt in Bezug auf das in Abbildung 1 dargestellte Objektmodell also wirklich nur Instanzen der Klasse Flug. Damit in der Datenbank verbundene Piloten-, Buchungen- oder Flugzeugtypen-Datensätze werden nicht automatisch mitgeladen. Das Mitladen verbundener Datensätze (in der Fachsprache "Eager Loading" genannt) wäre auch keine gute Idee, denn hier würden dann ggf. Daten geladen, die später gar nicht gebraucht werden. Zudem haben die verbundenen Datensätze bekanntlich selbst wieder Beziehungen, z.B. Buchungen zu Passagieren. Passagiere haben aber auch Buchungen auf anderen Flügen. Wenn man rekursiv alle diese in Beziehungen stehenden Datensätze mitladen würde, dann würde man im Beispiel des Objektmodells in Abbildung 1 mit großer Wahrscheinlichkeit fast alle Datensätze ins RAM laden, denn viele Passagiere sind über gemeinsame Flüge mit anderen Passagieren verbunden. Eager Loading wäre als Standardeinstellung also nicht gut.

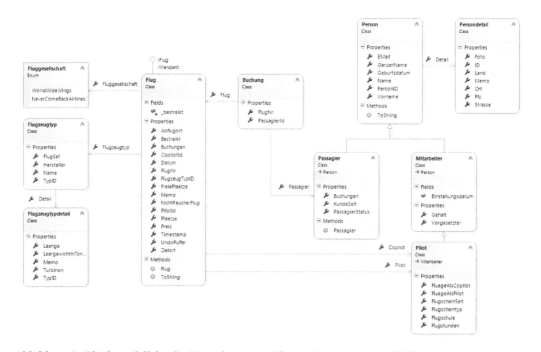

Abbildung 1: Objektmodell für die Verwaltung von Flügen, Passagieren und Piloten

15.1 Kein Lazy Loading

Das bisherige Entity Framework unterstützt vier Strategien für das Laden verbundener Objekte: Lazy Loading automatisch, explizites Laden (Explicit Loading), Eager Loading und Preloading mit Relationship Fixup (siehe Abbildung 2). In Entity Framework Core 1.0 standen die beiden Varianten des Lazy Loading nicht zur Verfügung. In Entity Framework Core Version 1.1 gibt es zumindest das explizite Laden, nicht aber das automatische Lazy Loading. Automatisches Lazy Loading ist die Standardeinstellung im bisherigen Entity Framework.

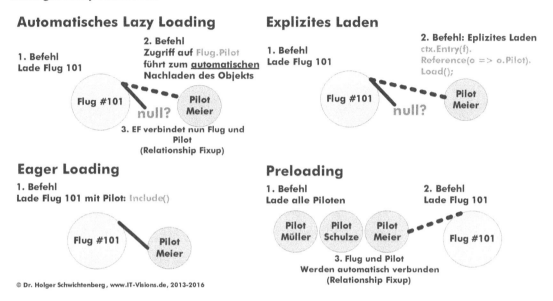

© Dr. Holger Schwichtenberg, www.IT-Visions.de, 2013-2016

Abbildung 2: Ladestrategien im Entity Framework 1.0 bis 6.x. Entity Framework Core unterstützt auch in Version 1.1 nur drei Strategien; Lazy Loading fehlt.

Das Beispiel in Listing 1 würde beim bisherigen Entity Framework im ersten Schritt nur den explizit angeforderten Flug laden, dann aber in den folgenden Programmcodezeilen via Lazy Loading auch die Piloten- und Copiloteninformation (mit jeweils auch deren anderen Flügen) sowie die Buchungen mit den Passagierdaten laden. Entity Framework würde hier nacheinander eine Vielzahl von SELECT-Befehlen zur Datenbank senden. Wie viele es genau sind, hängt von der Anzahl der Passagiere auf diesem Flug ab.

Bei Entity Framework Core liefert der Programmcode in Listing 1 aber weder Pilot, Copilot noch Passagiere. Es wird bei "Anzahl Passagiere auf diesem Flug" eine 0 angezeigt. Microsoft hat das Lazy Loading für Entity Framework Core noch nicht implementiert.

Lazy Loading beinhaltet eine besondere Implementierungsherausforderung, denn der OR-Mapper muss jeglichen Zugriff auf alle Objektreferenzen abfangen, um hier bei Bedarf die verbundenen Objekte nachladen zu können. Dieses Abfangen erfolgt durch die Verwendung bestimmter Klassen für Einzelreferenzen und Mengenklassen.

Im klassischen Entity Framework gibt es sowohl die Möglichkeit, Lazy Loading durch Verwendung bestimmter Lazy Loading-fähiger Klassen als auch durch meist unsichtbare Runtime Proxy-Objekte zu realisieren. Beides ist in Entity Framework Core noch nicht vorgesehen. Microsoft hat allerdings angekündigt, dass es Lazy Loading auch für Entity Framework Core geben soll [1], jedoch noch nicht in der Version 1.1. Vor Mitte 2017 ist damit also nicht zu rechnen.

Lazy Loading wird man in Entity Framework Core aber gerade dann schmerzlich vermissen, wenn es keinen Sinn macht, verbundene Datensätze schon vorab zu laden. Typisches Beispiel ist eine Master-Detail-Ansicht auf dem Bildschirm. Wenn es viele Master-Datensätze gibt, wäre es verschwendete Zeit, zu jedem Master-Datensatz auch schon die Detail-Datensätze zu laden. Vielmehr wird man immer nur die Detail-Datensätze zu dem Master-Datensatz, den der Benutzer gerade angeklickt hat, anfordern. Während man an dieser Stelle im bisherigen Entity Framework Core die Master-Detail-Darstellung via Lazy Loading ohne weiteren Programmcode beim Anklicken des Master-Datensatzes realisieren konnte, muss man in Entity Framework Core das Klicken abfangen und die Detail-Datensätze explizit laden.

```
/// <summary>

/// Liefert keine Pilot-, Buchungs- und Passagierinformationen in EFC 1.x :-(

/// </summary>

public static void Demo_LazyLoading()

{

  CUI.Headline(nameof(Demo_LazyLoading));


  using (var ctx = new WWWingsContext())

  {

    // Lade nur den Flug

    var f = ctx.FlugSet.SingleOrDefault(x => x.FlugNr == 101);


    Console.WriteLine($"Flug Nr {f.FlugNr} von {f.Abflugort} nach {f.Zielort} hat {f.FreiePlaetze} fr
eie Plätze!");

    if (f.Pilot != null) Console.WriteLine($"Pilot: {f.Pilot.Name} hat {f.Pilot.FluegeAlsPilot.Count}
Flüge als Pilot!");

    else Console.WriteLine("Kein Pilot zugewiesen!");

    if (f.Copilot != null) Console.WriteLine($"Copilot: {f.Copilot.Name} hat {f.Copilot.FluegeAlsCopi
lot.Count} Flüge als Copilot!");

    else Console.WriteLine("Kein Copilot zugewiesen!");


    Console.WriteLine("Anzahl Passagiere auf diesem Flug: " + f.Buchungen.Count);


    Console.WriteLine("Passagiere auf diesem Flug:");

    foreach (var b in f.Buchungen)

    {

      Console.WriteLine("- Passagier #{0}: {1} {2}", b.Passagier.PersonID, b.Passagier.Vorname, b.Pass
agier.Name);

    }

  }
```

Listing 1: Vergeblicher Versuch des Zugriffs auf verbundene Objekte in Entity Framework Core

15.2 Eager Loading

Genau wie das bisherige Entity Framework unterstützt auch Entity Framework Core das Eager Loading. Die Syntax hat sich jedoch ein wenig geändert. Im bisherigen Entity Framework konnte man bei Include() in der ersten Version nur eine Zeichenkette angeben, die nicht vom Compiler geprüft wurde. Ab der dritten

Version (Versionsnummer 4.1) kam dann die Möglichkeit der Angabe eines Lambda-Ausdrucks anstelle der Zeichenkette hinzu. Für Ladepfade über mehrere Ebenen musste man die Lambda-Ausdrücke verschachteln und auch die Select()-Methode verwenden.

In Entity Framework Core sind die Eager Loading-Befehle nun übersichtlicher: Es gibt Include() nur noch mit den robusteren (weil vom Compiler geprüften) Lambda-Ausdrücken, und anstelle der Verschachtelung tritt ThenInclude() analog zu OrderBy() und ThenOrderBy() für die Sortierung über mehrere Spalten. Listing 2 zeigt das Eager Loading eines Flugs mit folgenden verbundenen Daten:

- Buchungen und zu jeder Buchung den Passagierinformationen: Include(b => b.Buchungen).ThenInclude(p => p.Passagier)

- Pilot und zu dem Pilot die Liste seiner weiteren Flüge als Pilot: Include(b => b.Pilot).ThenInclude(p => p.FluegeAlsPilot)

- Copilot und zu dem Copilot die Liste seiner weiteren Flüge als Copilot: Include(b => b.Copilot).ThenInclude(p => p.FluegeAlsCopilot)

Listing 2 liefert dementsprechend die Ausgabe in Abbildung 3: Sowohl die Informationen zu Pilot und Copilot als auch die Liste der gebuchten Passagiere steht zur Verfügung.

```
/// <summary>
/// Liefert Pilot-, Buchungs- und Passagierinformationen
/// </summary>
public static void Demo_EagerLoading()
{
CUI.Headline("Demo_EagerLoading");

using (var ctx = new WWWingsContext())
{
// Lade den Flug und einige verbunde Objekte via Eager Loading
var f = ctx.FlugSet
    .Include(b => b.Buchungen).ThenInclude(p => p.Passagier)
    .Include(b => b.Pilot).ThenInclude(p => p.FluegeAlsPilot)
    .Include(b => b.Copilot).ThenInclude(p => p.FluegeAlsCopilot)
    .SingleOrDefault(x => x.FlugNr == 101);

Console.WriteLine($"Flug Nr {f.FlugNr} von {f.Abflugort} nach {f.Zielort} hat {f.FreiePlaetze} fr
eie Plätze!");

if (f.Pilot != null) Console.WriteLine($"Pilot: {f.Pilot.Name} hat {f.Pilot.FluegeAlsPilot.Count}
Flüge als Pilot!");

else Console.WriteLine("Kein Pilot zugewiesen!");

if (f.Copilot != null) Console.WriteLine($"Copilot: {f.Copilot.Name} hat {f.Copilot.FluegeAlsCopi
lot.Count} Flüge als Copilot!");

else Console.WriteLine("Kein Copilot zugewiesen!");

Console.WriteLine("Anzahl Passagiere auf diesem Flug: " + f.Buchungen.Count);

Console.WriteLine("Passagiere auf diesem Flug:");

foreach (var b in f.Buchungen)
```

```
    {
        Console.WriteLine("- Passagier #{0}: {1} {2}", b.Passagier.PersonID, b.Passagier.Vorname, b.Pass
agier.Name);
    }
    }
    }
```

Listing 2: Mit Eager Loading kann man in Entity Framework Core die verbundenen Objekte nutzen.

```
Demo_EagerLoading
WWWingsContext: OnConfiguring
WWWingsContext: OnModelCreating
Flug Nr 101 von Seattle nach Moskau hat 129 freie Plätze!
Pilot: Koch hat 10 Flüge als Pilot!
Copilot: Stoiber hat 6 Flüge als Copilot!
Anzahl Passagiere auf diesem Flug: 8
Passagiere auf diesem Flug:
- Passagier #12: Niklas Bauer
- Passagier #15: Jan Schäfer
- Passagier #17: Leon Klein
- Passagier #47: Lukas Schneider
- Passagier #59: Laura Wagner
- Passagier #67: Marie Weber
- Passagier #87: Leonie Schäfer
- Passagier #98: Anna Schmidt
```

Abbildung 3: Ausgabe von Listing 2

Allerdings gibt es noch einen entscheidenden Unterschied zum bisherigen Entity Framework: Während Entity Framework in den Versionen 1.0 bis 6.x hier nur einen einzigen, sehr großen SELECT-Befehl zum Datenbankmanagementsystem gesendet hätte, entscheidet sich Entity Framework Core, die Abfrage in vier Teile zu teilen (siehe Abbildung 4):

- Erst wird der Flug geladen mit Join auf die Mitarbeiter-Tabelle, in der sich auch die Pilotinformation befindet (ein Table per Hierarchy-Mapping).

- Im zweiten Schritt lädt Entity Framework Core die sechs anderen Flüge des Copiloten.

- Im dritten Schritt lädt Entity Framework Core die zehn anderen Flüge des Piloten.

- Im letzten Schritt lädt Entity Framework Core die achten gebuchten Passagiere.

Diese Strategie kann schneller sein, als einen großen SELECT-Befehl auszuführen, der ein großes Resultset, in der Datensätze doppelt vorkommen, liefert, das der OR-Mapper dann auseinander nehmen und von den Duplikaten bereinigen muss. Die Strategie getrennter SELECT-Befehle von Entity Framework Core kann aber auch langsamer sein, da jeder Rundgang zum Datenbankmanagementsystem Zeit kostet. Im bisherigen Entity Framework hatte der Softwareentwickler die freie Wahl, wie groß er eine Eager Loading-Anweisung zuschneiden will und wo er getrennt laden will. In Entity Framework Core wird der Softwareentwickler an dieser Stelle bevormundet und verliert dabei die Kontrolle über die Anzahl der Rundgänge zum Datenbankmanagementsystem.

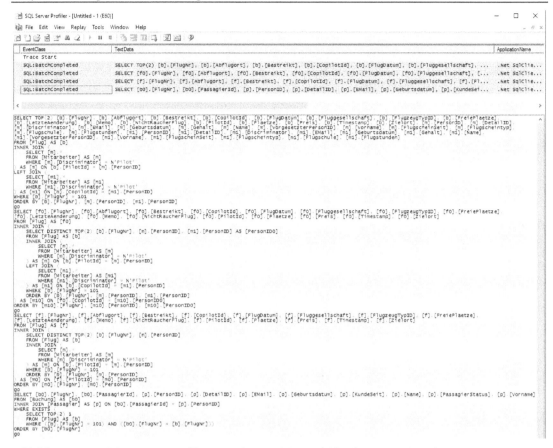

Abbildung 4: Der SQL Server-Profiler zeigt die vier SQL-Befehle, die Listing 2 auslöst.

15.3 Explizites Nachladen (Explicit Loading)

In Entity Framework Core Version 1.1, das am 16.11.2016 erschienen ist, hat Microsoft das explizite Nachladen nachgerüstet. Hier gibt der Softwareentwickler mit Hilfe der Methoden Reference() (für Einzelobjekte), Collection() (für Mengen) und einem danach folgenden Load() an, dass in Beziehung stehende Objekte jetzt zu laden sind. Diese Methoden stehen aber nicht auf dem Entitätsobjekt selbst zur Verfügung, sondern sind Teil der Klasse EntityEntry<T>, die man durch die Methode Entry() in der Klasse DbContext erhält (siehe Listing 2a). Mit IsLoaded() kann man prüfen, ob das Objekt schon geladen wurde. IsLoaded() liefert auch dann true, wenn es kein passendes Objekt in der Datenbank gab. Es zeigt also nicht an, ob eine Navigationsbeziehung ein Gegenobjekt hat, sondern, ob in der aktuellen Kontextinstanz schon einmal versucht wurde, ein passendes Objekt dafür zu laden. Wenn also in Listing 2a der Flug 101 zwar schon einen zugewiesenen Piloten (Herrn Koch), aber noch keinen Copiloten hat, führt dies zur Ausgabe in Abbildung 3a. Man muss sich bewusst sein, dass jede Ausführung von Load() zu einem expliziten Absenden eines SQL-Befehls zum Datenbankmanagementsystem führt.

```
/// <summary>
/// Liefert Pilot-, Buchungs- und Passagierinformationen via exlizitem Laden
```

```csharp
    /// </summary>
    public static void Demo_ExplizitLoading_v11()
    {
      CUI.Headline(nameof(Demo_ExplizitLoading_v11));


      using (var ctx = new WWWingsContext())
      {
        // Lade nur den Flug
        var f = ctx.FlugSet
            .SingleOrDefault(x => x.FlugNr == 101);


        Console.WriteLine($"Flug Nr {f.FlugNr} von {f.Abflugort} nach {f.Zielort} hat {f.FreiePlaetze} fr
eie Plätze!");


        // Lade nur den Pilot und Copilot nach
        if (!ctx.Entry(f).Reference(x => x.Pilot).IsLoaded)
          ctx.Entry(f).Reference(x => x.Pilot).Load();
        if (!ctx.Entry(f).Reference(x => x.Copilot).IsLoaded)
          ctx.Entry(f).Reference(x => x.Copilot).Load();


        // Prüfung, ob geladen
        if (ctx.Entry(f).Reference(x => x.Pilot).IsLoaded) Console.WriteLine("Pilot ist geladen!");
        if (ctx.Entry(f).Reference(x => x.Copilot).IsLoaded) Console.WriteLine("Co-Pilot ist geladen!");


        if (f.Pilot != null) Console.WriteLine($"Pilot: {f.Pilot.Name} hat {f.Pilot.FluegeAlsPilot.Count}
Flüge als Pilot!");
        else Console.WriteLine("Kein Pilot zugewiesen!");
        if (f.Copilot != null) Console.WriteLine($"Copilot: {f.Copilot.Name} hat {f.Copilot.FluegeAlsCopi
lot.Count} Flüge als Copilot!");
        else Console.WriteLine("Kein Copilot zugewiesen!");


        // Lade nur die Buchungsliste nach
        if (!ctx.Entry(f).Collection(x => x.Buchungen).IsLoaded)
          ctx.Entry(f).Collection(x => x.Buchungen).Load();


        Console.WriteLine("Anzahl Passagiere auf diesem Flug: " + f.Buchungen.Count);
        Console.WriteLine("Passagiere auf diesem Flug:");
        foreach (var b in f.Buchungen)
        {

          // Lade nur den Passagier für diese Buchung nach
          if (!ctx.Entry(b).Reference(x => x.Passagier).IsLoaded)
```

```
ctx.Entry(b).Reference(x => x.Passagier).Load();


    Console.WriteLine("- Passagier #{0}: {1} {2}", b.Passagier.PersonID, b.Passagier.Vorname, b.Pass
agier.Name);

    }

  }

}
```

Listing 2a: Durch das explizite Nachladen sendet Entity Framework Core sehr viele einzeln SQL-Befehle zur Datenbank

```
Demo_EagerLoading
WWWingsContext: OnConfiguring
WWWingsContext: OnModelCreating
Flug Nr 101 von Seattle nach Moskau hat 129 freie Plätze!
Pilot: Koch hat 10 Flüge als Pilot!
Copilot: Stoiber hat 6 Flüge als Copilot!
Anzahl Passagiere auf diesem Flug: 8
Passagiere auf diesem Flug:
- Passagier #12: Niklas Bauer
- Passagier #15: Jan Schäfer
- Passagier #17: Leon Klein
- Passagier #47: Lukas Schneider
- Passagier #59: Laura Wagner
- Passagier #67: Marie Weber
- Passagier #87: Leonie Schäfer
- Passagier #98: Anna Schmidt
```

Abbildung 3a: Ausgabe von Listing 2a

15.4 Preloading mit Relationship Fixup

Entity Framework Core unterstützt wie das bisherige Entity Framework eine weitere Ladestrategie: das Preloading in Verbindung mit dem Relationship Fixup im RAM. Dabei schickt der Softwareentwickler mehrere LINQ-Befehle für die verbundenen Objekte explizit ab, und der OR-Mapper setzt bei der Materialisierung der jeweils neu hinzukommenden Objekte diese mit denjenigen Objekten zusammen, die sich bereits im RAM befinden. Nach der Befehlsfolge

```
var flug = ctx.FlugSet

    .SingleOrDefault(x => x.FlugNr == 101);

ctx.PilotSet.Where(p => p.FluegeAlsPilot.Any(x => x.FlugNr == 101) || p.FluegeAlsCopilot.Any(x => x.F
lugNr == 101)).ToList();
```

findet man im RAM beim Zugriff auf flug.Pilot und flug.Copilot tatsächlich das entsprechende Pilot- und Copilotobjekt von Flug 101. Entity Framework Core erkennt beim Laden der beiden Piloten, dass es im RAM bereits ein Flug-Objekt gibt, das diese beiden Piloten als Pilot bzw. Copilot braucht. Es setzt dann im RAM das Flug-Objekt mit den beiden Piloten-Objekten zusammen. Diese Funktion nennt man Relationship Fixup.

Während in den beiden obigen Zeilen gezielt Pilot und Copilot für den Flug 101 geladen wurden, kann der Softwareentwickler das Relationship Fixup auch für die Optimierung durch Caching verwenden. Listing 3 zeigt, dass alle Piloten geladen werden und danach einige Flüge. Zu jedem geladenen Flug stehen danach Pilot- und Copilot-Objekt zur Verfügung. Wie immer beim Caching braucht man hier natürlich etwas mehr RAM, da auch Pilot-Objekte geladen werden, die niemals gebraucht werden. Außerdem muss man sich bewusst sein, dass man ein Aktualitätsproblem haben kann, weil die abhängigen Daten auf dem gleichen Stand sind wie die Hauptdaten. Aber das verhält sich beim Caching bekanntlich stets auf diese Weise. Aber man spart Rundgänge zum Datenbankmanagementsystem, und damit verbessert man die Geschwindigkeit.

Bemerkenswert ist, dass weder beim obigen Laden der beiden Piloten noch beim Laden aller Piloten in Listing 3 das Ergebnis der LINQ-Abfrage einer Variablen zugewiesen wird. Dies ist tatsächlich nicht notwendig, denn Entity Framework Core halt (genau wie das bisherige Entity Framework) in seinem First-Level-Cache einen Verweis im RAM auf alle Objekte, die jemals in eine bestimmte Instanz der Kontextklasse geladen wurden. Das Relationship Fixup funktioniert daher auch ohne Speicherung in einer Variablen. Die Zuweisung zu einer Variablen (List<Pilot> allePiloten = ctx.PilotSet.ToList();) ist freilich nicht schädlich, sondern kann sinnvoll sein, wenn man im Programmablauf eine Liste aller Piloten braucht. Zu beachten ist auch, dass das Relationship Fixup nicht kontexinstanzübergreifend funktioniert. Ein dafür notwendiger Second-Level-Cache ist in Entity Framework Core bisher nicht vorhanden.

Das obige Codefragment zeigt beim Laden der beiden Piloteninformationen auch sehr schön, dass man den Join-Operator in Entity Framework Core vermeiden kann, wenn man die Navigationseigenschaften und die Any()-Methode verwendet. Any() prüft, ob es mindestens einen Datensatz gibt, der eine Bedingung erfüllt oder nicht erfüllt. Im obigen Fall reicht es, dass der Pilot einmal für den gesuchten Flug als Pilot oder Copilot zugeteilt wurde. In anderen Fällen kann man die LINQ-Methode All() einsetzen: Wenn man eine Menge von Datensätzen ansprechen will, die alle eine Bedingung erfüllen oder nicht erfüllen.

```
/// <summary>
/// Liefert Pilot-, Buchungs- und Passagierinformationen via Preloading / RelationshipFixup
/// </summary>
public static void Demo_PreLoading()
{
 CUI.Headline(nameof(Demo_PreLoading));

 using (var ctx = new WWWingsContext())
 {

  int flugNr = 101;

  // 1. Lade nur den Flug selbst
  var f = ctx.FlugSet
       .SingleOrDefault(x => x.FlugNr == flugNr);

  // 2. Lade beide Piloten für obigen Flug
  ctx.PilotSet.Where(p => p.FluegeAlsPilot.Any(x => x.FlugNr == flugNr) || p.FluegeAlsCopilot.Any(x
=> x.FlugNr == flugNr)).ToList();

  // 3. Lade andere Flüge dieser beiden Piloten
  ctx.FlugSet.Where(x => x.PilotId == f.PilotId || x.CopilotId == f.CopilotId).ToList();

  // 4. Lade Buchungen für obigen Flug
```

```
ctx.BuchungSet.Where(x => x.FlugNr == flugNr).ToList();


// 5. Lade Passagiere für obigen Flug

ctx.PassagierSet.Where(p => p.Buchungen.Any(x => x.FlugNr == flugNr)).ToList();


// nicht notwendig: ctx.ChangeTracker.DetectChanges();


Console.WriteLine($"Flug Nr {f.FlugNr} von {f.Abflugort} nach {f.Zielort} hat {f.FreiePlaetze} fr
eie Plätze!");

    if (f.Pilot != null) Console.WriteLine($"Pilot: {f.Pilot.Name} hat {f.Pilot.FluegeAlsPilot.Count}
Flüge als Pilot!");

    else Console.WriteLine("Kein Pilot zugewiesen!");

    if (f.Copilot != null) Console.WriteLine($"Copilot: {f.Copilot.Name} hat {f.Copilot.FluegeAlsCopi
lot.Count} Flüge als Copilot!");

    else Console.WriteLine("Kein Copilot zugewiesen!");


Console.WriteLine("Anzahl Passagiere auf diesem Flug: " + f.Buchungen.Count);

Console.WriteLine("Passagiere auf diesem Flug:");

foreach (var b in f.Buchungen)

{

    Console.WriteLine("- Passagier #{0}: {1} {2}", b.Passagier.PersonID, b.Passagier.Vorname, b.Pass
agier.Name);

}

}

}
```

Listing 3: Caching der Piloten. Egal, welchen Flug man danach lädt, Pilot- und Copilot-Objekt sind vorhanden.

Listing 4 zeigt die Neufassung von Listing 2, dieses Mal mit Preloading und Relationship Fixup statt Eager Loading. In Listing 4 werden Flug, Piloten, deren andere Flüge, Buchungen und Passagiere einzeln geladen. Der Programmcode in Listing 4 sendet also fünf SELECT-Befehle zum Datenbankmanagementsystem (siehe Abbildung 5, im Gegensatz zu den vier SELECT-Befehlen, die Listing 2 sendet), vermeidet dabei aber einige Joins.

Der Relationship Fixup-Trick wirkt sich positiv aus, wenn eine oder mehrere der folgenden Bedingungen erfüllt sind:

a) Die Ergebnismenge der Hauptdaten ist groß und die Menge der abhängigen Daten ist klein.
b) Es gibt mehrere verschiedene abhängige Datenmengen, die vorab geladen werden können.
c) Die vorab geladenen Objekte sind selten veränderliche (Stamm-)Daten.
d) Man führt in einer einzigen Kontextinstanz mehrere Abfragen aus, die die gleichen abhängigen Daten besitzen.

```
/// <summary>
/// Liefert Pilot-, Buchungs- und Passagierinformationen via Preloading / RelationshipFixup
/// </summary>
public static void Demo_PreLoading()
{
CUI.Headline("Demo_PreLoading");
```

```
using (var ctx = new WWWingsContext())

{


  int flugNr = 101;


  // 1. Lade nur den Flug

  var f = ctx.FlugSet

        .SingleOrDefault(x => x.FlugNr == flugNr);


  // 2. Lade beide Piloten

  ctx.PilotSet.Where(p => p.FluegeAlsPilot.Any(x => x.FlugNr == flugNr) || p.FluegeAlsCopilot.Any(x
=> x.FlugNr == flugNr)).ToList();


  // 3. Lade andere Flüge der Piloten

  ctx.FlugSet.Where(x => x.PilotId == f.PilotId || x.CopilotId == f.CopilotId).ToList();


  // 4. Lade Buchungen

  ctx.BuchungSet.Where(x => x.FlugNr == flugNr).ToList();


  // 5. Lade Passagiere

  ctx.PassagierSet.Where(p => p.Buchungen.Any(x => x.FlugNr == flugNr)).ToList();


  // nicht notwendig: ctx.ChangeTracker.DetectChanges();


    Console.WriteLine($"Flug Nr {f.FlugNr} von {f.Abflugort} nach {f.Zielort} hat {f.FreiePlaetze} fr
eie Plätze!");

    if (f.Pilot != null) Console.WriteLine($"Pilot: {f.Pilot.Name} hat {f.Pilot.FluegeAlsPilot.Count}
Flüge als Pilot!");

    else Console.WriteLine("Kein Pilot zugewiesen!");

    if (f.Copilot != null) Console.WriteLine($"Copilot: {f.Copilot.Name} hat {f.Copilot.FluegeAlsCopi
lot.Count} Flüge als Copilot!");

    else Console.WriteLine("Kein Copilot zugewiesen!");


    Console.WriteLine("Anzahl Passagiere auf diesem Flug: " + f.Buchungen.Count);

    Console.WriteLine("Passagiere auf diesem Flug:");

    foreach (var b in f.Buchungen)

    {

      Console.WriteLine("- Passagier #{0}: {1} {2}", b.Passagier.PersonID, b.Passagier.Vorname, b.Pass
agier.Name);

    }

  }

}
```

Listing 4: Laden von Flug, Piloten, Buchungen und Passagieren in getrennten LINQ-Befehlen. Entity Framework Core setzt die getrennt geladenen Objekte im RAM zusammen.

Abbildung 5: Der SQL Server-Profiler zeigt die vier SQL-Befehle, die Listing 4 auslöst

Im Geschwindigkeitsvergleich zeigt sich auch bei dem hier besprochenen Szenario des Ladens eines Flugs mit Piloten und Passagieren bereits ein Geschwindigkeitsvorteil für das Preloading. Die Messung, die in Abbildung 6 dargestellt ist, wurde zur Vermeidung von Messabweichungen mit 51 Durchläufen ermittelt, wobei der erste Durchlauf (Kaltstart für den Entity Framework Core-Kontext und ggf. auch die Datenbank) jeweils nicht berücksichtigt wurde. Zudem wurden alle Bildschirmausgaben ausgebaut.

Selbstverständlich kann man Eager Loading und Preloading beliebig mischen. In der Praxis muss man jedoch für jeden einzelnen Fall die optimale Mischung finden.

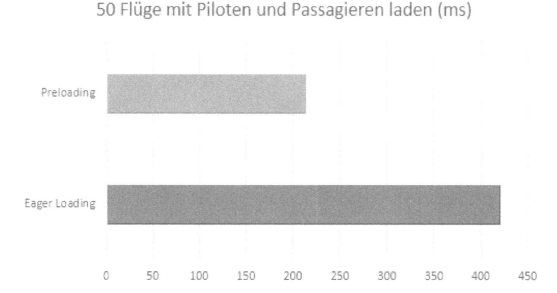

Abbildung 6: Geschwindigkeitsvergleich von Eager Loading (Listing 2) und Preloading (Listing 4)

15.5 Details zum Relationship Fixup

Wie beim klassischen Entity Framework erfolgt auch Entity Framework Core im Rahmen des Relationship Fixup eine Zuweisung der Instanz eines Mengentyps zu der Navigationseigenschaft, wenn die Navigationseigenschaft den Wert null hat.

Dieser Automatismus ist gegeben, unabhängig davon, ob der Softwareentwickler bei der Deklaration der Navigationseigenschaft als Typ eine Schnittstelle oder eine Klasse verwendet hat. Entity Framework Core instanziiert die Mengenklasse selbst. Im Fall der Deklaration der Navigationseigenschaft mit einem Schnittstellentyp wählt Entity Framework Core selbst eine geeignete Mengenklasse. Bei ICollection<T> wird HashSet<T> gewählt, bei IList<T> eine List<T>.

15.6 Literatur zu diesem Kapitel

[1] Rowan Miller: Entity Framework Core 1.1 Plans
https://blogs.msdn.microsoft.com/dotnet/2016/07/29/entity-framework-core-1-1-plans

16   Einfügen, Löschen und Ändern

An vielen Stellen ist das API und die Vorgehensweise für das Einfügen, Löschen und Ändern von Datensätzen in Entity Framework Core im Vergleich zu bisherigen Entity Framework gleich geblieben. Im Detail gibt es aber ein paar Änderungen, insbesondere beim Zusammenfassen von mehreren Änderungen zu einem Batch-Rundgang zum Datenbankmanagementsystem.

Der Entwickler kann jederzeit schreibend auf die aus der Datenbank geladenen Entitätsobjekte zugreifen. Er muss diese dabei weder vor der Schreiboperation "ankündigen" noch sie nachher "anmelden". Die Kontextklasse von Entity Framework Core (genauer gesagt: der dort eingebaute **Change Tracker**) verfolgt im Standard alle Änderungen an den Objekten (Change Tracking). Die Änderungsverfolgung findet jedoch nicht statt, wenn die Objekte im speziell (z.B. mit AsNoTracking()) zu aktivierenden No-Tracking-Modus geladen wurden oder die Kontextinstanz inzwischen vernichtet wurde.

Listing 1 zeigt das Laden eines Flug-Objekts mit SingleOrDefault(). In diesem Flug-Objekt wird dann die Anzahl der freien Plätze um zwei Plätze reduziert. Außerdem wird ein Text in das Memo-Attribut des Flug-Objekts geschrieben.

16.1 Speichern mit SaveChanges()

Die Methode SaveChanges() dient der Speicherung von Änderungen. Sie ist in der Basisklasse DbContext realisiert und wird von dort auf die Kontextklasse vererbt, die der Entwickler beim Reverse Engineering erzeugen lässt bzw. beim Forward Engineering selbst erstellt.

Die Methode SaveChanges() speichert alle Änderungen seit dem Laden bzw. dem letzten SaveChanges() an allen Objekten, die in die Kontextinstanz geladen wurden. Auch in Entity Framework Core ist es leider nicht möglich, nur einzelne Änderungen von mehreren erfolgten abzuspeichern.

SaveChanges() speichert freilich nur die geänderten Objekte und für die geänderten Objekte auch nur die geänderten Attribute. Das beweist Listing 2: Im SET-Teil des UPDATE-Befehls kommen nur FreiePlaetze und Memo vor. Man sieht auch, dass der UPDATE-Befehl die Anzahl der geänderten Datensätze zurückliefert. Diese Anzahl erhält der Aufrufer von SaveChanges() als Rückgabewert (siehe Ausgabe in Abbildung 1).

Der UPDATE-Befehl enthält in der WHERE-Bedingung nur die FlugNr, d.h. es findet hier keine Prüfung statt, ob das Objekt mittlerweile von einem anderen Benutzer oder Hintergrundprozess geändert wurde. Im Standard gilt bei Entity Framework Core das Prinzip: Der letzte gewinnt. Dieses Standardverhalten kann der Entwickler jedoch ändern (siehe Kapitel "Datenänderungskonflikte"). Einen Laufzeitfehler vom Typ DbConcurrencyException bekommt der Aufrufer im Standard lediglich dann, wenn der zu ändernde Datensatz in der Datenbank zwischenzeitlich gelöscht wurde. Dann liefert der UPDATE-Befehl vom Datenbankmanagementsystem zurück, dass "0" Datensätze von der Änderung betroffen waren, was Entity Framework Core als Indiz für einen Änderungskonflikt nimmt.

Listing 1 gibt dreimal (vor der Änderung, nach der Änderung, nach dem Speichern) einige Informationen über das Flug-Objekt aus. Neben der FlugNr (Primärschlüssel) und der Flugroute (Abflugort und Zielort) werden die Anzahl der freien Plätze und der aktuelle Zustand des Objekts aus der Sicht von Entity Framework Core ausgegeben. Den Zustand kann man nicht von dem Entitätsobjekt selbst ermitteln, sondern nur über die Entry()-Methode der Kontextklasse mit ctx.Entry(obj).State.

Abbildung 1 zeigt, wie sich der Objektzustand aus der Sicht von Entity Framework Core verändert: Nach dem Laden ist er Unchanged. Nach der Änderung ist er Modified, d.h. Entity Framework Core weiß, dass sich das Objekt geändert hat, und nach dem Speichern mit SaveChanges() ist er wieder Unchanged, d.h. der Zustand im RAM entspricht nun wieder dem Zustand in der Datenbank.

Bei der Ausführung der Methode SaveChanges() sind Fehler wahrscheinlich (z.B. die DbConcurrencyException, s.o.). Daher gibt es in Listing 1 das explizite Try-Catch um SaveChanges(). Ein weiterer typischer Laufzeitfehler bei SaveChanges() entsteht, wenn aus der Sicht von .NET erlaubte, aber aus der Sicht der Datenbank unerlaubte Werte geschrieben werden. Dies wäre in Fall von Listing 1 z.B. bei dem Attribut Memo möglich, wenn diese Spalte in der Datenbank eine Längenbegrenzung hätte. Da die Zeichenketten in .NET grundsätzlich von der Länge her unbegrenzt sind, wäre es möglich, dem Attribut Memo eine aus der Sicht der Datenbank zu lange Zeichenkette zuzuweisen. Anders als das klassische Entity Framework gibt es bei Entity Framework Core bisher keine Validierung vor dem Speichern bei SaveChanges(), d.h. ungültige Werte fallen erst dem Datenbankmanagementsystem selbst auf. Im konkreten Fall entsteht dann der Laufzeitfehler "Microsoft.EntityFrameworkCore.DbUpdateException: An error occurred while updating the entries. See the inner exception for details." Und das innere Exception-Objekt liefert dann die eigentliche Fehlerquelle: "System.Data.SqlClient.SqlException: String or binary data would be truncated."

```
public static void EinfacheUpdate()

{

  Console.WriteLine("--- Flug ändern");

  int FlugNr = 101;

  using (WWWingsContext ctx = new WWWingsContext())

  {

   var f = ctx.FlugSet.SingleOrDefault(x => x.FlugNr == FlugNr);

   Console.WriteLine($"Nach dem Laden: Flug #{f.FlugNr}: {f.Abflugort}->{f.Zielort} hat
{f.FreiePlaetze} freie Plätze! Zustand es Flug-Objekts: " + ctx.Entry(f).State);

   f.FreiePlaetze -= 2;  // Änderung 1

   f.Memo = $"Letzte Änderung durch Benutzer {System.Environment.UserName} am {DateTime.Now}."; ;
// Änderung 2

   Console.WriteLine($"Nach der Änderung: Flug #{f.FlugNr}: {f.Abflugort}->{f.Zielort} hat
{f.FreiePlaetze} freie Plätze! Zustand des Flug-Objekts: " + ctx.Entry(f).State);

   try

   {

    var anz = ctx.SaveChanges();

    if (anz == 0) Console.WriteLine("Problem: Keine Änderung gespeichert!");

    else Console.WriteLine("Anzahl gespeicherter Änderungen: " + anz);

    Console.WriteLine($"Nach dem Speichern: Flug #{f.FlugNr}: {f.Abflugort}->{f.Zielort} hat
{f.FreiePlaetze} freie Plätze! Zustand des Flug-Objekts: " + ctx.Entry(f).State);

   }

   catch (Exception ex)

   {

    Console.WriteLine("Fehler: " + ex.ToString());

   }

  }

}
```

Listing 1: Die Anzahl der freien Plätze in dem Flug-Objekt wird um zwei Plätze reduziert.

```
--- Flug ändern
WWWingsContext: OnConfiguring
WWWingsContext: OnModelCreating
Nach dem Laden: Flug #101: Rom->Essen/Mülheim hat 234 freie Plätze! Zustand es Flug-Objekts: Unchanged
Nach der Änderung: Flug #101: Rom->Essen/Mülheim hat 232 freie Plätze! Zustand es Flug-Objekts: Modified
Anzahl gespeicherter Änderungen: 1
Nach dem Speichern: Flug #101: Rom->Essen/Mülheim hat 232 freie Plätze! Zustand es Flug-Objekts: Unchanged
```

Abbildung 1: Ausgabe von Listing 1

```
exec sp_executesql N'SET NOCOUNT ON;

UPDATE [Flug] SET [FreiePlaetze] = @p0, [Memo] = @p1

WHERE [FlugNr] = @p2 AND [FreiePlaetze] = @p3;

SELECT @@ROWCOUNT;

',N'@p2 int,@p0 smallint,@p3 smallint,@p1 nvarchar(4000)',@p2=101,@p0=222,@p3=224,@p1=N'Letzte
Änderung durch Benutzer HS am 09.09.2016 11:07:41.'
```

Listing 2: SQL-Befehl, der von Entity Framework Core bei SaveChanges() in Listing 1 gesendet wird

16.2 Änderungsverfolgung auch für Unterobjekte

Die Änderungsverfolgung (engl. Change Tracking) funktioniert Entity Framework Core (wie beim Vorgänger) auch für geänderte Unterobjekte. In Listing 1 wird der Flug zusammen mit seinem Piloten geladen. Es werden nicht nur Änderungen im Flug-Objekt, sondern auch im verbundenen Pilot-Objekt vorgenommen (die Flugstunden des Piloten werden erhöht). Der Zustand des Pilot-Objekts ändert sich anlog zum Flug-Objekt von Unchanged zu Modified und nach der Ausführung von SaveChanges() wieder zu Unchanged. Listing 2 zeigt, dass entsprechend zwei UPDATE-Befehle zum Datenbankmanagementsystem gesendet werden.

```
public static void UpdateAufHauptUndUnterobjekt()

{

  Console.WriteLine("--- Flug und Pilot ändern");

  int FlugNr = 101;

  using (WWWingsContext ctx = new WWWingsContext())

  {

   var f = ctx.FlugSet.Include(x => x.Pilot).SingleOrDefault(x => x.FlugNr == FlugNr);


   Console.WriteLine($"Nach dem Laden: Flug #{f.FlugNr}: {f.Abflugort}-
>{f.Zielort} hat {f.FreiePlaetze} freie Plätze! Zustand des Flug-
Objekts: " + ctx.Entry(f).State + " Zustand des Pilot-Objekts: " + ctx.Entry(f.Pilot).State);

   f.FreiePlaetze -= 2;  // Änderung 1

   f.Pilot.Flugstunden = (f.Pilot.Flugstunden ?? 0) + 10;

   f.Memo = $"Letzte Änderung durch Benutzer {System.Environment.UserName} am {DateTime.Now}."; ;  //
Änderung 2


   Console.WriteLine($"Nach der Änderung: Flug #{f.FlugNr}: {f.Abflugort}-
>{f.Zielort} hat {f.FreiePlaetze} freie Plätze! Zustand des Flug-
Objekts: " + ctx.Entry(f).State + " Zustand des Pilot-Objekts: " + ctx.Entry(f.Pilot).State);


   try

   {
```

```
    var anz = ctx.SaveChanges();

    if (anz == 0) Console.WriteLine("Problem: Keine Änderung gespeichert!");

    else Console.WriteLine("Anzahl gespeicherter Änderungen: " + anz);

    Console.WriteLine($"Nach dem Speichern: Flug #{f.FlugNr}: {f.Abflugort}-
>{f.Zielort} hat {f.FreiePlaetze} freie Plätze! Zustand des Flug-
Objekts: " + ctx.Entry(f).State + " Zustand des Pilot-Objekts: " + ctx.Entry(f.Pilot).State);

    }

    catch (Exception ex)

    {

    Console.WriteLine("Fehler: " + ex.ToString());

    }

  }

}
```

Listing 1: Änderungen in Unterobjekten

```
exec sp_executesql N'SET NOCOUNT ON;

UPDATE [Flug] SET [FreiePlaetze] = @p0, [Memo] = @p1

WHERE [FlugNr] = @p2;

SELECT @@ROWCOUNT;

UPDATE [Mitarbeiter] SET [Flugstunden] = @p3

WHERE [PersonID] = @p4;

SELECT @@ROWCOUNT;

',N'@p2 int,@p0 smallint,@p1 nvarchar(4000),@p4 int,@p3 int',@p2=101,@p0=117,@p1=N'Letzte Änderung
durch Benutzer HS am 17.09.2016 16:53:17.',@p4=44,@p3=20
```

Listing 2: SQL-Befehl, der von Entity Framework Core bei SaveChanges() in Listing 2b gesendet wird

16.3 Das Foreach-Problem

Beim Entity Framework ist es nicht notwendig, eine Abfrage vor einer Iteration mit einem Konvertierungsoperator wie ToList() explizit zu materialisieren. Eine foreach-Schleife über ein Objekt mit IQueryable-Schnittstelle genügt, um die Datenbankabfrage auszulösen. In diesem Fall jedoch bleibt die Datenbankverbindung geöffnet, solange die Schleife läuft, und die Datensätze werden von dem Iterator der IQueryable-Schnittstelle einzeln abgeholt. Das führt dazu, dass ein Aufruf von SaveChanges() innerhalb einer datenabrufenden foreach-Schleife zum Laufzeitfehler führt, was das folgende Listing und die folgende Abbildung belegen.

Es gibt zwei Lösungen:

▪ Die beste Lösung ist, die Abfrage vor Beginn der Schleife mit ToList() komplett zu materialisieren.

▪ Alternativ dazu kann man hier SaveChangesAsync() statt SaveChanges() einsetzen, vgl. Kapitel "Asynchrone Programmierung".

PRAXISTIPP: Verwenden Sie die explizite Materialisierung mit ToList().

```
public static void Demo_ForeachProblem()

{
```

```
CUI.Headline("Start Demo_ForeachProblem");

WWWingsContext ctx = new WWWingsContext();

// Abfrage definieren

var abfrage = (from f in ctx.FlugSet.Include(p => p.Buchungen).ThenInclude(b => b.Passagier)
where f.Abflugort == "Rom" && f.FreiePlaetze > 0 select f).Take(1);

// Abfrage nicht explicit, sondern durch foreach ausführen

foreach(var flug in abfrage)

{

  // Ergebnisse ausgeben

  CUI.Print("Flug: " + flug.FlugNr + " von " + flug.Abflugort + " nach " + flug.Zielort + " hat "
+ flug.FreiePlaetze + " freie Plätze");


  foreach (var p in flug.Buchungen)

  {

   CUI.Print(" Passagier  " + p.Passagier.Vorname + " " + p.Passagier.Name);

  }


  // Änderung an jedem Flug-Objekt speichern innerhalb der Schleife

  CUI.Print(" Start Speichern");

  flug.FreiePlaetze--;

  ctx.SaveChanges();

  CUI.Print(" Ende Speichern");

 }

}
```

Listing: SaveChanges() funktioniert nicht innerhalb einer Foreach-Schleife, wenn man die Datensätze nicht vorher materialisiert hat.

Abbildung: Fehler, auf den Listing 2d läuft

16.4 Objekte hinzufügen mit Add()

Zum Anfügen eines neuen Datensatzes führt der Entwickler bei Entity Framework Core folgende Schritte aus:

- Instanziierung des Objekts mit dem New-Operator (wie gewohnt in .NET). Eine Create()-Fabrikmethode wie im klassischen Entity Framework gibt es in Entity Framework Core nicht.

- Befüllen des Objekts, insbesondere aller Pflichteigenschaften aus der Sicht der Datenbank

- Anfügen des Objekts an den Kontext entweder über die Add()-Methode in der Kontextklasse oder an das passende DbSet<Entitätsklasse> in der Kontextklasse.

- Aufruf von SaveChanges()

Listing 3 zeigt das Erstellen eines Flug-Objekts. Pflichteigenschaften sind die FlugNr (der Primärschlüssel ist hier kein Autowert und muss daher manuell gesetzt werden), Fluggesellschaft, Abflugort, Zielort und Datum sowie die Beziehung zu einem Piloten. Der Copilot ist hingegen optional. Auch wenn die Fluggesellschaft ein Pflichtfeld ist, so würde der Programmcode in Listing 3 auch ohne explizite Zuweisung eines Enumerationswertes funktionieren, denn Entity Framework Core würde den Standardwert 0 hier verwenden.

Alternativ zum vorherigen Laden des Pilot-Objekts und dann folgenden Zuweisen an den Flug könnte man Listing 3 auch effizienter Implementieren, indem man die Fremdschlüsseleigenschaft PilotId in dem Flug-Objekt verwendet und dort den Primärschlüssel des Pilot-Objekts direkt zuweist: f.PilotId = 234. Hier sieht man den Vorteil einer expliziten Fremdschlüsseleigenschaft (vgl. [2]): Man spart hier einen Rundgang zur Datenbank.

Die Abfolge der Objektzustände ist in diesem Fall (siehe Abbildung 2): Detached (vor dem Ausführen von Add() kennt der Entity Framework Core-Kontext die neue Flug-Instanz ja noch gar nicht und betrachtet sie daher als transientes Objekt), Added (nach dem Add()) und dann nach dem Speichern Unchanged. Entity Framework Core betrachtet übrigens den mehrmaligen Aufruf von Add() nicht als Fehler. Add() braucht aber nicht mehr als einmal aufgerufen werden.

Hinweis: Man kann nur ein Objekt mit einem Primärschlüsselwert hinzufügen, den es noch nicht in der aktuellen Kontextinstanz gibt. Will man ein Objekt löschen und dann unter dem gleichen Primärschlüsselwert ein neues Objekt anlegen, dann muss man nach dem Remove() und vor dem Add() erst einmal SaveChanges() ausführen, sonst beschwert sich Entity Framework Core mit der Fehlermeldung *"System.InvalidOperationException: The instance of entity type 'Flug' cannot be tracked because another instance with the same key value for {'FlugNr'} is already being tracked".*

```
public static void EinfachesAdd()
{
 Console.WriteLine("--- Flug hinzufügen");
 using (WWWingsContext ctx = new WWWingsContext())
 {
  var p = ctx.PilotSet.SingleOrDefault(x => x.PersonID == 234);
  // Flug im RAM anlegen
  var f = new Flug();
  f.FlugNr = 123456;
  f.Fluggesellschaft = Fluggesellschaft.WorldWideWings;
  f.Pilot = p;
  f.Abflugort = "Essen";
  f.Zielort = "Sydney";
  f.Copilot = null; // kein Copilot :-(
  f.Plaetze = 100;
  f.FreiePlaetze = 100;
  Console.WriteLine($"Vor dem Anfügen: Flug #{f.FlugNr}: {f.Abflugort}->{f.Zielort} hat
{f.FreiePlaetze} freie Plätze! Zustand des Flug-Objekts: " + ctx.Entry(f).State);
  // Flug dem Kontext hinzufügen
  ctx.FlugSet.Add(f);
```

```
//oder: ctx.Add(f);

Console.WriteLine($"Nach dem Anfügen: Flug #{f.FlugNr}: {f.Abflugort}->{f.Zielort} hat
{f.FreiePlaetze} freie Plätze! Zustand des Flug-Objekts: " + ctx.Entry(f).State);

try

{

var anz = ctx.SaveChanges();

if (anz == 0) Console.WriteLine("Problem: Keine Änderung gespeichert!");

else Console.WriteLine("Anzahl gespeicherter Änderungen: " + anz);

Console.WriteLine($"Nach dem Speichern: Flug #{f.FlugNr}: {f.Abflugort}->{f.Zielort} hat
{f.FreiePlaetze} freie Plätze! Zustand des Flug-Objekts: " + ctx.Entry(f).State);

}

catch (Exception ex)

{

Console.WriteLine("Fehler: " + ex.ToString());

}

}

}
```

Listing 3: Erzeugen eines neuen Flugs

```
--- Flug hinzufügen
WWWingsContext: OnConfiguring
WWWingsContext: OnModelCreating
Vor dem Anfügen: Flug #123456: Essen->Sydney hat 100 freie Plätze! Zustand es Flug-Objekts: Detached
Nach dem Anfügen: Flug #123456: Essen->Sydney hat 100 freie Plätze! Zustand es Flug-Objekts: Added
Anzahl gespeicherter Änderungen: 2
Nach dem Speichern: Flug #123456: Essen->Sydney hat 100 freie Plätze! Zustand es Flug-Objekts: Unchanged
```

Abbildung 2: Ausgabe von Listing 3 (Erzeugen eines Flug-Objekts)

16.5 Verbundene Objekte

Die Methode Add() betrachtet nicht nur als Parameter übergebene Objekte, sondern auch mit diesem Objekt verbundene Objekte. Wenn sich darunter Objekte im Zustand "Detached" befinden, werden diese automatisch auch an den Kontext angefügt und sind dann im Zustand "Added". Listing 6 zeigt das Anlegen eines neuen Flugs mit neuem Pilot, neuem Flugzeugtyp und neuen Flugzeugtypdetails. Es reicht dafür die Ausführung von Add() für das Flug-Objekt. Entity Framework Core sendet dann bei SaveChanges() fünf INSERT-Befehle zur Datenbank. Abbildung 4 zeigt diese fünf INSERT-Befehle für die Tabellen Flugzeugtyp, Persondetail, Flugzeugtypdetail, Mitarbeiter (gemeinsame Tabelle für Instanzen der Klassen Mitarbeiter und Pilot im Sinne des Table per Hierarchy-Mapping) und Flug.

Entity Framework Core erkennt auch Beziehungsänderungen zwischen Entitätsobjekten und speichert diese bei SaveChanges() automatisch ab. Listing 3 und 6 zeigen das Herstellen einer Beziehung zwischen Flug und Pilot bzw. Flug, Flugzeugtyp und Flugzeugtypdetail jeweils im Fall einer 1:1- bzw. 1:0/1-Beziehung. Zum Entfernen einer solchen Beziehung kann der Entwickler einfach null bzw. nothing zuweisen.

Das Herstellen einer Beziehung im Fall 1:N erfolgt auf der 1er-Seite durch die Manipulation der Liste mit den listenspezifischen Methoden für das Hinzufügen und Löschen, meist Add() und Remove(). Bei bidirektionalen Beziehungen kann die Änderungen wahlweise auf der 1er-Seite oder der N-Seite erfolgen.

Listing 4 zeigt die Zuweisung eines neuen Piloten zu einem Flug. Diese Zuweisung erfolgt jedoch nicht über   flug101.Pilot   =   pilotNeu   (1er-Seite),   sondern   auf   der   Pilotseite   (N-Seite) über pilotNeu.FluegeAlsPilot.Add(flug101). Spannend ist die Ausgabe dieses Listings in Abbildung 3. Man sieht, dass zu Beginn beide Piloten einen Flug haben. Nach der Zuweisung hat der neue Pilot zwei Flüge und der alte Pilot immer noch nur einen Flug, was aber falsch ist. Außerdem verweist flug101.Pilot immer noch auf den alten Piloten, was ebenfalls falsch ist.

Nach der Ausführung von SaveChanges() sind die Objektbeziehungen allerdings korrigiert: Jetzt hat der alte Pilot keinen Flug mehr und der neue Pilot hat zwei Flüge. Zudem verweist flug101.Pilot auf den neuen Piloten. Diese Funktion von Entity Framework Core nennt man Relationship Fixup. Im Rahmen des Relationship Fixup prüft Entity Framework Core alle Beziehungen zwischen den Objekten, die sich derzeit im RAM befinden, und ändert diese auch auf der gegenüberliegende Seite, wenn sich Änderungen auf seiner Seite ergeben haben. Entity Framework Core führt das Relationship Fixup beim Speichern mit SaveChanges() aus. Der Softwareentwickler kann das Relationship Fixup jederzeit mit der Ausführung der Methode ctx.ChangeTracker.DetectChanges() erzwingen. Wenn viele Objekte in eine Kontextinstanz geladen wurden, kann DetectChanges() viele Millisekunden dauern. Microsoft verzichtet daher in Entity Framework Core darauf, DetectChanges() automatisch an vielen Stellen aufzurufen, und überlässt es dem Entwickler, zu entscheiden, wann er einen konsistenten Zustand der Objektbeziehungen braucht und mit DetectChanges() herstellen möchte.

Durch die Ausführung von SaveChanges() nimmt Entity Framework Core korrekterweise in der Datenbank keine Änderung in der Pilot-Tabelle vor, sondern in der Flug-Tabelle, denn hier befindet sich der Fremdschlüssel, der die Beziehung zwischen Pilot und Flug herstellt (siehe Listing 5).

```
public static void Demo_Beziehungen1NRelationhipFixup()

  {

  CUI.Headline("Demo_Beziehungen1NRelationhipFixup");

  using (var ctx = new WWWingsContext())

  {

  // Lade einen Flug

  var flug101 = ctx.FlugSet.SingleOrDefault(x=>x.FlugNr==101);

  Console.WriteLine($"Flug Nr {flug101.FlugNr} von {flug101.Abflugort} nach {flug101.Zielort} hat {
  flug101.FreiePlaetze} freie Plätze!");

  // Laden des Piloten für diesen Flug mit der Liste seiner Flüge

  var pilotAlt = ctx.PilotSet.Include(x => x.FluegeAlsPilot).SingleOrDefault(x => x.PersonID == flu
  g101.PilotId);

  Console.WriteLine("Pilot: " + pilotAlt.PersonID + ": " + pilotAlt.Vorname + " " + pilotAlt.Name +
  " hat " + pilotAlt.FluegeAlsPilot.Count + " Flüge als Pilot!");


  // Nächsten Pilot in der Liste laden mit der Liste seiner Flüge

  var pilotNeu = ctx.PilotSet.Include(x=>x.FluegeAlsPilot).SingleOrDefault(x => x.PersonID == flug1
  01.PilotId-10);

  Console.WriteLine("Geplanter Pilot: " + pilotNeu.PersonID + ": " + pilotNeu.Vorname + " " + pilot
  Neu.Name + " hat " + pilotNeu.FluegeAlsPilot.Count + " Flüge als Pilot!");


  // Zuweisen an Flug

  CUI.Print("Zuweisung des Flugs zum geplanten Piloten...", ConsoleColor.Cyan);

  pilotNeu.FluegeAlsPilot.Add(flug101);


  // optional: dRelationship Fixup erzwingen

  // ctx.ChangeTracker.DetectChanges();
```

```
    CUI.Print("Kontrollausgabe vor dem Speichern: ", ConsoleColor.Cyan);

    Console.WriteLine("Alter Pilot: " + pilotAlt.PersonID + ": " + pilotAlt.Vorname + " " + pilotAlt.
Name + " hat " + pilotAlt.FluegeAlsPilot.Count + " Flüge als Pilot!");

    Console.WriteLine("Neuer Pilot: " + pilotNeu.PersonID + ": " + pilotNeu.Vorname + " " + pilotNeu.
Name + " hat " + pilotNeu.FluegeAlsPilot.Count + " Flüge als Pilot!");

    var pilotAktuell = flug101.Pilot; // Aktueller Pilot aus der Sicht des Flug-Objekts

    Console.WriteLine("Pilot für Flug " + flug101.FlugNr + " ist derzeit: " + pilotAktuell.PersonID +
": " + pilotAktuell.Vorname + " " + pilotAktuell.Name);


    // Speichern mit SaveChanges()

    CUI.Print("Speichern... ", ConsoleColor.Cyan);

    var anz = ctx.SaveChanges();

    CUI.Headline("Anzahl gespeicherter Änderungen: " + anz);


    CUI.Print("Kontrollausgabe nach dem Speichern: ", ConsoleColor.Cyan);

    Console.WriteLine("Alter Pilot: " + pilotAlt.PersonID + ": " + pilotAlt.Vorname + " " + pilotAlt.
Name + " hat " + pilotAlt.FluegeAlsPilot.Count + " Flüge als Pilot!");

    Console.WriteLine("Neuer Pilot: " + pilotNeu.PersonID + ": " + pilotNeu.Vorname + " " + pilotNeu.
Name + " hat " + pilotNeu.FluegeAlsPilot.Count + " Flüge als Pilot!");

     pilotAktuell = flug101.Pilot; // Aktueller Pilot aus der Sicht des Flug-Objekts

    Console.WriteLine("Pilot für Flug " + flug101.FlugNr + " ist jetzt: " + pilotAktuell.PersonID + "
: " + pilotAktuell.Vorname + " " + pilotAktuell.Name);

  }
```

Listing 4: Herstellen einer 1:N-Beziehung über die 1er-Seite

```
Demo_Beziehungen1NRelationhipFixup
WWWingsContext: OnConfiguring
WWWingsContext: OnModelCreating
Flug Nr 101 von Seattle nach Moskau hat 129 freie Plätze!
Pilot: 89: Frank-Walter Stoiber hat 1 Flüge als Pilot!
Geplanter Pilot: 99: Oskar Merkel hat 1 Flüge als Pilot!
Zuweisung des Flugs zum geplanten Piloten...
Kontrollausgabe vor dem Speichern:
Alter Pilot: 89: Frank-Walter Stoiber hat 1 Flüge als Pilot!
Neuer Pilot: 99: Oskar Merkel hat 2 Flüge als Pilot!
Pilot für Flug 101 ist derzeit: 89: Frank-Walter Stoiber
Speichern...
Anzahl gespeicherter Änderungen: 1
Kontrollausgabe nach dem Speichern:
Alter Pilot: 89: Frank-Walter Stoiber hat 0 Flüge als Pilot!
Neuer Pilot: 99: Oskar Merkel hat 2 Flüge als Pilot!
Pilot für Flug 101 ist jetzt: 99: Oskar Merkel
```

Abbildung 3: Ausgabe zu Listing 4: Das Relationsship Fixup funktioniert

```
exec sp_executesql N'SET NOCOUNT ON;

UPDATE [Flug] SET [PilotId] = @p0

WHERE [FlugNr] = @p1;

SELECT @@ROWCOUNT;

',N'@p1 int,@p0 int',@p1=101,@p0=99
```

Listing 5: Ausgabe zu Listing 4

16.6 Zusammenfassen von Befehlen (Batching)

Wie man in Abbildung 4 sieht, schickt Entity Framework Core im Gegensatz zum bisherigen Entity Framework nicht jeden INSERT-Befehl in einem eigenen Rundgang zum Datenbankmanagementsystem, sondern fasst die fünf INSERT-Befehle zu insgesamt drei Rundgängen zusammen. Diese Funktion nennt Microsoft "Batching".

Entity Framework Core entscheidet selbst über die Größe der Zusammenfassung von Befehlen zu einem Rundgang. In einem Test beim Masseneinfügen von Flug-Datensätzen kam es bei 300 Datensätzen zu zwei Rundgängen, bei 1000 zu sechs Rundgängen, bei 2000 zu 11 und bei 5000 zu 27 Rundgängen zum Datenbankmanagementsystem.

Neben der Add()-Methode gibt es sowohl auf der Kontextklasse als auch der Klasse DbSet<Entitätsklasse> eine Methode AddRange(), der man eine Liste von anzufügenden Objekten übergeben kann. Während im bisherigen Entity Framework AddRange() deutlich schneller war als Add(), weil damit wiederholte Prüfungsvorgänge des Change Trackers von Entity Framework entfielen, ist es in Entity Framework Core kein Leistungsunterschied mehr, ob man Add() in einer Schleife 1000x aufruft oder einmal AddRange() mit einer Menge von 1000 Objekten als Parameter. Ein in Abbildung 5 deutlich sichtbarer Leistungsvorteil entsteht durch das Batching. Wenn man aber nach Add() immer direkt SaveChanges() aufruft, ist kein Batching möglich (siehe dritter Balken in Abbildung 5).

```
public static void Demo_BeziehungenAnlegen()

{

  CUI.Headline("Demo_BeziehungenAnlegen");


  using (var ctx = new WWWingsContext())


  {

    ctx.Database.ExecuteSqlCommand("Delete from Buchung where FlugNr = 456789");

    ctx.Database.ExecuteSqlCommand("Delete from Flug where FlugNr = 456789");


    var p = new Pilot();

    p.Vorname = "Holger";

    p.Name = "Schwichtenberg";

    p.Einstellungsdatum = DateTime.Now;

    p.FlugscheinSeit = DateTime.Now;

    var pd = new Persondetail();

    //pd.Planet = "Erde";

    p.Detail = pd;


    // bei Änderung auf 1:N

    //p.Detail.Add(pd);


    var fzt = new Flugzeugtyp();

    fzt.Hersteller = "Airbus";
```

```
fzt.Name = "A380-800";


var fztd = new Flugzeugtypdetail();
fztd.Turbinen = 4;
fztd.Laenge = 72.30f;
fztd.LeergewichtInTonnen = 275;
fzt.Detail = fztd;


var f = new Flug();
f.FlugNr = 456789;
f.Pilot = p;
f.Copilot = null;
f.Plaetze = 850;
f.FreiePlaetze = 850;
f.Flugzeugtyp = fzt;


// Ein Add() für Flug reicht für alle verbundenen Objekte!
ctx.FlugSet.Add(f);
ctx.SaveChanges();


CUI.Print("Flüge: " + ctx.FlugSet.Count());
CUI.Print("Piloten: " + ctx.PilotSet.Count());


}
}
```

Listing 6: Anlegen eines neuen Flugs mit neuem Piloten mit Personendetail, neuem Flugzeugtyp und Flugzeugtypdetails

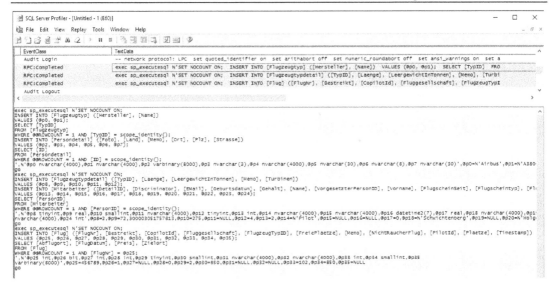

Abbildung 4: Durch Batch Updating erfolgen nur drei Rundgänge für fünf INSERT-Befehle.

1.000 Datensätze einfügen

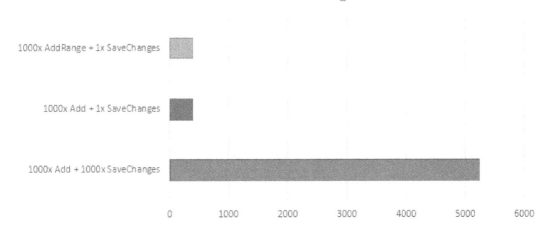

Abbildung 5: Leistungsmessung beim Masseneinfügen

16.7 Objekte löschen mit Remove()

Um ein Objekt zu löschen, muss der Softwareentwickler die Methode Remove() aufrufen, die es genau wie Add() sowohl direkt auf der Kontextklasse (geerbt von DbContext) oder der DbSet<Entitätsklasse>-Eigenschaft in der Kontextklasse gibt (siehe Listing 6). Durch den Aufruf von Remove() wechselt das geladene Flug-Objekt vom Zustand Unchanged in den Zustand Delete (siehe Abbildung 6). Es ist aber dann jedoch noch nicht in der Datenbank gelöscht. Erst durch den Aufruf der Methode SaveChanges() erfolgt das Senden eines DELETE-Befehls (siehe Listing 8) zum Datenbankmanagementsystem.

```
public static void EinfachesDelete()
```

```
{
    Console.WriteLine("--- Flug löschen");


    using (WWWingsContext ctx = new WWWingsContext())

    {
     var f = ctx.FlugSet.SingleOrDefault(x=>x.FlugNr==123456);


        Console.WriteLine($"Nach dem Laden: Flug #{f.FlugNr}: {f.Abflugort}-
>{f.Zielort} hat {f.FreiePlaetze} freie Plätze! Zustand des Flug-Objekts: " + ctx.Entry(f).State);


        // Flug löschen

        ctx.FlugSet.Remove(f);

        // oder: ctx.Remove(f);


        Console.WriteLine($"Nach dem Löschen: Flug #{f.FlugNr}: {f.Abflugort}-
>{f.Zielort} hat {f.FreiePlaetze} freie Plätze! Zustand des Flug-Objekts: " + ctx.Entry(f).State);


        try

        {
         var anz = ctx.SaveChanges();

            if (anz == 0) Console.WriteLine("Problem: Keine Änderung gespeichert!");

            else Console.WriteLine("Anzahl gespeicherter Änderungen: " + anz);

            Console.WriteLine($"Nach dem Speichern: Flug #{f.FlugNr}: {f.Abflugort}-
>{f.Zielort} hat {f.FreiePlaetze} freie Plätze! Zustand des Flug-Objekts: " + ctx.Entry(f).State);

        }

        catch (Exception ex)

        {
         Console.WriteLine("Fehler: " + ex.ToString());

        }


    }

}
```

Listing 7: Löschen eines Flug-Datensatzes

```
WWWingsContext: OnConfiguring
WWWingsContext: OnModelCreating
Nach dem Laden: Flug #123456: Essen->Sydney hat 100 freie Plätze! Zustand es Flug-Objekts: Unchanged
Nach dem Löschen: Flug #123456: Essen->Sydney hat 100 freie Plätze! Zustand es Flug-Objekts: Deleted
Anzahl gespeicherter Änderungen: 1
Nach dem Speichern: Flug #123456: Essen->Sydney hat 100 freie Plätze! Zustand es Flug-Objekts: Detached
```

Abbildung 6: Ausgabe von Listing 7

```
SELECT TOP(2) [x].[FlugNr], [x].[Abflugort], [x].[Bestreikt], [x].[CopilotId], [x].[FlugDatum],
[x].[Fluggesellschaft], [x].[FlugzeugTypNr], [x].[FreiePlaetze], [x].[Memo], [x].[NichtRaucherFlug],
[x].[PilotId], [x].[Plaetze], [x].[Preis], [x].[Timestamp], [x].[Zielort]

FROM [Flug] AS [x]

WHERE [x].[FlugNr] = 123456
```

```
exec sp_executesql N'SET NOCOUNT ON;

DELETE FROM [Flug]

WHERE [FlugNr] = @p0;

SELECT @@ROWCOUNT;

',N'@p0 int',@p0=123456
```

Listing 8: SQL-Befehle, die durch Listing 7 von Entity Framework Core abgesetzt werden

In Listing 7 ist es ineffizient, dass man das Flug-Objekt komplett laden muss, nur um dann einen Löschbefehl abzusenden. Listing 9 zeigt eine Lösung, bei der dieser Rundgang zum Datenbankmanagementsystem vermieden wird, indem ein Flug-Objekt im RAM erzeugt wird, bei dem nur der Primärschlüssel auf das zu löschende Objekt gesetzt wird. Dieses Attrappen-Objekt fügt man dann mit Attach() an den Kontext an. Dadurch wechselt das Objekt den Zustand von "Detached" zu "Unchanged". Danach führt man schließlich Remove() und SaveChanges() aus. Der Trick funktioniert, weil das Entity Framework zum Löschen im Standard nur den Primärschlüssel kennen muss.

Wichtig für diesen Trick ist,

- dass hier die Methode Attach() nicht Add() aufgerufen wird, sonst würde Entity Framework Core das Attrappen-Objekt als neues Objekt betrachten.

- dass der Trick nur funktioniert, wenn keine Konfliktprüfungen in Entity Framework Core konfiguriert wurden. Wenn das Modell aber so eingestellt ist, dass beim Speichern der Wert anderer Spalten verglichen werden soll, müssen auch diese im Attrappen-Objekt mit den aktuellen Werten befüllt werden – sonst kann das Objekt nicht gelöscht werden und es kommt zu einer DbConcurrenyException.

Die Remove()-Methode eignet sich nicht für ein Massenlöschen im Sinne von "Delete from Flug where FlugNr > 10000", da Entity Framework Core in jedem Fall pro Objekt einen DELETE-Befehl erzeugen wird. Entity Framework Core kann nicht erkennen, dass man viele DELETE-Befehle zu einem Befehl zusammenfassen kann. In diesem Fall sollte man immer auf klassische Techniken (SQL oder Stored Procedures) zurückgreifen, da der Einsatz von Remove() hier ein Vielfaches langsamer wäre.

```
public static void EinfachesDeleteNurMitKey()
  {
    Console.WriteLine("--- Flug löschen");


    using (WWWingsContext ctx = new WWWingsContext())
    {
      // Attrappen-Objekt erzeugen
      var f = new Flug();
      f.FlugNr = 123456;


      Console.WriteLine($"Nach Erzeugen: Flug #{f.FlugNr}: {f.Abflugort}-
>{f.Zielort} hat {f.FreiePlaetze} freie Plätze! Zustand des Flug-Objekts: " + ctx.Entry(f).State);


      // Attrappen-Objekt an Kontext anfügen
      ctx.Attach(f);


      Console.WriteLine($"Nach Attach: Flug #{f.FlugNr}: {f.Abflugort}-
>{f.Zielort} hat {f.FreiePlaetze} freie Plätze! Zustand des Flug-Objekts: " + ctx.Entry(f).State);
```

```
    // Flug löschen

    ctx.FlugSet.Remove(f);

    // oder: ctx.Remove(f);


    Console.WriteLine($"Nach dem Löschen: Flug #{f.FlugNr}: {f.Abflugort}-
>{f.Zielort} hat {f.FreiePlaetze} freie Plätze! Zustand des Flug-Objekts: " + ctx.Entry(f).State);


    try
    {

    var anz = ctx.SaveChanges();

    if (anz == 0) Console.WriteLine("Problem: Keine Änderung gespeichert!");

    else Console.WriteLine("Anzahl gespeicherter Änderungen: " + anz);

    Console.WriteLine($"Nach dem Speichern: Flug #{f.FlugNr}: {f.Abflugort}-
>{f.Zielort} hat {f.FreiePlaetze} freie Plätze! Zustand des Flug-Objekts: " + ctx.Entry(f).State);

    }

    catch (Exception ex)

    {

    Console.WriteLine("Fehler: " + ex.ToString());

    }

    }

    }
```

Listing 9: Effizienteres Löschen eines Flug-Datensatzes mit einem Attrappen-Objekt

16.8 Datenbanktransaktionen

Das Wichtigste zuerst:

- Bei der Ausführung von SaveChanges() macht Entity Framework Core automatisch immer eine Transaktion, d.h. es werden alle im Kontext erfassten Änderungen persistiert oder keine.

- Wenn man über mehrere Aufrufe der Methode SaveChanges() hinweg eine Transaktion braucht, so muss der Entwickler dies mit ctx.Database.BeginTransaction() sowie Commit() und Rollback() steuern.

- Transaktionen mit System.Transactions.TransactionScope unterstützt Entity Framework Core im Gegensatz zum klassischen Entity Framework nicht.

BEST PRACTICE: Die beste Transaktion ist eine Transaktion, die man vermeidet. Transaktionen beeinträchtigen immer negativ die Performance, Skalierbarkeit und Robustheit einer Anwendung.

Beispiel 1

Das folgende Beispiel zeigt eine Transaktion über zwei Änderungen an einem Flug, die jeweils eigenständig mit SaveChanges() persistiert werden.

```
using (var ctx = new WWWingsContext())
  {
  // Transaktion eröffnen. Standard ist System.Data.IsolationLevel.ReadCommitted
  using (var t = ctx.Database.BeginTransaction(System.Data.IsolationLevel.ReadCommitted))
  {
  // Ausgabe des Isolationslevels
  RelationalTransaction rt = t as RelationalTransaction;
  DbTransaction dbt = rt.GetDbTransaction();
  Console.WriteLine("Transaktion mit Level: " + dbt.IsolationLevel);

  // Daten lesen
  int flugNr = ctx.FlugSet.OrderBy(x => x.FlugNr).FirstOrDefault().FlugNr;
  var f = ctx.FlugSet.Where(x => x.FlugNr == flugNr).SingleOrDefault();

  Console.WriteLine("VORHER: " + f.ToString());

  // Daten ändern und speichern
  f.FreiePlaetze--;
  var anz1 = ctx.SaveChanges();
  Console.WriteLine("Änderungen gespeichert: " + anz1);

  // Noch mal Daten ändern und speichern
  f.Memo = "zuletzt geändert am " + DateTime.Now.ToString();
  var anz2 = ctx.SaveChanges();
  Console.WriteLine("Änderungen gespeichert: " + anz2);
```

```
Console.WriteLine("Commit oder Rollback? 1 = Commit, anderes = Rollback");

var eingabe = Console.ReadKey().Key;

if (eingabe == ConsoleKey.D1)

{ t.Commit(); Console.WriteLine("Commit erledigt!"); }

else

{ t.Rollback(); Console.WriteLine("Rollback erledigt!"); }


Console.WriteLine("NACHHER im RAM: " + f.ToString());

ctx.Entry(f).Reload();

Console.WriteLine("NACHHER im DB: " + f.ToString());

}

}
```

Beispiel 2

Das folgende Beispiel zeigt eine Transaktion über eine Änderung an der Tabelle Buchung (Buchung einfügen) und an der Tabelle Flug (Anzahl der freien Pätze reduzieren). Hier erfolgt die Transaktion über zwei verschiedene Kontextinstanzen einer Kontextklasse. Möglich wäre auch eine Transaktion über zwei verschiedene Kontextklassen, wenn sich diese auf die gleiche Datenbank beziehen.

Wichtig in diesem Szenario ist, dass

- Die Datenbankverbindung getrennt erstellt und geöffnet wird

- Die Transaktion auf dieser Verbindung geöffnet wird

- Die Kontextinstanzen keine eigene Verbindung öffnen, sondern die offene Verbindung verwenden. Dafür wird das Datenbankverbindungsobjekt in den Konstruktor der Kontextklasse hineingereicht, wo dieser dann gemerkt wird. In OnConfiguring() muss dieses Datenbankverbindungsobjekt dann bei UseSqlServer() o.ä. anstelle der Verbindungszeichenfolge als Parameter übergeben werden!

- Nach der Instanziierung das Transaktionsobjekt an ctx.Database.UseTransaction() übergeben wird.

WICHTIG: Wenn man die Verbindung nicht vorab öffnet und an die beteiligten Kontextinstanzen übergibt, kommt es zum Laufzeitfehler: "The specified transaction is not associated with the current connection. Only transactions associated with the current connection may be used."

```
public static void TransactionDemoZweiKontextinstanzen()

{

Console.WriteLine("---------- TransactionDemo über zwei Kontextinstanzen");


// Gemeinsame Verbindung öffnen

using (var connection = new SqlConnection(Program.CONNSTRING))

{

connection.Open();

// Transaktion eröffnen. Standard ist System.Data.IsolationLevel.ReadCommitted

using (var t = connection.BeginTransaction(System.Data.IsolationLevel.ReadCommitted))

{
```

```csharp
// Ausgabe des Isolationslevels
Console.WriteLine("Transaktion mit Level: " + t.IsolationLevel);


var FlugNr = 199;


using (var ctx = new WWWingsContext(connection))
{
 ctx.Database.UseTransaction(t);
 var PassNr = ctx.PassagierSet.FirstOrDefault().PersonID;


 // Buchung erstellen und persistieren
 var b = new GO.Buchung();
 b.FlugNr = FlugNr;
 b.PassagierId = PassNr;
 ctx.BuchungSet.Add(b);
 var anz1 = ctx.SaveChanges();
 Console.WriteLine("Buchungen gespeichert: " + anz1);
}


using (var ctx = new WWWingsContext(connection))
{
 ctx.Database.UseTransaction(t);


 // Freie Pläze ändern und persistieren
 var f = ctx.FlugSet.Find(FlugNr);
 Console.WriteLine("VORHER: " + f.ToString());
 f.FreiePlaetze--;
 f.Memo = "Zuletzt geändert am " + DateTime.Now.ToString();
 Console.WriteLine("NACHHER: " + f.ToString());
 var anz2 = ctx.SaveChanges();
 Console.WriteLine("Flugänderungen gespeichert: " + anz2);


 Console.WriteLine("Commit oder Rollback? 1 = Commit, anderes = Rollback");
 var eingabe = Console.ReadKey().Key;
 Console.WriteLine();
 if (eingabe == ConsoleKey.D1)
 { t.Commit(); Console.WriteLine("Commit erledigt!"); }
 else
 { t.Rollback(); Console.WriteLine("Rollback erledigt!"); }


 Console.WriteLine("NACHHER im RAM: " + f.ToString());
 ctx.Entry(f).Reload();
```

```
       Console.WriteLine("NACHHER im DB: " + f.ToString());

   }

  }

 }
```

```
---------- TransactionDemo über zwei Kontextinstanzen
Transaktion mit Level: ReadCommitted
WWWingsContext # 1: ctor
WWWingsContext #01: OnConfiguring
Server=E66;Database=WWWings_EFCDemos;Trusted_Connection=True;MultipleActiveResultSets=True;App=Entit
yframework
WWWingsContext #01: OnModelCreating
Buchungen gespeichert: 1
WWWingsContext # 2: ctor
WWWingsContext #02: OnConfiguring
Server=E66;Database=WWWings_EFCDemos;Trusted_Connection=True;MultipleActiveResultSets=True;App=Entit
yframework
VORHER: Flug #199: von Madrid nach Frankfurt: 172 Freie Plätze.
NACHER: Flug #199: von Madrid nach Frankfurt: 171 Freie Plätze.
Flugänderungen gespeichert: 1
Commit oder Rollback? 1 = Commit, anderes = Rollback
2
Rollback erledigt!
NACHHER im RAM: Flug #199: von Madrid nach Frankfurt: 171 Freie Plätze.
NACHHER im DB: Flug #199: von Madrid nach Frankfurt: 172 Freie Plätze.
```

Abbildung: Ausgabe des obigen Listings

16.9 Change Tracker abfragen

Den in Entity Framework Core eingebauten Change Tracker, der Änderungen an allen mit dem Entity Framework Core-Kontext verbundenen Objekten überwacht, kann man jederzeit per Programmcode abfragen.

16.9.1 Zustand eines Objekts

Da Entity Framework Core mit POCOs (Plain Old CLR Objects) arbeitet, die Entitätsobjekte, also keine Basisklasse, besitzen und eine Schnittstelle implementieren, kennen die Entitätsobjekte weder ihre Kontextklasse noch ihren Zustand.

Zur Abfrage des Objektzustandes fragt man also nicht das Entitätsobjekt selbst, sondern das ChangeTracker-Objekt der Kontextklasse. Das ChangeTracker-Objekt besitzt eine Methode Entry(), die für ein übergebenes Entitätsobjekt ein dazuzugehöriges EntryObject<Entitätstyp> liefert. Dieses Objekt besitzt:

- Eine Eigenschaft State vom Typ EntityState, einem Aufzählungstyp mit den Werten Added, Deleted, Detached, Modified und Unchanged

- In Properties findet man eine Liste aller Eigenschaften des Entitätsobjekts in Form von PropertyEntry-Objekten. Die PropertyEntry-Objekte besitzen jeweils eine Eigenschaft IsModified, die anzeigt, ob die Eigenschaft geändert ist, sowie den alten (OriginalValue) und den neuen Wert (CurrentValue).

- Über das EntryObject<Entitätstyp> kann der Entwickler mit der Methode Property unter Angabe eines Lambda-Ausdrucks auch direkt ein bestimmtes PropertyEntry-Objekt bekommen.

- Über GetDatabaseValues() kann man den aktuellen Zustands des Objekts aus der Datenbank erhalten.

Beispiel: Die folgende Unterroutine lädt einen Flug (den ersten) und modifiziert dieses Flug-Objekt. Zu Beginn der Routine wird nicht nur eine Variable für das Flug-Objekt selbst, sondern auch eine Variable entryObj für EntryObject<Flug> und propObj für ein PropertyEntry-Objekt erzeugt.

Nach dem Laden von Flug werden entryObj und propObj erstmals mit Objekten des ChangeTracker-Objekts befüllt. Das Entitätsobjekt ist im Zustand "Unchanged", und die Eigenschaft FreiePlaetze liefert bei IsModified "False". Dann wird das Objekt in der Eigenschaft FreiePlaetze geändert. Das Entitätsobjekt ist nun im Zustand "Modified", und IsModified für FreiePlaetze liefert "True".

WICHTIG: Wichtig ist, dass hier die Informationen von dem ChangeTracker-Objekt des Kontextes erneut abgerufen werden mussten; die Instanzen von EntryObject<Flug> und PropertyEntry aktualisieren sich nicht automatisch mit der Veränderung des Entitätsobjekts mit, sondern geben nur den jeweils zum Abrufzeitpunkt aktuellen Zustand wieder.

Daher muss man diese Objekte auch nach dem SaveChanges() zum dritten Mal vom ChangeTracker-Objekt anfordern. Nach SaveChanges() ist der Zustand des Entitätsobjekts wieder "Unchanged", und die Eigenschaft FreiePlaetze liefert bei IsModified "False".

Die Routine gibt zudem per Schleife über die Properties-Eigenschaft von EntryObject<Flug> alle geänderten Eigenschaften des Entitätsobjekts mit altem und neuen Wert aus sowie den aktuellen Wert der Datenbank. Diesen Wert kann man über die Methode GetDatabaseValues() im EntryObject<Flug> ermitteln. GetDatabaseValues() löst eine Abfrage der Datenbank aus und befüllt eine PropertyValues-Liste mit allen aktuellen Werten in der Datenbank. Diese Werte in der Datenbank können von den Werten, die Entity Framework Core kennt und die es in den OriginalValue-Eigenschaften sichtbar macht, abweichen, wenn ein anderer Prozess (oder ein anderer Entity Framework Core-Kontext im gleichen Prozess!) inzwischen eine Änderung an dem Datensatz persistert hat. Dies ist dann ein **Datenänderungskonflikt** (siehe gleichnamiges Kapitel in diesem Buch).

```
public static void ChangeTracking_EinObjekt()
{
  CUI.MainHeadline(nameof(ChangeTracking_EinObjekt));


  Flug flug;
  EntityEntry<GO.Flug> entryObj;
  PropertyEntry propObj;


  using (var ctx = new WWWingsContext())
  {
  CUI.Headline("Lade Objekt...");
  flug = (from y in ctx.FlugSet select y).FirstOrDefault();


  // Zugriff auf Objekte des Change Trackers
  entryObj = ctx.Entry(flug);
  propObj = entryObj.Property(f => f.FreiePlaetze);
  Console.WriteLine(" Objektzustand: " + entryObj.State);
  Console.WriteLine(" Ist die Eigenschaft freie Plaetze geändert: " + propObj.IsModified);


  CUI.Headline("Ändere Objekt...");
  flug.FreiePlaetze--;
```

```
// aktualisieren der Objekte des Change Trackers

entryObj = ctx.Entry(flug);

propObj = entryObj.Property(f => f.FreiePlaetze);

Console.WriteLine(" Objektzustand: " + entryObj.State);

Console.WriteLine(" Ist die Eigenschaft freie Plaetze geändert: " + propObj.IsModified);


// alle alten und neuen Werte ausgeben

if (entryObj.State == EntityState.Modified)

{

 foreach (PropertyEntry p in entryObj.Properties)

 {

   if (p.IsModified) Console.WriteLine(" " + p.Metadata.Name + ": " + p.OriginalValue + "->" +
p.CurrentValue + " / Datenbankzustand: " + entryObj.GetDatabaseValues()[p.Metadata.Name]);

 }

}


CUI.Headline("Speichern...");

int anz = ctx.SaveChanges();

Console.WriteLine(" Anzahl der Änderungen: " + anz);


// aktualisieren der Objekte des Change Trackers

entryObj = ctx.Entry(flug);

propObj = entryObj.Property(f => f.FreiePlaetze);

Console.WriteLine(" Objektzustand: " + entryObj.State);

Console.WriteLine(" Ist die Eigenschaft freie Plaetze geändert: " + propObj.IsModified);

}

}
```

Listing: Abfrage des Change Trackers für ein geändertes Objekt

```
ChangeTracking_EinObjekt
Lade Objekt...
 Objektzustand: Unchanged
 Ist die Eigenschaft freie Plaetze geändert: False
Ändere Objekt...
 Objektzustand: Modified
 Ist die Eigenschaft freie Plaetze geändert: True
 FreiePlaetze: 211->210 / Datenbankzustand: 211
Speichern...
 Anzahl der Änderungen: 1
 Objektzustand: Unchanged
 Ist die Eigenschaft freie Plaetze geändert: False
```

Abbildung: Ausgabe des obigen Listings

16.9.2 Liste aller geänderten Objekte

Das Change Tracker-Objekt kann nicht nur Auskunft zu einem einzelnen Objekt geben, sondern über seine Methode Entries() eine Liste aller von ihm überwachten Entitätsobjekte liefern. Der Entwickler kann dann Entitätsobjekte nach dem gewünschten Zustand herausfiltern.

Beispiel: Die folgende Routine modifiziert drei Flüge und legt dann einen Flug mit der Nummer 123456 an, wenn es ihn noch nicht gibt. Falls es den Flug schon gibt, wird er gelöscht. Danach fragt die Routine das ChangeTracker-Objekt getrennt nach den neuen, den geänderten und den gelöschten Objekten. Alle drei Mengen liefert Entries(). Die Menge wird mit dem Where()-Operator aus LINQ-to-Objects gefiltert. In allen drei Fällen wird die Hilfsroutine PrintChangedProperties() aufgerufen. Aber nur im Fall der geänderten Objekte, liefert sie eine Ausgabe. Wenn das Objekt hinzugefügt oder gelöscht wurde, gelten die einzelnen Eigenschaften als unverändert.

```
public static void ChangeTracking_MehrereObjekte()
{
  CUI.MainHeadline(nameof(ChangeTracking_MehrereObjekte));

  using (var ctx = new WWWingsContext())
  {
   var FlugQuery = (from y in ctx.FlugSet select y).OrderBy(f4 => f4.FlugNr).Take(3);
   foreach (var flug in FlugQuery.ToList())
   {
    flug.FreiePlaetze -= 2;
    flug.Memo = "Geändert am " + DateTime.Now;
   }

   var flugNeu = ctx.FlugSet.Find(123456);
   if (flugNeu != null) { ctx.Remove(flugNeu); }
   else
   {
    flugNeu = new Flug();
    flugNeu.FlugNr = 123456;
    flugNeu.Abflugort = "Essen";
    flugNeu.Zielort = "Sydney";
    flugNeu.Fluggesellschaft = Fluggesellschaft.WorldWideWings;
    flugNeu.PilotId = ctx.PilotSet.FirstOrDefault().PersonID;
    flugNeu.Plaetze = 100;
    flugNeu.FreiePlaetze = 100;
    ctx.FlugSet.Add(flugNeu);
   }
   CUI.Headline("Neue Objekte");
   IEnumerable<EntityEntry> neueObjekte = ctx.ChangeTracker.Entries().Where(x => x.State ==
EntityState.Added);
   if (neueObjekte.Count() == 0) Console.WriteLine("Keine");
   foreach (EntityEntry entry in neueObjekte)
```

```
    {
        CUI.Print("Objekt " + entry.Entity.ToString() + " ist im Zustand " + entry.State,
    ConsoleColor.Cyan);

        ITVisions.EFCore.EFC_Util.PrintChangedProperties(entry);

    }


    CUI.Headline("Geänderte Objekte");

    IEnumerable<EntityEntry> geaenderteObjekte = ctx.ChangeTracker.Entries().Where(x => x.State ==
    EntityState.Modified);

    if (geaenderteObjekte.Count() == 0) Console.WriteLine("Keine");

    foreach (EntityEntry entry in geaenderteObjekte)

    {

        CUI.Print("Objekt " + entry.Entity.ToString() + " ist im Zustand " + entry.State,
    ConsoleColor.Cyan);

        ITVisions.EFCore.EFC_Util.PrintChangedProperties(entry);

    }


    CUI.Headline("Gelöschte Objekte");

    IEnumerable<EntityEntry> geloeschteObjekte = ctx.ChangeTracker.Entries().Where(x => x.State ==
    EntityState.Deleted);

    if (geloeschteObjekte.Count() == 0) Console.WriteLine("Keine");

    foreach (EntityEntry entry in geloeschteObjekte)

    {

        CUI.Print("Objekt " + entry.Entity.ToString() + " ist im Zustand " + entry.State,
    ConsoleColor.Cyan);

    }

    Console.WriteLine("Änderungen: " + ctx.SaveChanges());

    }

}
```

Listing: Abfrage des Change Trackers für mehrere geänderte Objekte

```
    /// <summary>
    /// Listet die geänderten Eigenschaften eines Objekts auf inkl. aktuellem Datenbankzustand
    /// </summary>
    /// <param name="entry"></param>
    public static void PrintChangedProperties(EntityEntry entry)
    {
      PropertyValues dbZustand = entry.GetDatabaseValues();
      foreach (PropertyEntry prop in entry.Properties.Where(x => x.IsModified))
      {
        var s = "- " + prop.Metadata.Name + ": " +
          prop.OriginalValue + "->" +
          prop.CurrentValue +
          " Datenbankzustand: " + dbZustand[prop.Metadata.Name];
        Console.WriteLine(s);
```

```
    }

    }
```

Listing: Abfrage des Change Trackers für mehrere geänderte Objekte

```
ChangeTracking_MehrereObjekte
Neue Objekte
Objekt Flug #123456: von Essen nach Sydney: 100 Freie Plätze. ist im Zustand Added
Geänderte Objekte
Objekt Flug #100: von London nach Prag: 262 Freie Plätze. ist im Zustand Modified
- FreiePlaetze: 264->262 Datenbankzustand: 264
- Memo: Geändert am 15/07/2017 19:00:17->Geändert am 15/07/2017 19:01:25 Datenbankzustand: Geändert am 15/07/2017 19:00:17
Objekt Flug #101: von Oslo nach Köln/Bonn: 119 Freie Plätze. ist im Zustand Modified
- FreiePlaetze: 121->119 Datenbankzustand: 121
- Memo: Geändert am 15/07/2017 19:00:17->Geändert am 15/07/2017 19:01:25 Datenbankzustand: Geändert am 15/07/2017 19:00:17
Objekt Flug #102: von Essen/Mülheim nach New York: 45 Freie Plätze. ist im Zustand Modified
- FreiePlaetze: 47->45 Datenbankzustand: 47
- Memo: Geändert am 15/07/2017 19:00:17->Geändert am 15/07/2017 19:01:25 Datenbankzustand: Geändert am 15/07/2017 19:00:17
Gelöschte Objekte
Keine
```

Abbildung: Erster Durchlauf der Routine: Flug 123456 wird ergänzt.

```
ChangeTracking_MehrereObjekte
Neue Objekte
Keine
Geänderte Objekte
Objekt Flug #100: von London nach Prag: 259 Freie Plätze. ist im Zustand Modified
- FreiePlaetze: 261->259 Datenbankzustand: 261
- Memo: Geändert am 15/07/2017 19:01:25->Geändert am 15/07/2017 19:01:52 Datenbankzustand: Geändert am 15/07/2017 19:01:25
Objekt Flug #101: von Oslo nach Köln/Bonn: 117 Freie Plätze. ist im Zustand Modified
- FreiePlaetze: 119->117 Datenbankzustand: 119
- Memo: Geändert am 15/07/2017 19:01:25->Geändert am 15/07/2017 19:01:52 Datenbankzustand: Geändert am 15/07/2017 19:01:25
Objekt Flug #102: von Essen/Mülheim nach New York: 43 Freie Plätze. ist im Zustand Modified
- FreiePlaetze: 45->43 Datenbankzustand: 45
- Memo: Geändert am 15/07/2017 19:01:25->Geändert am 15/07/2017 19:01:52 Datenbankzustand: Geändert am 15/07/2017 19:01:25
Gelöschte Objekte
Objekt Flug #123456: von Essen nach Sydney: 100 Freie Plätze. ist im Zustand Deleted
Änderungen: 4
```

Abbildung: Zweiter Durchlauf der Routine: Flug 123456 wird wieder gelöscht.

17 Datenänderungskonflikte (Concurrency)

In vielen Praxisszenarien können mehrere Menschen und/oder automatische Hintergrundaufgaben zur gleichen Zeit auf die gleichen Datensätze zugreifen. Dadurch können Änderungskonflikte entstehen, bei denen sich widersprechende Datenänderungen erfolgen. Dieses Kapitel zeigt, wie man solche Konflikte bei Entity Framework Core erkennen und auflösen kann.

17.1 Rückblick

Vorweg eine zentrale Information zu einem immer wieder kehrenden Nutzerwunsch: Entity Framework Core unterstützt genau wie der Vorgänger Entity Framework und die darunterliegende Basistechnik ADO.NET nicht das Sperren von Datensätzen für den Lesezugriff durch andere Prozesse. Dies ist eine bewusste Entscheidung von Microsoft seit .NET 1.0 im Jahr 2002, da solche Sperren sehr viele Performance-Probleme verursachen. In der Alpha-Version von .NET 2.0 (Jahr 2005) gab es einmal einen Prototyp einer solchen Sperrfunktion in der damals neuen Klasse SqlResultSet; diese Klasse hat Microsoft dann aber doch nicht veröffentlicht.

Daher gibt es in .NET und darauf aufbauenden Frameworks wie Entity Framework nur das sogenannte "optimistische Sperren". Optimistisches Sperren ist ein Euphemismus, denn tatsächlich wird dabei im Datenbankmanagementsystem und im RAM nichts gesperrt. Es wird lediglich dafür gesorgt, dass Änderungskonflikte nachträglich auffallen. Der erste Prozess, der eine Änderung schreiben will, gewinnt. Alle weiteren Prozesse können nicht schreiben und bekommen eine Fehlermeldung. Um dies zu erreichen werden bei UPDATE- und DELETE-Befehlen in die WHERE-Bedingung einzelne oder mehrere Werte aus dem Ursprungsdatensatz aufgenommen.

Das DataSet in Verbindung mit dem DataAdapter und einem CommandBuilder-Objekt fragt dazu in der WHERE-Bedingung eines UPDATE- oder DELETE-Befehls nicht nur den oder die Primärschlüsselspalten ab, sondern alle Spalten mit ihrem alten Wert aus der Sicht des aktuellen Prozesses, also den Werten, die der Prozess beim Lesen des Datensatzes erhalten hat (siehe Listing 1). Wenn zwischenzeitlich ein anderer Prozess einzelne Spalten geändert hat, führt der UPDATE- oder DELETE-Befehl zwar nicht zu einem Laufzeitfehler im Datenbankmanagementsystem, aber zum Ergebnis, dass "0" Datensätze betroffen waren. Daran kann der Datenadapter erkennen, dass es einen Änderungskonflikt gab.

```
UPDATE [dbo].[Flug]

SET [FlugNr] = @p1, [Abflugort] = @p2, [Bestreikt] = @p3, [CopilotId] = @p4, [FlugDatum] = @p5,
[Fluggesellschaft] = @p6, [FlugzeugTypID] = @p7, [FreiePlaetze] = @p8, [LetzteAenderung] = @p9,
[Memo] = @p10, [NichtRaucherFlug] = @p11, [PilotId] = @p12, [Plaetze] = @p13, [Preis] = @p14,
[Timestamp] = @p15, [Zielort] = @p16

WHERE ((([FlugNr] = @p17) AND ((@p18 = 1 AND [Abflugort] IS NULL) OR ([Abflugort] = @p19)) AND ((@p20
= 1 AND [Bestreikt] IS NULL) OR ([Bestreikt] = @p21)) AND ((@p22 = 1 AND [CopilotId] IS NULL) OR
([CopilotId] = @p23)) AND ([FlugDatum] = @p24) AND ([Fluggesellschaft] = @p25) AND ((@p26 = 1 AND
[FlugzeugTypID] IS NULL) OR ([FlugzeugTypID] = @p27)) AND ((@p28 = 1 AND [FreiePlaetze] IS NULL) OR
([FreiePlaetze] = @p29)) AND ([LetzteAenderung] = @p30) AND ((@p31 = 1 AND [NichtRaucherFlug] IS
NULL) OR ([NichtRaucherFlug] = @p32)) AND ([PilotId] = @p33) AND ([Plaetze] = @p34) AND ((@p35 = 1
AND [Preis] IS NULL) OR ([Preis] = @p36)) AND ((@p37 = 1 AND [Zielort] IS NULL) OR ([Zielort] =
@p38)))
```

Listing 1: Update-Befehl, wie ihn ein SqlCommandBuilder für die Tabelle "Flug" mit dem Primärschlüssel "FlugNr" erzeugt.

17.2 Im Standard keine Konflikterkennung

Soweit der historische Rückblick. Bei Entity Framework Core gibt es genau wie beim Entity Framework in der Standardeinstellung gar kein Sperren, also nicht einmal ein optimistisches Sperren. Im Standard gilt einfach "der Letzte, der schreibt, gewinnt" - das war's. Listing 2 zeigt das Ändern eines Flugobjekts im RAM und persistieren der Änderung mit SaveChanges() via Entity Framework Core. Dieser Programmcode sendet folgenden SQL-Befehl zum Datenbankmanagementsystem:

```
UPDATE [Flug] SET [FreiePlaetze] = @p0

WHERE [FlugNr] = @p1;

SELECT @@ROWCOUNT;
```

Man sieht, dass hier in der WHERE-Bedingung nur der Primärschlüssel "FlugNr" erscheint, nicht aber der alte Wert der Spalte "FreiePlaetze" oder anderer Spalten. Somit wird der Wert persistiert, auch wenn andere Prozesse den Wert mittlerweile geändert haben. Bei einer Fluggesellschaft kann es so zu Überbuchungen von Flügen kommen. Wenn es zum Beispiel nur noch zwei freie Plätze gibt und zwei Prozesse laden (fast) gleichzeitig diese Information, kann jeder der beiden Prozesse für sich zwei Plätze von diesem Restkontingent abziehen. Der Stand in der Spalte "FreiePlaetze" ist dann nachher in der Datenbank "0". Tatsächlich wurden aber vier Passagiere auf die zwei Plätze gesetzt. Das kann eng im Flugzeug werden.

SaveChanges() öffnet zwar eine Transaktion, diese gilt aber nur für den einen Speichervorgang selbst und schützt daher nicht vor Datenänderungskonflikten. Das Ignorieren von Konflikten ist jedoch in der Praxis oft kein gangbarer und für die Nutzer akzeptabler Weg. Zum Glück kann man Entity Framework Core umkonfigurieren – ähnlich wie dies auch bei Code First im Vorgänger Entity Framework ging.

Der einzige Änderungskonflikt, der Entity Framework Core im Standard auffallen würde, wäre ein Löschen des Datensatzes durch einen anderen Prozess. Denn in diesem Fall würde der UPDATE-Befehl zurückliefern, dass "0" Datensätze geändert wurden, und dann würde Entity Framework Core einen Fehler vom Typ DbUpdateConcurrencyException auslösen.

```
int flugNr = 101;

using (FluggesellschaftContext ctx = new FluggesellschaftContext())

  {

  // Flug laden

  var f = ctx.Fluege.Where(x => x.FlugNr == flugNr).SingleOrDefault();


  // Ausgaben

  Console.WriteLine(f);


  Console.WriteLine("Flug " + flugNr + ": " + DateTime.Now.ToLongTimeString() + ": Freie Plätze VORH
ER: " + f.FreiePlaetze);


  // Flug ändern

  f.FreiePlaetze -= 2;


  // Änderungen speichern

  try

  {

   var anz = ctx.SaveChanges();


    Console.WriteLine("Anzahl gespeicherter Änderungen: " + ctx.SaveChanges());
```

```
  Console.WriteLine(DateTime.Now.ToLongTimeString() + ": Freie Plätze NEU: " + f.FreiePlaetze);

}

catch (Exception ex)

{

  Console.WriteLine("FEHLER beim Speichern: " + ex.ToString());

}
```

Listing 2: Änderung eines Flug-Objekts

17.3 Optimistisches Sperren

Erreicht werden sollte, dass Entity Framework Core zumindest folgenden SQL-Befehl zum Datenbankmanagementsystem sendet:

```
UPDATE [Flug] SET [FreiePlaetze] = @p0

WHERE [FlugNr] = @p1 AND [FreiePlaetze] = @p2;

SELECT @@ROWCOUNT;
```

Hierbei erfolgt nun neben der Abfrage des Primärschlüssels "FlugNr" auch eine Abfrage des alten Wertes (Ursprungswert, den es beim Lesen gab) der Spalte "FreiePlaetze". Um dies zu implementieren, ist nicht der Programmcode in Listing 2 zu ändern, sondern das Entity Framework Core-Modell.

Es gibt zwei Möglichkeiten, das Modell entsprechend zu konfigurieren:

- Per Datenannotation [ConcurrencyCheck]
- Per IsConcurrencyToken() im Fluent-API

Listing 3 zeigt einen Ausschnitt aus der Entitätsklasse "Flug". Hier wurde nun "FreiePlaetze" mit [ConcurrencyCheck] annotiert, wodurch Entity Framework Core bei allen UPDATE- und DELETE-Befehlen automatisch den alten Wert in der WHERE-Bedingung abfragt. Gleiches wird erreicht durch den Aufruf von IsConcurrencyToken() auf dem entsprechend PropertyBuilder-Objekt in OnModelCreating() in der Entity Framework Core-Kontextklasse (Listing 4).

```
public class Flug

{


  [Key]

  public int FlugNr { get; set; }


  [ConcurrencyCheck]

  public short? FreiePlaetze {get; set;}


  public decimal? Preis { get; set; }

  ...

}
```

Listing 3: Einsatz von der Datenannotation [ConcurrencyCheck]

```
public class WWWingsContext : DbContext
```

```
{

  public DbSet<Flug> FlugSet { get; set; }

...

  protected override void OnModelCreating(ModelBuilder builder)

  {

    builder.Entity<Flug>().Property(f => f.FreiePlaetze).IsConcurrencyToken();

...

  }

}
```

Listing 4: Einsatz von IsConcurrencyToken() im Fluent-API

Nun kann es sinnvoll sein, die Konfliktprüfung über mehrere Spalten zu führen, z.B. die Konfliktprüfung auch über die Spalte "Preis" des Flugs auszuüben. Inhaltlich würde das bedeuten: Wenn sich der Preis des Flugs mittlerweile geändert hat, kann man die Platzanzahl nicht ändern, weil dann ja diese Buchung zum alten Preis dem Benutzer angezeigt worden wäre. Man kann dafür dann in Listing 3 die Eigenschaft "Preis" auch mit [ConcurrencyCheck] annotieren oder in Listing 4 ergänzen:

```
builder.Entity<Flug>().Property(f => f.Preis).IsConcurrencyToken();
```

Dann entsteht aus Listing 2 folgender SQL-Befehl mit drei Teilen in der WHERE-Bedingung:

```
SET NOCOUNT ON;

UPDATE [Flug] SET [FreiePlaetze] = @p0

WHERE [FlugNr] = @p1 AND [FreiePlaetze] = @p2 AND [Preis] = @p3;

SELECT @@ROWCOUNT;
```

17.4 Konflikerkennung für alle Eigenschaften

Nun kann es sehr lästig werden, für alle Entitätsklassen und dort für alle persistenten Eigenschaften diese Konfiguration per Datenannotation oder Fluent-API vorzunehmen. Zum Glück erlaubt Entity Framework Core auch eine Massenkonfiguration. Listing 5 zeigt, wie man in OnModelCreating() aus dem ModelBuilder-Objekt per Model.GetEntityTypes() eine Liste aller Entitätsklassen bekommt, um dort in jeder Entitätsklasse jeweils per GetProperties() eine Liste aller Eigenschaften zu erhalten, um dort jeweils IsConcurrencyToken = true zu setzen.

```
public class WWWingsContext : DbContext

{

  public DbSet<Flug> FlugSet { get; set; }

...

  protected override void OnModelCreating(ModelBuilder builder)

  {

      // hole alle Entitätsklassen

    foreach (IMutableEntityType entity in builder.Model.GetEntityTypes())

    {

    // hole alle Eigenschaften

     foreach (var prop in entity.GetProperties())

     {

       prop.IsConcurrencyToken = true;
```

```
    }

  }

  ...

  }

}
```

Listing 5: Massenkonfiguration des ConcurrencyToken für alle Eigenschaften in allen Entitätsklassen

Aus Listing 2 entsteht dann nun ein SQL-Befehl, der alle Spalten in der WHERE-Bedingung umfasst:

```
SET NOCOUNT ON;

UPDATE [Flug] SET [FreiePlaetze] = @p0

WHERE [FlugNr] = @p1 AND [Abflugort] = @p2 AND [Bestreikt] = @p3 AND [CopilotId] = @p4 AND
[FlugDatum] = @p5 AND [Fluggesellschaft] = @p6 AND [FlugzeugTypID] IS NULL AND [FreiePlaetze] = @p7
AND [LetzteAenderung] = @p8 AND [Memo] = @p9 AND [NichtRaucherFlug] IS NULL AND [PilotId] = @p10 AND
[Plaetze] = @p11 AND [Preis] = @p12 AND [Zielort] = @p13;

SELECT @@ROWCOUNT;
```

17.5 Konflikteinstellung per Konvention

Vielleicht möchte der Entwickler dennoch einzeln Spalten ausschließen, auch das ist möglich. Hier bietet es sich an, dafür eine eigene Annotation "ConcurrencyNoCheckAttribute" (siehe Listing 6) zu definieren, mit der dann alle diejenigen persistenten Properties der Entitätsklasse annotiert werden, für die Entity Framework Core keine Konfliktprüfung ausführen soll. Listing 7 zeigt die Erweiterung von Listing 5, die [ConcurrencyNoCheck] berücksichtigt. Wichtig ist dabei der Null-Propagating-Operator ?. nach PropertyInfo, denn der Entwickler kann in Entity Framework Core sogenannte "Shadow Properties" definieren, die nur im Entity Framework Core-Modell existieren, aber nicht in der Entitätsklasse. Diese haben dann kein PropertyInfo-Objekt, sodass es im Fall eines Shadow Property ohne den Null-Propagating-Operator zum beliebten "Null-Reference"-Laufzeitfehler käme. Mit dem ConcurrencyNoCheckAttribute kann der Entwickler bei Bedarf einzelne Eigenschaften auf elegante Weise von der Konfliktprüfung ausschließen.

```
using System;

namespace GO
{

  /// <summary>

  /// Annotation für EFC-Entitätsklassen-Properties, für die EFC keinen ConcurrencyCheck ausführen
soll

  /// </summary>

  [AttributeUsage(AttributeTargets.Property | AttributeTargets.Class, AllowMultiple = false)]

  public class ConcurrencyNoCheckAttribute : Attribute

  {

  }

}
```

Listing 6: Annotation für Entitätsklassen-Properties, für die Entity Framework Core keinen ConcurrencyCheck ausführen soll

```
public class WWWingsContext : DbContext

{
```

```
public DbSet<Flug> FlugSet { get; set; }

...

protected override void OnModelCreating(ModelBuilder builder)

{

// hole alle Entitätsklassen

foreach (IMutableEntityType entity in builder.Model.GetEntityTypes())

{

// hole alle Eigenschaften

  foreach (var prop in entity.GetProperties())

  {

  // Suche Annotation [ConcurrencyNoCheck]

  var annotation = prop.PropertyInfo?.GetCustomAttribute<ConcurrencyNoCheckAttribute>();

  if (annotation == null)

  {

   prop.IsConcurrencyToken = true;

  }

  else

  {

   Console.WriteLine("Kein Concurrency Check für " + prop.Name);

  }

 }

}

...

 }

}
```

Listing 7: Massenkonfiguration des ConcurrencyToken für alle Eigenschaften in allen Entitätsklassen, außer den Eigenschaften, die mit [ConcurrencyNoCheck] annotiert sind

17.6 Fallweise Konflikteinstellung

Manchmal entsteht in der Praxis der Wunsch, die Konfliktprüfung fallweise bei einzelnen Änderungen für einzelnen Eigenschaften zu aktivieren oder zu deaktivieren. Dieser Wunsch lässt sich aber leider nicht erfüllen, da die Datenannotationen hineinkompiliert werden und auch OnModelCreating() nur einmalig pro Prozess ausgerufen wird. Leider kann man das Entity Framework Core-Modell nach Ende von OnModelCreating() nicht mehr ändern. Zwar bietet die Klasse DbContext genau wie die Klasse ModelBuilder ein Property Model, aber während bei ModelBuilder das Property Model den Typ IMutalModel (veränderbar, wie der Name sagt) besitzt, bekommt man von DbContext nur den Typ IModel und dort ist IsConcurrencyToken wie viele andere Eigenschaften "Read-Only" (also unveränderbar). Wer also fallweise die Spalten für das optimistische Sperren ändern will, muss (über Entity Framework Core oder anderen Wegen) selbst UPDATE- und DELETE-Befehle zum Datenbankmanagementsystem senden.

17.7 Zeitstempel (Timestamp)

Anstelle des Ursprungswertevergleichs auf Ebene der einzelnen Datenspalten ist es auch möglich, eine zusätzliche Zeitstempel-Spalte einzuführen. Eine solche Spalte, die man in Microsoft SQL Server mit dem Typ rowversion [1] (alias timestamp, siehe Abbildung 1) und in Oracle mit dem Typ ORA_ROWSCN [2] anlegt, wird vom Datenbankmanagementsystem selbst bei jeder einzelnen Datensatzänderung vollautomatisch vom Wert erhöht. Folglich ist bei einem UPDATE- oder DELETE-Befehl nur noch zu prüfen, ob der Zeitstempelwert noch auf dem vorherigen Wert, den es beim Laden gab, steht. Wenn ja, ist der gesamte Datensatz also unverändert. Wenn nicht, hat ein anderer Prozess zumindest einen Teil des Datensatz mittlerweile verändert. Allerdings kann man mit einer Zeitstempelspalte nicht mehr differenzieren zwischen Spalten, an denen Änderungen relevant sind und solchen, an den Änderungen nicht relevant sind. Das Datenbankmanagementsystem passt den Zeitstempel bei jeder Änderung irgendeiner Spalte an, Ausnahmen sind nicht möglich.

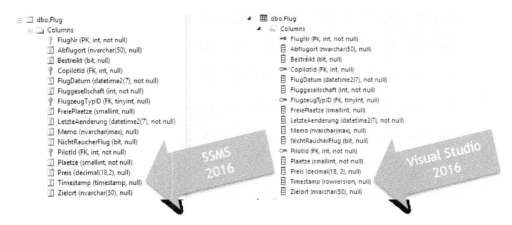

Abbildung 1: Eine Zeitstempelspalte für einen Datensatz in Microsoft SQL Server: Während SQL Server Management Studio (SSMS) auch in der aktuellen Version 2016 (13.0.16106.4) hier noch die alte Bezeichnung "timestamp" anzeigt, zeigen die SQL Server Data Tools in Visual Studio 2016 (15.0.26228.12) hier das aktuelle "rowversion" an.

Für die Verwendung von Zeitstempeln zur Änderungskonflikterkennung fügt der Softwareentwickler bei Entity Framework Core eine Spalte des Typs Byte-Array (byte[]) in die Entitätsklasse ein und annotiert diese mit [Timestamp]. Der Name der Spalte ist Entity Framework Core dabei egal:

```
[Timestamp]

public byte[] Timestamp { get; set; }
```

Alternativ dazu kann man dies auch wieder per Fluent-API festlegen, damit ist jedoch etwas mehr im Programmcode zu tun:

```
builder.Entity<Flug>()

       .Property(p => p.Timestamp)

       .ValueGeneratedOnAddOrUpdate()

       .IsConcurrencyToken();
```

Mehr muss der Entwickler dann für die Zeitstempel-Unterstützung selbst nicht implementieren. Wenn es eine solche Eigenschaft im Objektmodell und die korrespondiere Spalte in der Datenbanktabelle gibt, bezieht sich Entity Framework Core bei allen DELETE- und UPDATE-Befehlen in der WHERE– Bedingung stets auf den vorherigen Zeitstempelwert, z.B.

```
SET NOCOUNT ON;

UPDATE [Flug] SET [FreiePlaetze] = @p0

WHERE [FlugNr] = @p1 AND [Timestamp] IS NULL;

SELECT [Timestamp]

FROM [Flug]

WHERE @@ROWCOUNT = 1 AND [FlugNr] = @p1;
```

Wie man sieht, sorgt Entity Framework Core auch mit SELECT [Timestamp] dafür, nach einem UPDATE den dann vom Datenbankmanagementsystem geänderten Zeitstempel wieder zu laden, um das Objekt im RAM entsprechend zu aktualisieren. Würde das nicht passieren, dann würde eine zweite Aktualisierung eines Objekts nicht möglich sein, denn dann würde der Zeitstempel im RAM nicht mehr aktuell sein und Entity Framework Core würde immer einen Änderungskonflikt melden, auch wenn es keinen gab, weil ja die eigene erste Änderung den Zeitstempel in der Datenbanktabelle geändert hat.

Auch die Timestamp-Konfiguration kann man per Konventionen automatisieren. Die in Listing 7 gezeigte Massenkonfiguration macht alle Properties, die den Namen "Timestamp" tragen, automatisch zu Zeitstempeln für die Konflikterkennung.

```
public class WWWingsContext : DbContext

  {

  public DbSet<Flug> FlugSet { get; set; }

...

  protected override void OnModelCreating(ModelBuilder builder)

  {
// hole alle Eigenschaften

     foreach (var prop in entity.GetProperties())

     {

     if (prop.Name == "Timestamp")

      {

      prop.ValueGenerated = ValueGenerated.OnAddOrUpdate;

      prop.IsConcurrencyToken = true;

      }

    }

  }

...

  }

}
```

Listing 7: Diese Massenkonfiguration macht alle Properties, die Timestamp heißen, automatisch zu Zeitstempeln für die Konflikterkennung

17.8 Konflikte auflösen

Zur Prüfung der Konflikterkennung kann man Listing 8 in Verbindung mit den Hilfsroutinen in Listing 9 verwenden. Abbildung 2 zeigt eine beispielhafte Ausgabe des Programms, wenn es zweimal gestartet wird. Zuerst wird der Prozess mit der ID 6216 gestartet, dann der Prozess 17244. Beide lesen den Flug mit der Nummer 101, in dem es aktuell 20 Plätze gibt. Der Prozess 6216 reduziert dann die Anzahl der Plätze um 5 und persistiert die 15 in der Spalte "FreiePlaetze". Nun nimmt Prozess 17244 eine Buchung für zwei Personen vor, kommt also im RAM auf 18 freie Plätze. Prozess 17244 kann aber nicht persistieren, da

Entity Framework Core aufgrund der Konflikterkennung für die Spalte "FreiePlaetze" oder auf Basis einer Timestamp-Spalte einen Fehler des Typs DbUpdateConcurrencyException ausgelöst hat. Der Benutzer in Prozess 17244 erhält die Wahl, entweder die Änderungen des anderen Benutzers zu übernehmen oder aber zu überschreiben oder die beiden Änderungen miteinander zu verrechnen, was im speziellen vorliegenden Fall Sinn machen kann.

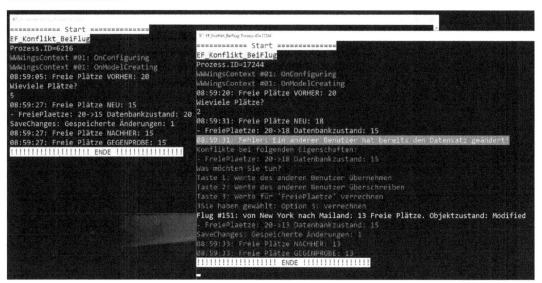

Abbildung 2: Konflikterkennung und Konfliktlösung

Listing 8 zeigt die Implementierung. Bei SaveChanges() wird die DbUpdateConcurrencyException abgefangen. In der Fehlerbehandlung wird mit Hilfe der Hilfsfunktion PrintChangedProperties() ausgebeben, welche Eigenschaften des Flugs in diesem Prozess geändert wurden und wie der aktuelle Datenbankzustand ist. Den aktuellen Zustand der Datenbank bekommt der Entwickler durch die Methode GetDatabaseValues(), die eine entsprechende SQL-Abfrage zum Datenbankmanagementsystem sendet. Danach muss sich der Benutzer entscheiden. Entscheidet er sich für das Übernehmen der Änderungen des anderen Prozesses, so wird die Methode Reload() im Entity Framework Core-API aufgerufen, was das geänderte Objekt im RAM verwirft und es neu aus der Datenbank lädt. Entscheidet er sich für das Überschreiben der Änderungen des anderen Prozesses, so ist der Programmcode ein wenig komplizierter und indirekter. Die Befehlskette lädt den aktuellen Zustand aus der Datenbank und setzt diesen im Change Tracker von Entity Framework Core auf die ursprüngliche Werte des Objekts: ctx.Entry(flug).OriginalValues.SetValues(ctx.Entry(flug).GetDatabaseValues()). Danach wird SaveChanges() erneut aufgerufen, was nun funktioniert, da die in der WHERE-Bedingung verwendeten Originalwerte bzw. der dort verwendete Zeitstempel dem aktuellen Zustand des Datensatzes in der Datenbank entspricht. Theoretisch kann dabei aber wieder ein Konflikt auftreten, wenn in der kurzen Zeit zwischen GetDatabaseValues() und SaveChanges() wieder ein anderer Prozess den Datensatz in der Datenbanktabelle verändert. Man sollte also SaveChanges() und die zugehörige Fehlerbehandlung kapseln, was aber hier aus didaktischen Gründen nicht passiert ist, um den Ablauf besser veranschaulichen zu können.

In Abbildung 2 hat sich der Benutzer für die dritte Option, das Verrechnen der beiden Änderungen, entschieden. Dazu benötigt der Prozess 17244 neben seinem Ursprungswert und seinem aktuellen Wert auch den aktuellen Datenbankwert der Spalte "FreiePlaetze". Das Ergebnis ist dann korrekter Weise "13". Die Verrechnung geht aber davon aus, dass beide Prozesse vom gleichen Ursprungswert gestartet sind.

Ohne eine Inter-Prozess-Kommunikation kann Prozess 17244 nicht den Ursprungswert von Prozess 6216 kennen. Die Verrechnung funktioniert also nur in speziellen Fällen.

Natürlich ist es auch möglich, dem Benutzer in einer (grafischen) Benutzeroberfläche den Konflikt lösen zu lassen, indem er sich nicht für die ein oder andere Seite entscheidet, sondern selbst Werte eingibt. Implementierungstechnisch entspricht die Verrechnung genau wie die Eingabe eines anderen Werts dann dem zweiten Fall, also Überschreiben der Änderungen des anderen Prozesses. Vor Aufruf von SaveChanges() setzt man einfach die Werte in das Objekt, die man nachher in der Datenbank haben möchte (siehe case ConsoleKey.D3 in Listing 8).

```
public static void EF_Konflikt_BeiFlug()

  {

    CUI.MainHeadline(nameof(EF_Konflikt_BeiFlug));

    Console.WriteLine("Prozess.ID=" + System.Diagnostics.Process.GetCurrentProcess().Id);

    Console.Title = nameof(EF_Konflikt_BeiFlug) + ": Prozess-ID=" +
System.Diagnostics.Process.GetCurrentProcess().Id;

    int flugNr = 151;


    // Kontext instanzieren

    using (WWWingsContext ctx = new WWWingsContext())

    {

    // --- Flug laden

    Flug flug = ctx.FlugSet.SingleOrDefault(x => x.FlugNr == flugNr);

    Console.WriteLine(DateTime.Now.ToLongTimeString() + ": Freie Plätze VORHER: " +
flug.FreiePlaetze);


    short zuBuchendePlaetze = 0;

    string eingabe = "";

    do

    {

     Console.WriteLine("Wieviele Plätze?");

     eingabe = Console.ReadLine(); // Warten (zum Starten eines zweiten Prozesses!)

    } while (!short.TryParse(eingabe, out zuBuchendePlaetze));


    // --- Änderung

    flug.FreiePlaetze -= zuBuchendePlaetze;

    Console.WriteLine(DateTime.Now.ToLongTimeString() + ": Freie Plätze NEU: " + flug.FreiePlaetze);


    try

    {

    // --- Speicherversuch

    ITVisions.EFCore.EFC_Util.PrintChangedProperties(ctx.Entry(flug));

    var anz = ctx.SaveChanges();

    Console.WriteLine("SaveChanges: Gespeicherte Änderungen: " + anz);

    }
```

```
catch (DbUpdateConcurrencyException ex)

{

  Console.ForegroundColor = ConsoleColor.Red;

    CUI.PrintError(DateTime.Now.ToLongTimeString() + ": Fehler: Ein anderer Benutzer hat bereits den
Datensatz geändert!");


  CUI.Print("Konflikte bei folgenden Eigenschaften:");

  ITVisions.EFCore.EFC_Util.PrintChangedProperties(ex.Entries.Single());


  // --- Frage beim Benutzer nach

  Console.WriteLine("Was möchten Sie tun?");

  Console.WriteLine("Taste 1: Werte des anderen Benutzer übernehmen");

  Console.WriteLine("Taste 2: Werte des anderen Benutzer überschreiben");

  Console.WriteLine("Taste 3: Werte für 'FreiePlaetze' verrechnen");


  ConsoleKeyInfo key = Console.ReadKey();

  switch(key.Key)

  {

   case ConsoleKey.D1: // Werte des anderen Benutzers übernehmen

   {

    Console.WriteLine("Sie haben gewählt: Option 1: übernehmen");

    ctx.Entry(flug).Reload();

    break;

   }

   case ConsoleKey.D2: // Werte des anderen Benutzers überschreiben

   {

    Console.WriteLine("Sie haben gewählt: Option 2: überschreiben");

    // Werte des anderen Benutzers überschreiben

    ctx.Entry(flug).OriginalValues.SetValues(ctx.Entry(flug).GetDatabaseValues());

    // wie RefreshMode.ClientWins bei ObjectContext

    ITVisions.EFCore.EFC_Util.PrintChangeInfo(ctx);

    int anz = ctx.SaveChanges();

    Console.WriteLine("SaveChanges: Gespeicherte Änderungen: " + anz);

    break;

   }

   case ConsoleKey.D3: // Werte des anderen Benutzers überschreiben

    {


    Console.WriteLine("Sie haben gewählt: Option 3: verrechnen");

    var freiePlaetzeOrginal = ctx.Entry(flug).OriginalValues.GetValue<short?>("FreiePlaetze");

    var freiePlaetzeNun = flug.FreiePlaetze.Value;

    var freiePlaetzeInDB = ctx.Entry(flug).GetDatabaseValues().GetValue<short?>("FreiePlaetze");
```

```
        flug.FreiePlaetze = (short) (freiePlaetzeOrginal -

                            (freiePlaetzeOrginal - freiePlaetzeNun) -

                            (freiePlaetzeOrginal - freiePlaetzeInDB));

        ITVisions.EFCore.EFC_Util.PrintChangeInfo(ctx);

        ctx.Entry(flug).OriginalValues.SetValues(ctx.Entry(flug).GetDatabaseValues());

        int anz = ctx.SaveChanges();

        Console.WriteLine("SaveChanges: Gespeicherte Änderungen: " + anz);

        break;

      }

    }

  }

  Console.WriteLine(DateTime.Now.ToLongTimeString() + ": Freie Plätze NACHHER: " +
flug.FreiePlaetze);


  // --- Gegenprobe des nun gültigen Zustandes

  using (WWWingsContext ctx2 = new WWWingsContext())

  {

    var f = ctx.FlugSet.Where(x => x.FlugNr == flugNr).SingleOrDefault();

    Console.WriteLine(DateTime.Now.ToLongTimeString() + ": Freie Plätze GEGENPROBE: " +
f.FreiePlaetze);


  } // Ende using-Block -> Dispose() wird aufgerufen

  }

}
```

Listing 8: Konflikterkennung und Konfliktlösung mit Entity Framework Core

```
/// <summary>

/// Listet die geänderten Eigenschaften einer Objekts auf inkl. aktueller Datenbankzustand

/// </summary>

public static void PrintChangedProperties(EntityEntry entry)

{

  var dbObj = entry.GetDatabaseValues();


  foreach (PropertyEntry prop in entry.Properties.Where(x => x.IsModified))

  {

    var s = "- " + prop.Metadata.Name + ": " +

      entry.OriginalValues[prop.Metadata.Name] + "->" +

      entry.CurrentValues[prop.Metadata.Name] +

      " Datenbankzustand: " + dbObj[prop.Metadata.Name];

    Console.WriteLine(s);

  }

}


/// <summary>
```

```
/// Ausgabe aller geänderten Objekte und dazu die geänderten Properties
/// </summary>
/// <param name="ctx"></param>
public static void PrintChangeInfo(DbContext ctx)
{
  foreach (EntityEntry entry in ctx.ChangeTracker.Entries())
  {
   if (entry.State == EntityState.Modified)
   {
    CUI.Print(entry.Entity.ToString() + ": ist im Zustand " + entry.State, ConsoleColor.Yellow);
    IReadOnlyList<IProperty> listProp = entry.OriginalValues.Properties;
    PrintChangedProperties(entry);
   }
  }
}
```

Listing 9: Hilfsroutinen für Listing 8

17.9 Pessimistisches Sperren bei Entity Framework Core

Obwohl Microsoft in .NET und .NET Core bewusst keine Klasse realisiert hat mit der man Datensätze für den Lesezugriff durch andere sperren kann, erlebt der Autor dieses Beitrags immer wieder Kunden, die dies trotzdem unbedingt möchten, um Konflikte von vornherein auszuschließen. Mit einem LINQ-Befehl ist eine Lesesperre nicht realisierbar, auch nicht mit einer Aktivierung einer Transaktion. Man benötigt eine Transaktion und zusätzlich einen Datenbankmanagementsystem-spezifischen SQL-Befehl. In Microsoft SQL Server ist dies der Query Hint "SELECT ... WITH (UPDLOCK)" in Verbindung mit einer Transaktion. Dieser Query Hint sorgt dafür, dass ein gelesener Datensatz bis zum Abschluss der Transaktion gesperrt ist. Er wirkt nur innerhalb einer Transaktion, daher findet man in Listing 10 ein ctx.Database.BeginTransaction() und später den Aufruf von Commit(). Listing 10 zeigt auch den Einsatz der von Entity Framework Core bereitgestellten Methode FromSql(), mit der der Entwickler einen eigenen SQL-Befehl zum Datenbankmanagementsystem senden kann und das Ergebnis in Entitätsobjekte materialisieren kann.

Abbildung 3 liefert den Beweis, dass tatsächlich ein Lesen des Flug-Objekts mit der Flugnummer 101 durch einen zweiten Prozess nicht möglich ist, solange der erste Prozess seine Transaktion noch nicht beendet hat. In diesem Beispielcode wartet die Verarbeitung mitten in der Transaktion auf eine Benutzereingabe. Eine Benutzereingabe in einer Transaktion ist natürlich "Worst Practices" und sollte niemals in produktivem Programmcode vorkommen. Hier im Beispielcode ist es aber ein sehr geeignetes Instrument, um eine Laufzeit einer Transaktion über mehrere Sekunden zu simulieren, bis der andere Prozess in die Zeitüberschreitung läuft.

Neben diesem Hinweis muss unbedingt auch noch angemerkt werden, dass eine solche Datensatzsperre im Datenbankmanagementsystem an sich schon zu den "Worst Practices" gehört. Sperren, insbesondere Lesesperren, bremsen Anwendungen aus und führen auch schnell zu Deadlocks, wo Prozesse gegenseitig aufeinander warten, sodass keine Verarbeitung mehr stattfinden kann. Mit solchen Praktiken schädigt man also Performance, Skalierbarkeit und Stabilität einer Software. Warum wurde es dann in diesem Beitrag überhaupt gezeigt? Weil der Autor eben einige Entwickler kennt, die es dennoch wollen.

Die bessere Alternative zu Datensatzsperren im Datenbankmanagementsystem sind übrigens Sperren auf Anwendungsebene, bei denen die Anwendung die Sperren verwaltet – ggf. auch unter Einsatz einer selbstdefinierten Sperrtabelle im RAM. Dies hat den Vorteil, dass die Anwendung dem Benutzer genau präsentieren kann, wer einen Datensatz in Bearbeitung hat. So kann bei Benutzer Müller auf dem Bildschirm stehen: "Dieser Datensatz ist noch für 4 Minuten und 29 Sekunden zur exklusiven Bearbeitung durch Sie verfügbar." und bei Frau Meier steht: "Dieser Datensatz wird derzeit von Herrn Müller bearbeitet. Er hat noch 4 Minuten und 29 Sekunden den Datensatz zu speichern. Während dieser Zeit können Sie keine Änderungen an diesem Datensatz vornehmen". Dies bittet viele weitere Möglichkeiten, z.B. die Schaltfläche "Ich bin ein Star und möchte Herrn Müller jetzt sofort aus dem Datensatz rauswerfen" usw. In Entity Framework Core gibt es aber keinen vordefinierten Mechanismus für ein Sperren auf Anwendungsebene. Hier ist die eigene Entwicklerkreativität gefragt!

```
public static void EinfachesUpdateMitLeseSperre()

  {

    Console.WriteLine("--- Flug ändern");

    int flugNr = 101;

    using (WWWingsContext ctx = new WWWingsContext())

    {

     try

     {

     ctx.Database.SetCommandTimeout(10); // 10 Sekunden

     // Transaktion starten

     IDbContextTransaction t = ctx.Database.BeginTransaction(); // Standard ist
System.Data.IsolationLevel.ReadCommitted

     Console.WriteLine("Transaktion im Modus " + t.GetDbTransaction().IsolationLevel);


     // Flug laden mit Lesesperre

     Console.WriteLine("Lese Datensatz...");

     Flug f = ctx.FlugSet.FromSql("SELECT * FROM dbo.Flug WITH (UPDLOCK) WHERE flugNr = {0}",
flugNr).SingleOrDefault();

     // statt Flug flugDieser = ctx.FlugSet.SingleOrDefault(x => x.FlugNr == flugNr);


     Console.WriteLine($"Vor der Änderung: Flug #{f.FlugNr}: {f.Abflugort}->{f.Zielort} hat
{f.FreiePlaetze} freie Plätze! Zustand des Flug-Objekts: " + ctx.Entry(f).State);


     Console.WriteLine("Warte auf EINGABE...");

     Console.ReadLine();


     // Objekt im RAM ändern

     Console.WriteLine("Objekt ändern...");

     f.FreiePlaetze -= 2;


     Console.WriteLine($"Nach der Änderung: Flug #{f.FlugNr}: {f.Abflugort}->{f.Zielort} hat
{f.FreiePlaetze} freie Plätze! Zustand des Flug-Objekts: " + ctx.Entry(f).State);


     // Änderungen persistieren
```

```
    Console.WriteLine("Änderung speichern...");

    var anz = ctx.SaveChanges();

    t.Commit();

    if (anz == 0)

    {

     Console.WriteLine("Problem: Keine Änderung gespeichert!");

    }

    else

    {

     Console.WriteLine("Anzahl gespeicherter Änderungen: " + anz);

     Console.WriteLine($"Nach dem Speichern: Flug #{f.FlugNr}: {f.Abflugort}->{f.Zielort} hat
{f.FreiePlaetze} freie Plätze! Zustand des Flug-Objekts: " + ctx.Entry(f).State);

     }

    }

    catch (Exception ex)

    {

     CUI.PrintError("Fehler: " + ex.ToString());

    }

   }

  }
```

Listing 10: Schon beim lesen des Datensatzes wird eine Sperre eingerichtet

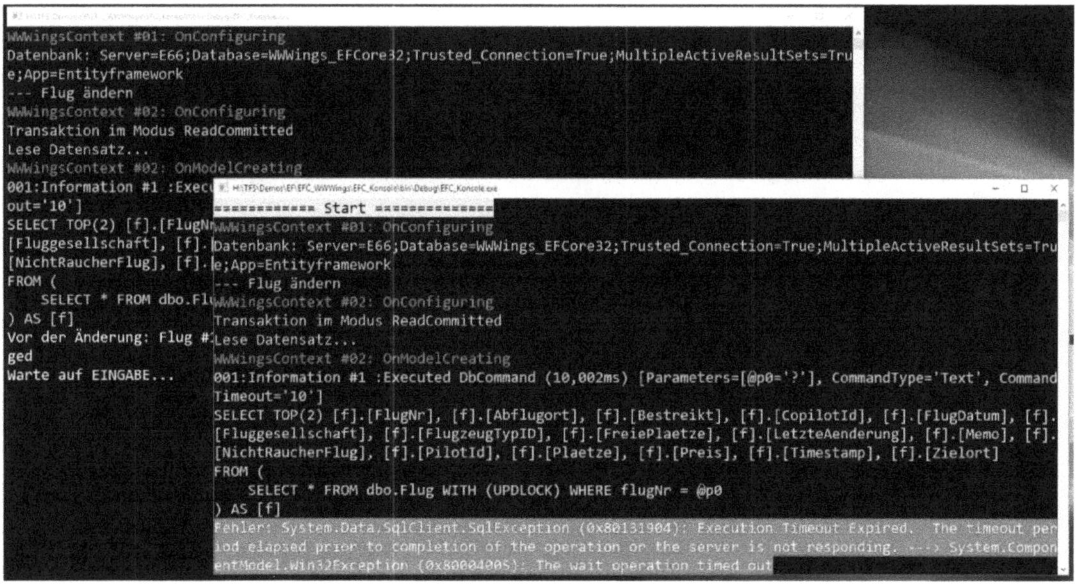

*Abbildung 3: Wenn der Programmcode in Listing 10 zweimal parallel läuft, kommt in dem zweiten
Prozess nach der eingestellten Wartezeit zum "Execution Timeout Expired" beim Lesezugriff auf den
Flug-Datensatz.*

17.10Literatur zu diesem Kapitel

[1] SQL Server Transact-SQL-Referenz:rowversion

https://docs.microsoft.com/en-us/sql/t-sql/data-types/rowversion-transact-sql

[2] Oracle Database SQL Reference: ORA_ROWSCN Pseudocolumn

https://docs.oracle.com/cd/B19306_01/server.102/b14200/pseudocolumns007.htm

18 Protokollierung (Logging)

Im klassischen Entity Framework gibt es zwei einfache Möglichkeiten, sich die SQL-Befehle ausgeben zu lassen, die der OR-Mapper zur Datenbank sendet:

- Aufruf von ToString() auf einem Abfrageobjekt (IQueryable<T>)

- Das Log-Attribut (seit Entity Framework Version 6.0): ctx.Database.Log = Console.WriteLine;

Leider gibt es beide Möglichkeiten in Entity Framework Core so nicht.

Der Befehl

```
var abfrage = ctx.FlugSet.Where(x => x.FlugNr > 300).OrderBy(x => x.Datum).Skip(10).Take(5);
Console.WriteLine(abfrage.ToString());
```

liefert nur die Ausgabe: "Microsoft.EntityFrameworkCore.Query.Internal.EntityQueryable`1[GO.Flug]".

Und das ctx.Database-Objekt besitzt in Entity Framework Core kein Log-Attribut.

18.1 Verwendung der Erweiterungsmethode Log()

Die Protokollierung ist möglich, aber wesentlich komplizierter. Daher hat der Autor dieses Buches eine Erweiterung für das Database-Objekt geschaffen in Form der Methode Log() für die Klasse DbContext. Es ist eine Methode und kein Attribut, da es ja in .NET leider nur Erweiterungsmethoden und keine Erweiterungsattribute gibt.

Diese Methode Log() verwendet man so:

```
using (var ctx1 = new WWWingsContext())
{
var abfrage1 = ctx1.FlugSet.Where(x => x.FlugNr > 300).OrderBy(x => x.Datum).Skip(10).Take(5);
ctx1.Log(Console.WriteLine);
var flugset1 = abfrage1.ToList();
flugset1.ElementAt(0).FreiePlaetze--;
ctx1.SaveChanges();
}
```

Als Parameter ist analog zu dem Log-Attribut bei Entity Framework auch bei der Log()-Methode eine Methode ohne Rückgabewert anzugeben, die als einzigen Parameter eine Zeichenkette erwartet. Anders als beim klassischen Entity Framework kann man hier auch den Parameter bei Log() weglassen. Dann erfolgt die Ausgabe automatisch an Console.WriteLine() in der Farbe Cyan:

```
using (var ctx2 = new WWWingsContext())
{
var abfrage2 = ctx2.FlugSet.Where(x => x.FlugNr < 3000).OrderBy(x => x.Datum).Skip(10).Take(5);
ctx2.Log();
var flugset2 = abfrage2.ToList();
flugset2.ElementAt(0).FreiePlaetze--;
ctx2.SaveChanges();
}
```

```
Logging-Demo
WWWingsContext #01: OnModelCreating
001:Debug #200100 Microsoft.EntityFrameworkCore.Database.Command.CommandExecuting:Executing DbCommand [Parameters=[@__p_
0='?', @__p_1='?'], CommandType='Text', CommandTimeout='30']
SELECT [x].[FlugNr], [x].[AbflugOrt], [x].[Bestreikt], [x].[CopilotId], [x].[FlugDatum], [x].[Fluggesellschaft], [x].[Fl
ugzeugTypID], [x].[FreiePlaetze], [x].[LetzteAenderung], [x].[Memo], [x].[NichtRaucherFlug], [x].[PilotId], [x].[Plaetze
], [x].[Preis], [x].[Timestamp], [x].[Zielort]
FROM [Flug] AS [x]
WHERE [x].[FlugNr] < 3000
ORDER BY [x].[FlugDatum]
OFFSET @__p_0 ROWS FETCH NEXT @__p_1 ROWS ONLY
002:Debug #200100 Microsoft.EntityFrameworkCore.Database.Command.CommandExecuting:Executing DbCommand [Parameters=[@p1='
?', @p0='?', @p2='?' (Size = 8)], CommandType='Text', CommandTimeout='30']
SET NOCOUNT ON;
UPDATE [Flug] SET [FreiePlaetze] = @p0
WHERE [FlugNr] = @p1 AND [Timestamp] IS NULL;
SELECT [Timestamp]
FROM [Flug]
WHERE @@ROWCOUNT = 1 AND [FlugNr] = @p1;
```

Abbildung: Standardprotokollierung bei der Methode Log()

Soll die Protokollierung in eine Datei gehen, lässt sich das realisieren, indem man selbst eine Methode mit einem String-Parameter und ohne Rückgabewert schreibt und bei Log() übergibt.

```
using (var ctx3 = new WWWingsContext())
{
    var abfrage3 = ctx3.FlugSet.Where(x => x.FlugNr > 300).OrderBy(x => x.Datum).Skip(10).Take(5);

    ctx3.Log(LogToFile);

    var flugset3 = abfrage3.ToList();

    flugset3.ElementAt(0).FreiePlaetze--;

    ctx3.SaveChanges();
}
...

public static void LogToFile(string s)
{
    Console.WriteLine(s);
    var sw = new StreamWriter(@"c:\temp\log.txt");
    sw.WriteLine(DateTime.Now+ ": " + s);
    sw.Close();
}
```

Hinweis: Die Log()-Methode kommt in einigen Listings in diesem Buch vor.

18.2 Implementierung der Log()-Erweiterungsmethode

Die Implementierung der Erweiterungsmethode Log() zeigt das folgende Listing:

- Die Log()-Erweiterungsmethode fügt dem Dienst ILoggerFactory eine Instanz eines Logger Providers hinzu.

- Ein Logger Provider ist eine Klasse, die ILoggerProvider realisiert. In dieser Klasse ruft Entity Framework Core für jede Protokollierungskategorie einmal CreateLogger() auf.

- CreateLogger() muss dann für jede Protokollierungskategorie eine Logger-Instanz liefern.

- Ein Logger ist eine Klasse, die ILogger realisiert.

- Im folgenden Listing gibt es eine Klasse FlexLogger, die an die bei Log() angegebene Methode eine Zeichenkette sendet. Wenn keine Methode angegeben wurde, wird ConsoleWriteLineColor() aufgerufen.

- Eine zweite Logger-Klasse ist der NullLogger, der für alle Protokollierungskategorien, die nichts mit der SQL-Ausgabe zu tun haben, die Protokollausgabe verwirft.

```csharp
// Einfache Protokollierung für EF Core 1.x und 2.x
// (C) Dr. Holger Schwichtenberg 2016-2017


using Microsoft.EntityFrameworkCore;

using Microsoft.EntityFrameworkCore.Infrastructure;

using Microsoft.Extensions.DependencyInjection;

using Microsoft.Extensions.Logging;

using System;

using System.Collections.Generic;

using System.Reflection;


namespace ITVisions.EFCore

{

  /// <summary>
  /// Erweiterung für die Klasse DbContext für einfache Protokollierung der von EF Core gesendeten
  SQL-Befehle zu einer Methode, die eine Zeichenkette erwartet
  /// </summary>
  public static class DbContextExtensionLogging

  {

    public static List<string> usedContextes = new List<string>();


    /// <summary>
    /// Erweiterungsmethode für Protollierung an eine Methode, die String erwartet
    /// </summary>
    /// <example>Log() für Konsolenlogging oder Log(Console.WriteLine)</example>
    public static void Log(this DbContext ctx, Action<string> logMethod = null)

    {

      // Sicherstellen, dass wir für jede Erweiterungsmethode nur einen Logger kriegen, damit Zählung
      funktoniert!
      var id = ctx.GetType().FullName + "_" + logMethod?.Method.Name;

      if (usedContextes.Contains(id)) return;

      usedContextes.Add(id);

      // ServiceProvider erzeugen

      var serviceProvider = ctx.GetInfrastructure<IServiceProvider>();

      // Logger-Factory hinzufügen

      var loggerFactory = serviceProvider.GetService<ILoggerFactory>();

      // Provider zur Factory hinzufügen
```

```csharp
    loggerFactory.AddProvider(new FlexLoggerProvider(logMethod, true));
 }
}


/// <summary>
/// Erzeugt FlexLogger
/// </summary>
public class FlexLoggerProvider : ILoggerProvider
{
 // Quellen zum Loggen
 private static List<string> _categories = new List<string>
 {
 "Microsoft.EntityFrameworkCore.Storage.IRelationalCommandBuilderFactory", // für EFCore 1.x
  "Microsoft.EntityFrameworkCore.Database.Sql", // für EFCore 2.0Preview1
  "Microsoft.EntityFrameworkCore.Database.Command" // für EFCore 2.0Preview2
 };


 Action<string> _logMethod;
 public FlexLoggerProvider(Action<string> logMethod = null, bool CommandsOnly = false)
 {
  _logMethod = logMethod;
  if (!CommandsOnly) _categories.Clear();
 }


 /// <summary>
 /// Konstruktor wird für jede Kategorie aufgerufen. Hier muss man festlegen, welcher Logger für
jede Kategorie gelten soll
 /// </summary>
 /// <param name="categoryName"></param>
 /// <returns></returns>
 public ILogger CreateLogger(string categoryName)
 {
  //Console.WriteLine("Log-Kategorie: " + categoryName);
  if (_categories.Count == 0 || _categories.Contains(categoryName))
  {
   return new FlexLogger(this._logMethod);
  }
  return new NullLogger(); // return NULL nicht erlaubt :-(
 }


 public void Dispose()
 { }
```

```csharp
/// <summary>
/// Log-Ausgabe an Konsole oder eigene Methode
/// </summary>
private class FlexLogger : ILogger
{
  Action<string> logMethod;
  public FlexLogger(Action<string> logMethod)
  {
    if (logMethod is null) this.logMethod = ConsoleWriteLineColor;
    else this.logMethod = logMethod;
  }


  public static void ConsoleWriteLineColor(object s)
  {
    var farbeVorher = Console.ForegroundColor;
    Console.ForegroundColor = ConsoleColor.Cyan;
    Console.WriteLine(s);
    //if (text.Contains("insert")) { Count++; Console.WriteLine($"{Count:000}: INSERT");}
    Console.ForegroundColor = farbeVorher;
  }


  public bool IsEnabled(LogLevel logLevel) => true;


  private static long Count = 0;


  public void Log<TState>(LogLevel logLevel, EventId eventId, TState state, Exception exception,
Func<TState, Exception, string> formatter)
  {
    if (Assembly.GetAssembly(typeof(Microsoft.EntityFrameworkCore.DbContext)).GetName().Version.Major
== 1 || eventId.Id == 200100) // "Executing"
    {
      Count++;
      string text = $"{Count:000}:{logLevel} #{eventId.Id} {eventId.Name}:{formatter(state,
exception)}";
      // Jetzt Log-Methode aufrufen
      logMethod(text);
    }
  }


  public IDisposable BeginScope<TState>(TState state)
  {
    return null;
```

```
    }

  }


  /// <summary>

  /// Keine Log-Ausgabe

  /// </summary>

  private class NullLogger : ILogger

  {

   public bool IsEnabled(LogLevel logLevel) => false;


   public void Log<TState>(LogLevel logLevel, EventId eventId, TState state, Exception exception,
Func<TState, Exception, string> formatter)

   { }


   public IDisposable BeginScope<TState>(TState state) => null;

  }

 }

}
```

18.3 Protokollierungskategorien

Microsoft hat die Namen der Protokollierungskategorien zwischen Entity Framework Core Version 1.x und 2.0 leider geändert.

Die Protokollierungskategorien in Entity Framework Core 1.x sind:

- Microsoft.EntityFrameworkCore.DbContext
- Microsoft.EntityFrameworkCore.Storage.Internal.SqlServerConnection
- Microsoft.EntityFrameworkCore.Storage.IExecutionStrategy
- Microsoft.EntityFrameworkCore.Internal.RelationalModelValidator
- Microsoft.EntityFrameworkCore.Query.Internal.SqlServerQueryCompilationContextFactory
- Microsoft.EntityFrameworkCore.Query.ExpressionTranslators.Internal.SqlServerCompositeMethod CallTranslator
- Microsoft.EntityFrameworkCore.Storage.IRelationalCommandBuilderFactory
- Microsoft.EntityFrameworkCore.Query.Internal.QueryCompiler

Die Protokollierungskategorien in Entity Framework Core 2.0 sind:

- Microsoft.EntityFrameworkCore.Infrastructure
- Microsoft.EntityFrameworkCore.Update
- Microsoft.EntityFrameworkCore.Database.Transaction
- Microsoft.EntityFrameworkCore.Database.Connection

- Microsoft.EntityFrameworkCore.Model.Validation

- Microsoft.EntityFrameworkCore.Query

- Microsoft.EntityFrameworkCore.Database.Command

Die Implementierung der Erweiterungsmethode Log() berücksichtigt dies, ebenso wie die Tatsache, dass es in der Kategorie Microsoft.EntityFrameworkCore.Query zwei Ereignisse "Executing" (Event-ID 200100) und "Executed" (Event-ID 200101) gibt. Log() gibt nur die Event-ID 200100 aus.

19   Leistungsoptimierung durch No-Tracking

Wie schon beim Vorgänger ADO.NET Entity Framework gibt es auch beim neuen Entity Framework Core einen No-Tracking-Modus, der das Laden von Datensätzen erheblich beschleunigt. Bei der Neuimplementierung hat Microsoft durch eine zusätzliche Kontextoption den Praxiseinsatz dieser Funktion verbessert.

Die Geschwindigkeitsmessung in Abbildung 1 zeigt, dass der optionale No-Tracking-Modus gegenüber dem Tracking-Modus, der im Standard aktiv ist, erhebliche Geschwindigkeitsvorteile bringt – sowohl beim alten ADO.NET Entity Framework als auch beim neuen Entity Framework Core. Im No-Tracking-Modus kann Entity Framework Core 10.000 Datensätze (13 Spalten aus einer Tabelle, kein Join, Datentypen int, smallint, nvarchar(30), nvarchar(max), bit, timestamp) in famosen 46 Millisekunden über das Netzwerk abholen und im RAM in Objekte materialisieren. Das ist fast so schnell wie ein ADO.NET DataReader mit manuellem Mapping (also selbst geschriebene Codezeilen wie obj.Name = Convert.ToString(dataReader["Name"])). Im normalen Tracking-Modus dauert das Lesen der Datensätze etwas mehr als doppelt so lang (100 Millisekunden).

Abbildung 1 zeigt dazu im Vergleich auch Entity Framework 6.1.3: Hier dauert es im Tracking-Modus sogar 263 Millisekunden. Mit 53 Millisekunden ist im No-Tracking-Modus nur ein marginaler Unterschied zu Entity Framework Core vorhanden. Microsoft hat in Entity Framework Core gegenüber Entity Framework 6.1.3 also vor allem den No-Tracking-Modus beschleunigt. Dennoch lohnt sich in Entity Framework Core auch der No-Tracking-Modus.

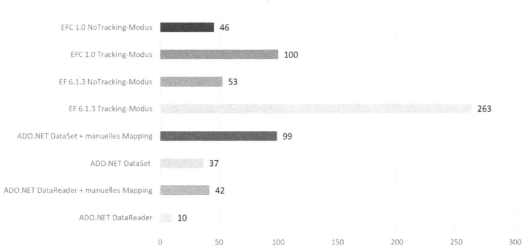

Abbildung 1: Leistungsvergleich

19.1 No-Tracking aktivieren

In den ersten Versionen des alten Entity Framework musste man den No-Tracking-Modus durch die Eigenschaft MergeOption für jede Entitätsklasse oder jede Abfrage durch eine zusätzliche Programmcodezeile setzen (siehe Listing 1 und 2). Seit Entity Framework 4.1 gibt es die Möglichkeit, das Setzen auf Ebene einer Abfrage mit der Erweiterungsmethode AsNoTracking() wesentlich eleganter zu gestalten (siehe Listing 3). In Entity Framework Core wird hierfür nur noch AsNoTracking() verwendet.

```
using (var ctx = new WWWings6Entities())

  {

    ctx.Flug.MergeOption = System.Data.Entity.Core.Objects.MergeOption.NoTracking;

    var q = from f in ctx.Flug where f.Abflugort == "Rom" select f;

    return q.ToList();

  }

}
```

Listing 1: No-Tracking via Merge-Option global einschalten für eine Entitätsklasse (nur im alten Entity Framework verfügar)

```
using (var ctx = new WWWings6Entities())

  {

    var q = from f in ctx.Flug where f.Abflugort == "Rom" select f;

    (q as ObjectQuery).MergeOption = System.Data.Entity.Core.Objects.MergeOption.NoTracking;

    return q.ToList();

  }
```

Listing 2: No-Tracking via Merge-Option einschalten für eine einzelne Abfrage (nur im alten Entity Framework verfügar)

```
CUI.MainHeadline("Tracking-Modus");

// Laden im Tracking-Modus

using (WWWingsContext ctx = new WWWingsContext())

  {

    var flugSet = ctx.FlugSet.ToList();

    var flug = flugSet[0];

    Console.WriteLine(flug + ": " + ctx.Entry(flug).State); // Unchanged

    flug.FreiePlaetze--;

    Console.WriteLine(flug + ": " + ctx.Entry(flug).State); // Modified

    int anz = ctx.SaveChanges();

    Console.WriteLine($"Gespeicherte Änderungen: {anz}"); // 1

  }


CUI.MainHeadline("No-Tracking-Modus");

// Laden im No-Tracking-Modus

  using (WWWingsContext ctx = new WWWingsContext())

  {

    var flugSet = ctx.FlugSet.AsNoTracking().ToList();

    var flug = flugSet[0];

    Console.WriteLine(flug + ": " + ctx.Entry(flug).State); // Detached

    flug.FreiePlaetze--;

    Console.WriteLine(flug + ": " + ctx.Entry(flug).State); // Detached

    int anz = ctx.SaveChanges();

    Console.WriteLine($"Gespeicherte Änderungen: {anz}"); // 0
```

}

Listing 3: Aktivierung des No-Tracking-Modus mit AsNoTracking() in Entity Framework 6.x und Entity Framework Core

Die Konsequenz des No-Tracking-Modus zeigt Abbildung 2 mit der Ausgabe von Listing 3: Die Änderungsverfolgung ("Change Tracking") des Entity Framework Core wirkt nicht mehr, wenn man den No-Tracking-Modus aktiviert. Im Standardfall sind Objekte nach dem Laden im Zustand "Unchanged" und Wechseln nach einer Änderung in den Zustand "Modified". Beim Laden mit dem No-Tracking-Modus sind sie nach dem Laden "Detached" und bleiben dies auch nach der Änderung. Die Ausführung der Methode SaveChanges() sendet dann keine Änderung zum Datenbankmanagementsystem, da Entity Framework Core von der Änderung nichts mitbekommen hat.

```
Tracking-Modus
WWWingsContext: OnConfiguring
WWWingsContext: OnModelCreating
Flug #100: von Köln/Bonn nach Rom: 237 Freie Plätze. Zustand: Unchanged
Flug #100: von Köln/Bonn nach Rom: 236 Freie Plätze. Zustand: Modified
Gespeicherte Änderungen: 1
No-Tracking-Modus
WWWingsContext: OnConfiguring
Flug #100: von Köln/Bonn nach Rom: 236 Freie Plätze. Zustand: Detached
Flug #100: von Köln/Bonn nach Rom: 235 Freie Plätze. Zustand: Detached
Gespeicherte Änderungen: 0
```

Abbildung 2: Bildschirmausgabe zu Listing 3

19.2 No-Tracking fast immer möglich

Der No-Tracking-Modus sollte auf jeden Fall immer für Objekte angewendet werden, die nur der Anzeige von Daten dienen und überhaupt nicht modifiziert werden sollen. Aber auch wenn man einzelne Objekte modifizieren will, kann man die Objekte zunächst im No-Tracking-Modus laden und dann später noch an die Kontextklasse anheften. Dafür muss man die zu ändernden Objekte lediglich – im besten Fall vor (!) der Änderung – mit der Methode Attach() dem Kontext hinzufügen. Diese Methode gibt es sowohl in der DbContext-Klasse als auch in der DbSet<T>-Klasse.

Durch die Attach()-Methode wird ein Objekt an die Änderungsverfolgung von Entity Framework Core angefügt. Das Objekt wird dadurch vom Zustand "Detached" in den Zustand "Unchanged" überführt. Es dürfen natürlich nur Instanzen von Entitätsklasse an Attach() übergeben werden. Wenn der Entwickler Instanzen von Klassen übergibt, die der Entity Framework Core-Kontext nicht kennt, kommt es zur Fehlermeldung "The entity type xy was not found. Ensure that the entity type has been added to the model."

Listing 4 und die dazugehörige Bildschirmausgabe in Abbildung 2a zeigen den Einsatz der Attach()-Methode in drei Szenarien:

- Attach() wird ausgeführt vor der eigentlichen Änderung. In diesem Fall ist nichts weiter zu tun, denn Entity Framework Core erkennt nach dem Attach() alle Änderungen und überführt das Objekt bei einer Änderung selbständig vom Zustand Unchanged in den Zustand Modified.

- Falls eine Änderung schon vor der Ausführung von Attach() stattgefunden hat, weiß Entity Framework Core nichts vor der Änderung, die vorab stattgefunden hat. Daher muss der Entwickler die Änderung nachträglich anmelden mit ctx.Entry(obj).Property(f => f.Eigenschaft).IsModified = true.

- Falls der Entwickler die geänderten Eigenschaften des Objekts nicht kennt (z.B. weil die Änderungen im aufrufenden Programmcode oder einem anderen Prozess stattgefunden haben) oder es ihm zu lästig ist, die einzelnen Eigenschaften auf IsModified zu setzen, kann er mit ctx.Entry(flug).State = EntityState.Modified auch den Zustand des ganzen Objekts setzen.

```
CUI.MainHeadline("No-Tracking-Modus - Attach() vorher");

// Laden im No-Tracking-Modus

using (WWWingsContext ctx = new WWWingsContext())

{

    var flugSet = ctx.FlugSet.AsNoTracking().ToList();

    var flug = flugSet[0];

    Console.WriteLine(flug + " Zustand: " + ctx.Entry(flug).State); // Detached

    ctx.Attach(flug);

    Console.WriteLine(flug + " Zustand: " + ctx.Entry(flug).State); // Unchanged

    flug.FreiePlaetze--;

    Console.WriteLine(flug + " Zustand: " + ctx.Entry(flug).State); // Modified

    int anz = ctx.SaveChanges();

    Console.WriteLine($"Gespeicherte Änderungen: {anz}"); // 0

}


CUI.MainHeadline("No-Tracking-Modus - Attach() nachher mit Setzen des Zustandes auf
Atributebene");

// Laden im No-Tracking-Modus

using (WWWingsContext ctx = new WWWingsContext())

{

    var flugSet = ctx.FlugSet.AsNoTracking().ToList();

    var flug = flugSet[0];

    Console.WriteLine(flug + " Zustand: " + ctx.Entry(flug).State); // Detached

    flug.FreiePlaetze--;

    Console.WriteLine(flug + " Zustand: " + ctx.Entry(flug).State); // Detached

    ctx.Attach(flug);

    Console.WriteLine(flug + " Zustand: " + ctx.Entry(flug).State); // Unchanged

    // geändertes Attribut bei EFC melden

    ctx.Entry(flug).Property(f => f.FreiePlaetze).IsModified = true;

    Console.WriteLine(flug + " Zustand: " + ctx.Entry(flug).State); // Modified

    int anz = ctx.SaveChanges();

    Console.WriteLine($"Gespeicherte Änderungen: {anz}"); // 1

}


CUI.MainHeadline("No-Tracking-Modus - Attach() nachher mit Setzen des Zustandes auf Objektebene");

// Laden im No-Tracking-Modus

using (WWWingsContext ctx = new WWWingsContext())
```

```
{

  var flugSet = ctx.FlugSet.AsNoTracking().ToList();

  var flug = flugSet[0];

  Console.WriteLine(flug + " Zustand: " + ctx.Entry(flug).State); // Detached

  flug.FreiePlaetze--;

  Console.WriteLine(flug + " Zustand: " + ctx.Entry(flug).State); // Detached

  ctx.Attach(flug);

  Console.WriteLine(flug + " Zustand: " + ctx.Entry(flug).State); // Unchanged

  // ganzes Objekt zu Zustand versetzen

  ctx.Entry(flug).State = EntityState.Modified;

  Console.WriteLine(flug + " Zustand: " + ctx.Entry(flug).State); // Modified

  int anz = ctx.SaveChanges();

  Console.WriteLine($"Gespeicherte Änderungen: {anz}"); // 1

}
```

Listing 4: Einsatz der Attach()-Methode

```
No-Tracking-Modus - Attach() vorher
WWWingsContext: OnConfiguring
WWWingsContext: OnModelCreating
Flug #100: von Köln/Bonn nach Rom: 230 Freie Plätze. Zustand: Detached
Flug #100: von Köln/Bonn nach Rom: 230 Freie Plätze. Zustand: Unchanged
Flug #100: von Köln/Bonn nach Rom: 229 Freie Plätze. Zustand: Modified
Gespeicherte Änderungen: 1
No-Tracking-Modus - Attach() nachher mit Setzen des Zustandes auf Atributebene
WWWingsContext: OnConfiguring
Flug #100: von Köln/Bonn nach Rom: 229 Freie Plätze. Zustand: Detached
Flug #100: von Köln/Bonn nach Rom: 228 Freie Plätze. Zustand: Detached
Flug #100: von Köln/Bonn nach Rom: 228 Freie Plätze. Zustand: Unchanged
Flug #100: von Köln/Bonn nach Rom: 228 Freie Plätze. Zustand: Modified
Gespeicherte Änderungen: 1
No-Tracking-Modus - Attach() nachher mit Setzen des Zustandes auf Objektebene
WWWingsContext: OnConfiguring
Flug #100: von Köln/Bonn nach Rom: 228 Freie Plätze. Zustand: Detached
Flug #100: von Köln/Bonn nach Rom: 227 Freie Plätze. Zustand: Detached
Flug #100: von Köln/Bonn nach Rom: 227 Freie Plätze. Zustand: Unchanged
Flug #100: von Köln/Bonn nach Rom: 227 Freie Plätze. Zustand: Modified
Gespeicherte Änderungen: 1
```

Abbildung 2a: Ausgabe von Listing 4

Wie Abbildung 2a beweist, wird die Änderung in allen drei Fällen von SaveChanges() gespeichert. Hinter den Kulissen gibt es jedoch einen Unterschied zwischen den drei o.g. Szenarien. In Szenario 1 und 2 sendet Entity Framework Core einen SQL-UPDATE-Befehl zur Datenbank, der nur die tatsächlich geänderte Spalte "FreiePlaetze" aktualisiert:

```
exec sp_executesql N'SET NOCOUNT ON;

UPDATE [Flug] SET [FreiePlaetze] = @p0

WHERE [FlugNr] = @p1;
```

Im dritten Szenario hat es der Entwickler aber versäumt, dem Entity Framework Core die Information zu geben, welche Eigenschaften sich eigentlich geändert haben. Entity Framework Core kann sich hier nicht anders helfen, als die Werte aller Eigenschaften wieder zur Datenbank zu senden, auch wenn diese dort schon bekannt sind:

```
exec sp_executesql N'SET NOCOUNT ON;

UPDATE [Flug] SET [Abflugort] = @p0, [Bestreikt] = @p1, [CopilotId] = @p2, [FlugDatum] = @p3,
[Fluggesellschaft] = @p4, [FlugzeugTypID] = @p5, [FreiePlaetze] = @p6, [Memo] = @p7,
[NichtRaucherFlug] = @p8, [PilotId] = @p9, [Plaetze] = @p10, [Preis] = @p11, [Timestamp] = @p12,
[Zielort] = @p13

WHERE [FlugNr] = @p14;
```

Neben der Tatsache, dass hier unnötig Daten über die Leitung gesendet werden, birgt eine Aktualisierung aller Spalten auch einen möglichen Datenänderungskonflikt: Wenn andere Prozesse Teile des Datensatzes bereits geändert haben, werden die Änderungen dieses anderen Prozesses gnadenlos überschrieben. Man sollte also immer dafür sorgen, dass Entity Framework Core die geänderten Spalten kennt. Wenn die Modifikationen des Objekts vor dem Attach() durch den Aufrufer stattgefunden haben, muss man den Aufrufer dazu verpflichten, entsprechende Metainformationen über die geänderten Eigenschaften mitzuliefern.

19.3 No-Tracking im änderbaren Datagrid

Mit dem Attach()-Trick kann man fast alle Datenmengen im No-Tracking-Modus laden. Abbildung 3 zeigt das in der Praxis übliche Datagrid-Szenario: Der Benutzer kann eine (größere) Datenmenge laden und beliebige Datensätze ändern. Die Änderungen werden dann durch ein "Daten speichern" persistiert. In diesem Fall ist es überhaupt nicht notwendig, die zusätzliche Zeit für den Tracking-Modus beim Laden zu verschwenden. Es reicht völlig aus, die einzelnen Datensätze, die der Benutzer konkret bearbeitet, mit Attach() beim Entity Framework-Kontext anzumelden. Bei dem von Microsoft für die Windows Presentation Foundation (WPF) gelieferten Datagrid-Steuerelement verwendet man dazu das Ereignis BeginningEdit(). In der Ereignisbehandlungsroutine überführt man mit Attach() das Detached Object in ein Attached Object (siehe Abbildung 4) und registriert somit das Objekt auch bei der Änderungsverfolgung des Entity Framework-Kontextes.

Es ist aber keine gute Idee, nach dem Laden mit AsNoTracking() alle Objekte in einer Schleife mit Attach() anzufügen. Attach() braucht unter einer Millisekunde pro Objekt. Das fällt nicht auf, wenn man einzelne Objekte damit anfügt. Aber in Summe ist so eine Schleife langsamer, als wenn man direkt alle Objekte im Tracking-Modus lädt. Wenn man also sicher weiß, dass alle Objekte zu ändern sind, sollte man den Tracking-Modus beim Laden verwenden.

Abbildung 3: Ein WPF-Datagrid mit 10.000 Datensätzen

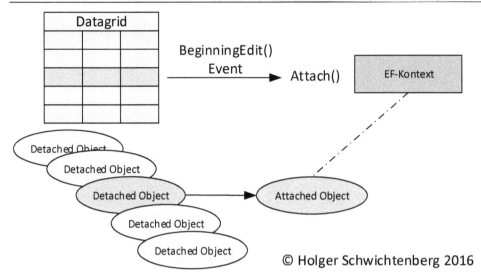

Abbildung 4: Der Entwickler meldet das im DataGrid zu ändernde Objekt beim Beginn der Änderung mit Attach() beim Entity Framework-Kontext an.

19.4 QueryTrackingBehavior und AsTracking()

Der No-Tracking-Modus steigert die Performance beim Lesen von Datensätzen mit Entity Framework und Entity Framework Core erheblich. Die vorherigen Ausführungen haben gezeigt, dass der No-Tracking-Modus fast immer angewendet werden sollte. Leider musste der Softwareentwickler im klassischen Entity Framework immer daran denken, in jeder seiner Abfragen AsNoTracking() zu verwenden. Das ist nur nicht lästig für den Entwickler, sondern birgt zugleich auch die Gefahr des unabsichtlichen Vergessens. Im klassischen Entity Framework hat man für diese Situation eigene Lösungen gebraucht, z.B. eine Abstraktion für den Zugriff DbSet<T>, die den No-Tracking-Modus jedes Mal automatisch aktiviert hat.

In Entity Framework Core hat Microsoft seit Version 1.0 eine elegantere Lösung eingebaut: Der Entwickler kann den gesamten Entity Framework Core-Kontext in einen No-Tracking-Modus schalten. Dafür gibt es in der Klasse Microsoft.EntityFrameworkCore.DbContext im Unterobjekt ChangeTracker die Aufzählungseigenschaft QueryTrackingBehavior: Sie steht im Standard auf QueryTrackingBehavior.TrackAll, d.h. das Tracking ist aktiviert. Wenn der Entwickler sie jedoch auf QueryTrackingBehavior.NoTracking umstellt, werden alle Abfragen im No-Tracking-Modus ausgeführt, auch ohne den Einsatz der Erweiterungsmethode AsNoTracking(). Für diesen No-Tracking-Grundmodus gibt es dann eine neue Erweiterungsmethode AsTracking(), um einzelne Abfragen im Tracking-Modus auszuführen (siehe Listing 5).

```
CUI.MainHeadline("Grundeinstellung TrackAll. Abfrage mit AsNoTracking()");

using (WWWingsContext ctx = new WWWingsContext())

  {

    ctx.ChangeTracker.QueryTrackingBehavior = QueryTrackingBehavior.TrackAll; // Standard

    var flugSet = ctx.FlugSet.AsNoTracking().ToList();

    var flug = flugSet[0];

    Console.WriteLine(flug + " Zustand: " + ctx.Entry(flug).State); // Detached

    flug.FreiePlaetze--;
```

```
    Console.WriteLine(flug + " Zustand: " + ctx.Entry(flug).State); // Modified

    int anz = ctx.SaveChanges();

 }


CUI.MainHeadline("Grundeinstellung NoTracking.");

using (WWWingsContext ctx = new WWWingsContext())

    {

    ctx.ChangeTracker.QueryTrackingBehavior = QueryTrackingBehavior.NoTracking; // NoTracking

    var flugSet = ctx.FlugSet.ToList();

    var flug = flugSet[0];

    Console.WriteLine(flug + " Zustand: " + ctx.Entry(flug).State); // Unchanged

    flug.FreiePlaetze--;

    Console.WriteLine(flug + " Zustand: " + ctx.Entry(flug).State); // Modified

    int anz = ctx.SaveChanges();

    }


    CUI.MainHeadline("Grundeinstellung NoTracking. Abfrage mit AsTracking()");

    using (WWWingsContext ctx = new WWWingsContext())

    {

    ctx.ChangeTracker.QueryTrackingBehavior = QueryTrackingBehavior.NoTracking; // NoTracking

    var flugSet = ctx.FlugSet.AsTracking().ToList();

    var flug = flugSet[0];

    Console.WriteLine(flug + " Zustand: " + ctx.Entry(flug).State); // Unchanged

    flug.FreiePlaetze--;

    Console.WriteLine(flug + " Zustand: " + ctx.Entry(flug).State); // Modified

    int anz = ctx.SaveChanges();

    }
```

Listing 5: Setzen des QueryTrackingBehavior und Einsatz von AsTracking()

```
Grundeinstellung TrackAll. Dann: AsNoTracking()
WWWingsContext: OnConfiguring
WWWingsContext: OnModelCreating
Flug #100: von Köln/Bonn nach Rom: 216 Freie Plätze. Zustand: Detached
Flug #100: von Köln/Bonn nach Rom: 215 Freie Plätze. Zustand: Detached
Grundeinstellung NoTracking.
WWWingsContext: OnConfiguring
Flug #100: von Köln/Bonn nach Rom: 216 Freie Plätze. Zustand: Detached
Flug #100: von Köln/Bonn nach Rom: 215 Freie Plätze. Zustand: Detached
Grundeinstellung NoTracking. Dann: AsTracking()
WWWingsContext: OnConfiguring
Flug #100: von Köln/Bonn nach Rom: 216 Freie Plätze. Zustand: Unchanged
Flug #100: von Köln/Bonn nach Rom: 215 Freie Plätze. Zustand: Modified
```

Abbildung 5: Ausgabe zu Listing 5

Der No-Tracking-Modus hat neben der fehlenden Änderungsverfolgung weitere Konsequenzen:

- Die Objekte laden sich nicht im First-Level-Cache von Entity Framework Core. Beim erneuten Zugriff auf das Objekt (z.B. mit DbSet<T>.Find()) wird es also immer wieder von dem Datenbankmangementsystem geladen.

- Es findet kein Relationship Fixup statt. Relationship Fixup bezeichnet eine Funktion von Entity Framework Core, die zwei unabhängig geladenen Objekte im RAM verbindet, wenn sie laut Datenbank zusammengehören. Beispiel: Pilot 123 wurde geladen. Nun wird Flug 101 geladen und hat in seiner Fremdschlüsselbeziehung für den Piloten den Wert 123 stehen. Entity Framework Core wird nun den Flug 101 und den Pilot 123 im RAM verbinden, sodass man vom Flug zum Piloten und – bei bidirektionalen Navigationseigenschaften – auch vom Piloten zum Flug navigieren kann.

- Auch Lazy Loading kann bei No-Tracking nicht funktionieren – aber Lazy Loading gibt es in Entity Framework Core aktuell ohnehin noch nicht.

19.5 Best Practices

Microsoft hat mit dem neuen Grundeinstellung QueryTrackingBehavior.NoTracking und der neuen Erweiterungsmethode AsTracking() eine sehr sinnvolle Ergänzung in Entity Framework Core vorgenommen. Dem Autor dieses Buchs, der schon viele mangelhafte Anwendungen von Entity Framework in der Praxis gesehen hat, geht das aber noch nicht weit genug: Er hätte das QueryTrackingBehavior.NoTracking zum Standard gemacht, damit alle Entwickler im Standard eine performante Abfrageausführung bekommen. So muss nun jeder Entwickler daran denken, dass QueryTrackingBehavior.NoTracking setzt. Am besten ist es, man macht dies bereits im Konstruktor der Kontextklasse selbst und hat in der Folge keine Last mehr mit dem Overhead von Tracking-Abfragen!

20   Asynchrone Programmierung

Seit .NET Framework 4.5 unterstützt .NET die vereinfachte asynchrone, Task-basierte Programmierung mit async und await. Im klassischen ADO.NET Entity Framework gibt es zugehörige asynchrone Operationen seit Version 6.0. In Entity Framework Core gibt es asynchrone Operationen seit Version 1.0.

20.1 Asynchrone Erweiterungsmethoden

Entity Framework Core ermöglicht sowohl das Lesen als auch das Schreiben von Daten mit dem asynchronen Entwurfsmuster. Dazu hat Microsoft in der Klasse Microsoft.EntityFrameworkCore. EntityFrameworkQueryableExtensions die LINQ-Operatoren, die eine Ergebnismenge liefern, mit asynchronen Varianten erweitert. So gibt es jetzt zum Beispiel die Erweiterungsmethoden ToListAsync() und ToArrayAsync() sowie SingleAsync(), FirstAsync(), SingleOrDefaultAsync() und FirstOrDefaultAsync(), aber auch Aggregatfunktionen wie CountAsync(), AllAsync(), AnyAsync(), AverageAsync(), MinAsync(), MaxAsync() und SumAsyn(). Zum Speichern dient die Methode SaveChangesAsync(). Ein using Microsoft.EntityFrameworkCore ist unabdingbare Voraussetzung, um diese Erweiterungsmethoden nutzen zu können.

20.2 ToListAsync()

Das folgende Listing zeigt den Einsatz von ToListAsync(). Unterschiede zu einem synchronen Aufruf mit gleicher Ergebnismenge gibt es nur in zwei Zeilen:

- Die Unterprozedur DatenLesenAsync() ist mit async deklariert.

- Statt abfrage.ToList() wird await abfrage.ToListAsync() aufgerufen.

Dass mit diesen marginalen Änderungen Datenbankabfrage und Materialisierung der Objekte durch Entity Framework Core tatsächlich asynchron erfolgen, beweist die Abbildung unten. Hier zeigt sich, dass das Hauptprogramm schon wieder auf eine Eingabe wartet, bevor der erste Flug ausgegeben wird. Die Ausgabe „Start Datenbankabfrage" erfolgt noch in Thread 10. Dann kehrt dieser zum Hauptprogramm zurück, während die Datenbankabfrage und der Rest der Prozedur DatenLesenAsync() nun in Thread 13 weiterlaufen.

```
public static async void DatenLesenAsync()
{
  CUI.MainHeadline("Start DatenLesenAsync");
  using (var ctx = new WWWingsContext())
  {
    // Abfrage definieren
    var abfrage = (from f in ctx.FlugSet.Include(p => p.Buchungen).ThenInclude(b => b.Passagier)
where f.Abflugort == "Rom" && f.FreiePlaetze > 0 select f).Take(1);
    // Abfrage aynchron ausführen
    CUI.PrintWithThreadID("Start Datenbankabfrage");
    var fluege = await abfrage.ToListAsync();
    CUI.PrintWithThreadID("Ende Datenbankabfrage");
    // Ergebnisse ausgeben
    foreach (Flug flug in fluege)
```

```
{
  CUI.PrintWithThreadID("Flug: " + flug.FlugNr + " von " + flug.Abflugort + " nach " +
    flug.Zielort + " hat " + flug.FreiePlaetze + " freie Plätze");


  foreach (var p in flug.Buchungen.Take(5))
  {
    CUI.PrintWithThreadID(" Passagier:  " + p.Passagier.Vorname + " " + p.Passagier.Name);
  }
}
CUI.Headline("Ende DatenLesenAsync");
  }
}
```

Listing: Einsatz von ToListAsync()

Abbildung: Ausgabe des obigen Listings

20.3 SaveChangesAsync()

Auch zum Speichern gibt es eine asynchrone Operation. Das folgende Listing zeigt in der Verbindung mit der Bildschirmaufnahme der Ausgabe gut, wie die Threads nach ToList() und SaveChangesAsync() wechseln.

```
public static async void DatenÄndernAsync()
{
  CUI.MainHeadline("Start DatenÄndernAsync");
  using (var ctx = new WWWingsContext())
  {
    // Abfrage definieren
    var abfrage = (from f in ctx.FlugSet.Include(p => p.Buchungen).ThenInclude(b => b.Passagier)
where f.Abflugort == "Rom" && f.FreiePlaetze > 0 select f).Take(1);
```

```
// Abfrage asynchron ausführen
CUI.PrintWithThreadID("Start Datenbankabfrage");
var fluege = await abfrage.ToListAsync();
CUI.PrintWithThreadID("Ende Datenbankabfrage");
// Ergebnisse ausgeben
foreach (Flug flug in fluege)
{
  CUI.PrintWithThreadID("Flug: " + flug.FlugNr + " von " + flug.Abflugort + " nach " +
    flug.Zielort + " hat " + flug.FreiePlaetze + " freie Plätze");


  foreach (var p in flug.Buchungen.Take(5))
  {
    CUI.PrintWithThreadID(" Passagier:  " + p.Passagier.Vorname + " " + p.Passagier.Name);
    CUI.PrintWithThreadID("   Start Speichern");
    flug.FreiePlaetze--;
    var anz = await ctx.SaveChangesAsync();
    CUI.PrintWithThreadID($"   {anz} Änderungen gespeichert!");
  }
}
CUI.Headline("Ende DatenLesenAsync");
}
}
```

Listing: Einsatz von SaveChangesAsync()

```
H:\TFS\Demos\EF\EFC_WWings\EFC_Konsole\bin\Debug\EFC_Konsole.exe                    —   □   ×
============ Start ==============
Start DatenÄndernAsync
WWWingsContext #01: OnConfiguring
Server=.;Database=WWWings_EFCDemos;Trusted_Connection=True;MultipleActiveResultSets=T
rue;App=Entityframework
WWWingsContext #01: OnModelCreating
Thread #01 10:06:43: Start Datenbankabfrage
!!!!!!!!!!!!!!!!!!!!!! Hauptprogramm wartet auf Eingabe !!!!!!!!!!!!!!!!!!!
Thread #03 10:06:44: Ende Datenbankabfrage
Thread #03 10:06:44: Flug: 128 von Rom nach Prag hat 144 freie Plätze
Thread #03 10:06:44:   Passagier:  Sarah Richter
Thread #03 10:06:44:     Start Speichern
Thread #09 10:06:44:     1 Änderungen gespeichert!
Thread #09 10:06:44:   Passagier:  Lukas Hoffmann
Thread #09 10:06:44:     Start Speichern
Thread #03 10:06:44:     1 Änderungen gespeichert!
Thread #03 10:06:44:   Passagier:  Lukas Schulz
Thread #03 10:06:44:     Start Speichern
Thread #09 10:06:44:     1 Änderungen gespeichert!
Thread #09 10:06:44:   Passagier:  Anna Fischer
Thread #09 10:06:44:     Start Speichern
Thread #03 10:06:44:     1 Änderungen gespeichert!
Thread #03 10:06:44:   Passagier:  Marie Neumann
Thread #03 10:06:44:     Start Speichern
Thread #04 10:06:44:     1 Änderungen gespeichert!
Ende DatenLesenAsync
```

Abbildung: Ausgabe des obigen Listings

20.4 ForeachAsync()

Beim Entity Framework ist es nicht notwendig, eine Abfrage vor einer Iteration mit einem Konvertierungsoperator wie ToList() explizit zu materialisieren. Eine foreach-Schleife über ein Objekt mit IQueryable-Schnittstelle genügt, um die Datenbankabfrage auszulösen. In diesem Fall jedoch bleibt die Datenbankverbindung geöffnet, solange die Schleife läuft, und die Datensätze werden von dem Iterator der IQueryable-Schnittstelle einzeln abgeholt.

Auch dieses Konstrukt kann man asynchron ausführen mit der Methode ForEachAsync(), die eine Ergebnismenge schrittweise abruft und über alle Elemente der Menge jeweils den Methodenrumpf einer Methode (im nachstehenden Listing eine anonyme Methode in Form eines Lambda-Ausdrucks) ausführt.

Auch hier gilt, was im Kapitel "Einfügen/Löschen und Ändern/Das Foreach-Problem" schon gesagt wurde: Man muss SaveChangesAsync() statt SaveChanges() verwenden, damit es nicht zu einem Transaktionsproblem zwischen der noch laufende Leseoperation und der Schreiboperation kommt.

WICHTIG: Es kommt dann wieder zum Laufzeitfehler, wenn Sie das Ergebnis von SaveChangesAsync() nutzen wollen: var anz = await ctx.SaveChangesAsync(). Die beste Lösung ist: Sie verzichten auf ForEachAsync() und verwenden ToListAsync()!

```
public static async void Demo_AsyncForeach()
  {
    CUI.MainHeadline("Start Demo_AsyncForeach");
```

```
WWWingsContext ctx = new WWWingsContext();

// Abfrage definieren

var abfrage = (from f in ctx.FlugSet.Include(p => p.Buchungen).ThenInclude(b => b.Passagier) where
f.Abflugort == "Rom" && f.FreiePlaetze > 0 select f).Take(1);

// Abfrage asynchron ausführen im Rahmen von foreForEachAsyncachasync

CUI.PrintWithThreadID("Start Datenausgabe");

await abfrage.ForEachAsync(flug =>

{

 // Ergebnisse ausgeben

 CUI.PrintWithThreadID("Flug: " + flug.FlugNr + " von " + flug.Abflugort + " nach " + flug.Zielort
+ " hat " + flug.FreiePlaetze + " freie Plätze");


 foreach (var p in flug.Buchungen)

 {

 CUI.PrintWithThreadID(" Passagier: " + p.Passagier.Vorname + " " + p.Passagier.Name);

 }


 // Änderung an jedem flug-Objekt speichern

 CUI.PrintWithThreadID("  Start Speichern");

 flug.FreiePlaetze--;

ctx.SaveChangesAsync();

 // das geht nicht var anz = await ctx.SaveChangesAsync();

 CUI.PrintWithThreadID("   Änderungen gespeichert!");

});


 CUI.PrintWithThreadID("Ende Demo_AsyncForeach");

}
```

Listing: Einsatz von ForEachAsync()

21 Dynamische LINQ-Abfragen

Einer der Vorteile der Language Integrated Query (LINQ) ist die Überprüfbarkeit der Befehle durch den Compiler zur Entwicklungszeit. Es gibt aber einige Praxisfälle, in denen der ausführende Befehl gar nicht komplett zur Entwicklungszeit feststeht, zum Beispiel weil der Benutzer in einer Bildschirmmaske aus zahlreichen Filtern einige (aber nicht alle) auswählt. Dieses Kapitel zeigt Möglichkeiten auf, wie man LINQ-Befehle in Verbindung mit dem Entity Framework Core teilweise oder ganz dynamisieren kann.

21.1 Schrittweises zusammensetzen von LINQ-Abfragen

LINQ-Abfragen werden erst ausgeführt, wenn man einen Konvertierungsoperator ausführt (Defered Execution). Vorher kann man eine LINQ-Abfrage um weitere Bedingungen, Sortierungen und auch Paging erweitern, wie das folgende Listing zeigt, in dem fallweise eine Bedingung für Abflugort und/oder Zielort, fallweise ein Filtern nach Flügen mit freien Plätzen und fallweise eine Sortierung ergänzt wird. Gesteuert werden die Fälle über die Variablen zu Beginn, die hier Eingabe des Benutzers repräsentieren sollen.

PRAXISTIPP: Solange man aber nicht auf eine Abfrage einen Konvertierungsoperator wie ToList(), To Dictionary(), ToArray() oder First()/Single() anwendet oder auf den Enumerator oder ein einzelnes Element (z.B. mit ElementAt()) zugreift, verweilt die Abfrage als solche im RAM und kann noch modifiziert werden.

```
public static void SchrittweisesZusammensetzen()
{
 CUI.MainHeadline(nameof(SchrittweisesZusammensetzen));
 using (WWWingsContext ctx = new WWWingsContext())
 {
  string Abflugort = "Paris";
  string Zielort = "";
  bool nurMitFreienPlaetzen = true;
  bool sortieren = true;


  // Grundabfrage
  IQueryable<Flug> flugQuery = (from f in ctx.FlugSet select f);


  // fallweises Erweitern um Bedingungen
  if (!String.IsNullOrEmpty(Abflugort)) flugQuery = from f in flugQuery where f.Abflugort ==
Abflugort select f;
  if (!String.IsNullOrEmpty(Zielort)) flugQuery = from f in flugQuery where f.Zielort == Zielort
select f;
  // Erweitern in einer wiederverwendbaren Unterroutine ist möglich
  if (nurMitFreienPlaetzen) flugQuery = PlatzAnzahlMussGroesser0Sein(flugQuery);
  // fallweises Erweitern um Sortierung
  if (sortieren) flugQuery = flugQuery.OrderBy(f => f.Datum);


  // Jetzt erst zur Datenbank senden!
  List<Flug> flugListe = flugQuery.ToList();
```

```
    if (flugListe.Count == 0) Debugger.Break();

    foreach (var f in flugListe)

    {

      Console.WriteLine("Flug: " + f.FlugNr + " von " + f.Abflugort + " nach " +

      f.Zielort + " hat " + f.FreiePlaetze + " freie Plätze");

    }

  }

}

static public IQueryable<Flug> PlatzAnzahlMussGroesser0Sein(IQueryable<Flug> query)

{

  return query.Where(f => f.FreiePlaetze > 0);

}
```

Listing: LINQ-Befehle schrittweise zusammensetzen

Aus diesem Programmcode entsteht folgender SQL-Befehl, in diesem Fall mit Filter über Abflugort und FreiePlaetze sowie der Sortierung nach FlugDatum:

SELECT [f].[FlugNr], [f].[Abflugort], [f].[Bestreikt], [f].[CopilotId], [f].[FlugDatum],
[f].[Fluggesellschaft], [f].[FlugzeugTypID], [f].[FreiePlaetze], [f].[LetzteAenderung], [f].[Memo],
[f].[NichtRaucherFlug], [f].[PilotId], [f].[Plaetze], [f].[Preis], [f].[Timestamp], [f].[Zielort]

FROM [Flug] AS [f]

WHERE (([f].[Abflugort] = @__Abflugort_0) AND ([f].[FreiePlaetze] > 0)

ORDER BY [f].[FlugDatum]

21.2 Expression Trees

Expression Trees (.NET-Namensraum System.Linq.Expressions) sind die Basis für alle LINQ-Abfragen: Entity Framework Core wandelt jede LINQ-Abfrage in einen Expression Tree um. Man kann auch selbst mit Expression Trees arbeiten, was aber doch meist sehr aufwändig ist.

Der C#-Programmcode im folgenden Listing definiert zunächst eine LINQ -Abfrage mit einer Bedingung. Dann wird – abhängig von den Werten zweier lokaler Variablen – die Abfrage um zwei zusätzliche Bedingungen erweitert. Audh dieser Programmcode macht sich zu Nutze, dass LINQ-Befehle erst verzögert ausgeführt werden (Defered Execution), wenn man die Ergebnismenge tatsächlich benötigt. Solange man aber nicht auf eine Abfrage einen Konvertierungsoperator wie ToList(), ToDictionary(), ToArray() oder First()/Single() anwendet oder auf den Enumerator oder ein einzelnes Element (z.B. mit ElementAt()) zugreift, verweilt die Abfrage als solche im RAM und kann noch modifiziert werden. Das geht natürlich auch mit einer beliebigen, zur Laufzeit nicht feststehenden Anzahl von Bedingungen, wie Listing 2 zeigt, in dem die Bedingungen als SortedDictionary übergeben werden.

```
/// <summary>

/// Beispiel für den Einsatz von Expression Trees zur Modifikation einer bestehenden LINQ-Abfrage bei
EF Core

/// </summary>

public static void ExpressionTree_Einfach()

  {

    CUI.MainHeadline(nameof(ExpressionTree_Einfach));
```

```csharp
string Zielort = "Rom";
short? MindestzahlFreierPlaetze = 10;


// EF Modell
using (WWWingsContext ctx = new WWWingsContext())
{

 // Basismenge
 IQueryable<GO.Flug> abfrage = from flug in ctx.FlugSet where flug.FlugNr < 300 select flug;

 // dynamische Zusatzbedingungen
 if (!String.IsNullOrEmpty(Zielort) && MindestzahlFreierPlaetze > 0)
 {

  // Laufvariable definieren
  ParameterExpression f = Expression.Parameter(typeof(GO.Flug), "f");

  // Bedingung 1 festlegen
  Expression left = Expression.Property(f, "Zielort");
  Expression right = Expression.Constant(Zielort);
  Expression Bed1 = Expression.Equal(left, right);

  // Bedingung 2 festlegen
  left = Expression.Property(f, "FreiePlaetze");
  right = Expression.Constant((short?)MindestzahlFreierPlaetze, typeof(short?));
  Expression Bed2 = Expression.GreaterThan(left, right);

  // Verbinden beider Bedingungen mit And
  Expression predicateBody = Expression.And(Bed1, Bed2);

  // Expression Tree aus beiden Bedingungen
  MethodCallExpression whereCallExpression = Expression.Call(
      typeof(Queryable),
      "Where",
      new Type[] { abfrage.ElementType },
      abfrage.Expression,
      Expression.Lambda<Func<GO.Flug, bool>>(predicateBody, new ParameterExpression[] { f }));

  // Umwandeln des Expression Tree in eine Abfrage
  abfrage = abfrage.Provider.CreateQuery<GO.Flug>(whereCallExpression);
 }
```

```
    ctx.Log();

    Console.WriteLine("\nGefundene Flüge:");

    foreach (GO.Flug Flug in abfrage.ToList())

    {

        Console.WriteLine("Flug Nr {0} von {1} nach {2}: {3} freie Plätze!", Flug.FlugNr,
Flug.Abflugort, Flug.Zielort, Flug.FreiePlaetze);

    }

  }

}
```

Listing 1: LINQ-Befehle mit Expression Trees erweitern

Aus Listing 1 entsteht folgender SQL-Befehl:

SELECT [flug].[FlugNr], [flug].[Abflugort], [flug].[Bestreikt], [flug].[CopilotId], [flug].[FlugDatum], [flug].[Fluggesellschaft], [flug].[FlugzeugTypID], [flug].[FreiePlaetze], [flug].[LetzteAenderung], [flug].[Memo], [flug].[NichtRaucherFlug], [flug].[PilotId], [flug].[Plaetze], [flug].[Preis], [flug].[Timestamp], [flug].[Zielort]

FROM [Flug] AS [flug]

WHERE (([flug].[FlugNr] < 300) AND ((CASE

WHEN [flug].[Zielort] = N'Rom'

THEN CAST(1 AS BIT) ELSE CAST(0 AS BIT)

END & CASE

WHEN [flug].[FreiePlaetze] > 10

THEN CAST(1 AS BIT) ELSE CAST(0 AS BIT)

END) = 1)

```
/// <summary>
/// Beispiel für den Einsatz von Expression Trees zur Modifikation
/// einer bestehenden LINQ-Abfrage bei EFC Core
/// am Beispiel einer WHERE-Bedingung mit einer variablen Anzahl von Bedingungen
/// Hintergrund: Ein Benutzer hat auf dem Bildschirm eine variable Anzahl von Filtern
/// Annahme, um das Beispiel prägnant zu halten: Es wird immer auf Gleichzeit geprüft
/// </summary>
public static void ExpressionTree_Variabel()
{
  CUI.MainHeadline(nameof(ExpressionTree_Variabel));


  // Eingabedaten
  var Filter = new SortedDictionary<string, object>() { { "Abflugort", "Rom" }, { "Zielort",
"Berlin" }, { "PilotID", 123 } };


  // EF Modell
```

```csharp
using (WWWingsContext ctx = new WWWingsContext())
{

    // Basismenge
    var Q_Vorlaeufig = from flug in ctx.FlugSet select flug;


    // Laufvariable definieren
    ParameterExpression f = Expression.Parameter(typeof(GO.Flug), "f");


    Expression GesamtBedingung = null;
    foreach (var filter in Filter)
    {
     // Bedingung festlegen
     Expression left = Expression.Property(f, filter.Key);
     Expression right = Expression.Constant(filter.Value);
     Expression Bed = Expression.Equal(left, right);
     // Verknpüfen mit den bisherigen Bedingungen
     if (GesamtBedingung == null) GesamtBedingung = Bed;
     else GesamtBedingung = Expression.And(GesamtBedingung, Bed); // hier: "UND"
    }


    // Expression Tree aus allen Bedingungen
    MethodCallExpression whereCallExpression = Expression.Call(
        typeof(Queryable),
        "Where",
        new Type[] { Q_Vorlaeufig.ElementType },
        Q_Vorlaeufig.Expression,
        Expression.Lambda<Func<GO.Flug, bool>>(GesamtBedingung, new ParameterExpression[] { f }));


    // Umwandeln des Expression Tree in eine Abfrage
    var Q_Endgueltig = Q_Vorlaeufig.Provider.CreateQuery<GO.Flug>(whereCallExpression);



    // Ausgabe der Ergebnismenge
    Console.WriteLine("\nGefundene Flüge:");
    foreach (var Flug in Q_Endgueltig)
    {
     Console.WriteLine("Flug Nr {0} von {1} nach {2}: {3} freie Plätze!", Flug.FlugNr,
Flug.Abflugort, Flug.Zielort, Flug.FreiePlaetze);
    }
 }
}
```

Listing 2: LINQ-Befehle mit Expression Trees erweitern

Aus Listing 2 entsteht folgender SQL-Befehl:

*SELECT [flug].[FlugNr], [flug].[Abflugort], [flug].[Bestreikt], [flug].[CopilotId], [flug].[FlugDatum],
[flug].[Fluggesellschaft], [flug].[FlugzeugTypID], [flug].[FreiePlaetze], [flug].[LetzteAenderung],
[flug].[Memo], [flug].[NichtRaucherFlug], [flug].[PilotId], [flug].[Plaetze], [flug].[Preis],
[flug].[Timestamp], [flug].[Zielort]*

FROM [Flug] AS [flug]

WHERE ((CASE

   WHEN [flug].[Abflugort] = N'Rom'

   THEN CAST(1 AS BIT) ELSE CAST(0 AS BIT)

END & CASE

   WHEN [flug].[PilotId] = 3

   THEN CAST(1 AS BIT) ELSE CAST(0 AS BIT)

END) & CASE

   WHEN [flug].[Zielort] = N'Essen/Mülheim'

   THEN CAST(1 AS BIT) ELSE CAST(0 AS BIT)

END) = 1

21.3 Dynamic LINQ

Wenn das schrittweise Zusammensetzen von LINQ nicht ausreicht, muss man aber dennoch nicht unbedingt Expression Trees verwenden. Eine Alternative ist die Bibliothek "Dynamic LINQ". "Dynamic LINQ" ist kein Bestandteil des .NET Frameworks und auch keine offizielles Add-on. Dynamic LINQ ist nur ein Beispiel, das Microsoft im Rahmen einer Beispielsammlung (siehe [1]) ausliefert. Dieses Beispiel wurde aber durch einen Blogeintrag von Scott Guthrie "geadelt" [1] und ist seitdem weit verbreitet. Dass das Beispiel als "System.Linq.Dynamic" im Wurzelnamensraum "System" liegt, ist ungewöhnlich und legte nahe, dass Microsoft dies in Zukunft in das .NET Framework integrieren würde. Das ist aber bisher nicht passiert und scheint nicht mehr auf der Agenda zu stehen. Dynamic LINQ besteht aus mehreren Klassen mit rund 2000 Codezeilen. Wichtigste Klasse ist DynamicQueryable; diese Klasse stellt zahlreiche Erweiterungsmethoden für die IQueryable-Schnittstelle bereit, z.B. Where(), OrderBy(), GroupBy() und Select(), die allesamt Zeichenketten akzeptieren.

Das folgende Listing 5 zeigt eine Lösung mit Dynamic LINQ, die eleganter ist als die Lösung mit den Expression Trees.

Hinweis: In Dynamic LINQ gibt es aber leider keinen dynamischen Joins. Dazu findet man aber eine Lösung in Internet [2].

```
public static void DynamicLINQ()
```

```
{
  CUI.MainHeadline(nameof(DynamicLINQ));

  // Eingabedaten

  var Filter = new SortedDictionary<string, object>() { { "Abflugort", "Rom" }, { "Zielort",
"Berlin" }, { "PilotID", 123 } };

  string Sortierung = "FreiePlaetze desc";


  // EF Modell

  using (WWWingsContext ctx = new WWWingsContext())

  {

  // Basismenge

  IQueryable<GO.Flug> abfrage = from flug in ctx.FlugSet where flug.FlugNr > 300 select flug;


  // Modfikation der Abfrage

  foreach (var filter in Filter)

  {

    Console.WriteLine(filter.Value.GetType().Name);

    switch (filter.Value.GetType().Name)

    {

      case "String":

        abfrage = abfrage.Where(filter.Key + " = \"" + filter.Value + "\""); break;


      default:

        abfrage = abfrage.Where(filter.Key + " = " + filter.Value); break;

    }

  }


  // optionale Sortierung

  if (!String.IsNullOrEmpty(Sortierung)) abfrage = abfrage.OrderBy(Sortierung);



  // Ausgabe der Ergebnismenge

  Console.WriteLine("\nGefundene Flüge:");

  foreach (var Flug in abfrage)

  {

    Console.WriteLine("Flug Nr {0} von {1} nach {2}: {3} freie Plätze!", Flug.FlugNr,
Flug.Abflugort, Flug.Zielort, Flug.FreiePlaetze);

  }

  }

}
```

Listing: Einsatz von Dynamic LINQ

Aus diesem Programmcode entsteht folgender SQL-Befehl:

SELECT [flug].[FlugNr], [flug].[Abflugort], [flug].[Bestreikt], [flug].[CopilotId], [flug].[FlugDatum], [flug].[Fluggesellschaft], [flug].[FlugzeugTypID], [flug].[FreiePlaetze], [flug].[LetzteAenderung], [flug].[Memo], [flug].[NichtRaucherFlug], [flug].[PilotId], [flug].[Plaetze], [flug].[Preis], [flug].[Timestamp], [flug].[Zielort]

FROM [Flug] AS [flug]

WHERE (((([flug].[FlugNr] > 300) AND ([flug].[Abflugort] = N'Rom')) AND ([flug].[PilotId] = 123)) AND ([flug].[Zielort] = N'Berlin')

ORDER BY [flug].[FreiePlaetze] DESC

21.4 Literatur zu diesem Kapitel

[1] Scott Guthrie: Dynamic LINQ (Part 1: Using the LINQ Dynamic Query Library)
http://weblogs.asp.net/scottgu/archive/2008/01/07/dynamic-linq-part-1-using-the-linq-dynamic-query-library.aspx

[2] How to create a dynamic LINQ Join extension method
http://stackoverflow.com/questions/389094/how-to-create-a-dynamic-linq-join-extension-method

22 Daten lesen und ändern mit SQL, Stored Procedures und Table Valued Functions

Wenn LINQ und das API von Entity Framework Core nicht reichen, kann der Entwickler auch SQL-Befehle direkt zur Datenbank senden.

Language Integrated Query (LINQ) und das Entity Framework Core-API (Add(), Remove(), SaveChanges() usw.) sind eine Abstraktion von SQL. Entity Framework Core bzw. der jeweilige Datenbankprovider wandelt LINQ und API-Aufrufe in SQL um. Die Abstraktion, die Entity Framework Core hier bietet, ist in vielen Fällen gut geeignet, um effiziente, robuste und datenbankmanagementsystemneutrale Befehle zur Datenbank zu senden. Aber LINQ und das API können nicht alles, was SQL kann und nicht alles, was Entity Framework Core zur Datenbank sendet, ist auch nicht immer performant genug.

Auch schon im klassischen Entity Framework konnte der Entwickler anstelle von LINQ direkt SQL-Befehle zur Datenbank senden. In Entity Framework Core gibt es diese Möglichkeiten in veränderter Form. Zum Teil gibt es mehr Möglichkeiten, zum Teil aber auch (bislang noch) weniger Möglichkeiten als im klassischen Entity Framework.

22.1 Abfragen mit FromSql()

Für SQL-Abfragen, die als Rückgabe einen dem Entity Framework Core-Kontext bekannten Entitätstyp liefern, stehen in der Klasse DbSet<Entitätstyp> die Methoden FromSql() und FromSql<Entitätstyp>() bereit. Das Ergebnis ist ein IQueryable<Entitätstyp>, siehe Listing 1.

```
public static void Demo_SQLDirekt1()

{

 CUI.MainHeadline("SQLDirekt1");

 string ort = "Berlin";

 using (var ctx = new WWWingsContext())

 {

  ctx.Log();

   IQueryable<Flug> flugliste = ctx.FlugSet.FromSql("Select * from Flug where Abflugort='" + ort +
"'");

  Console.WriteLine(flugliste.Count());

  foreach (var flug in flugliste)

  {

   Console.WriteLine(flug);

  }

  Console.WriteLine(flugliste.Count());

 }

}
```

Listing 1: SQL-Abfrage in Entity Framework Core mit der Gefahr eines SQL-Injektionsangriffs

Dabei muss der Entwickler die SQL-Abfrage nicht als eine komplette Zeichenkette angeben. Er kann auch Platzhalter verwenden (siehe Listing 2).

```
public static void Demo_SQLDirekt2()
```

```
{
  CUI.MainHeadline("SQLDirekt2");

  string ort = "Berlin";

  using (var ctx = new WWWingsContext())

  {

   ctx.Log();

   IQueryable<Flug> flugliste = ctx.FlugSet.FromSql("Select * from Flug where Abflugort={0}", ort);

   Console.WriteLine(flugliste.Count());

   foreach (var flug in flugliste)

   {

     Console.WriteLine(flug);

   }

   Console.WriteLine(flugliste.Count());

  }

}
```

Listing 2: Zweite Variante der SQL-Abfrage in Entity Framework Core

Seit Entity Framework Core 2.0 Preview 2 ist es sogar möglich, hier die String Interpolation zu nutzen, die es seit C# 6.0 gibt (siehe Listing 3).

```
public static void Demo_SQLDirekt3()

{

  CUI.MainHeadline("SQLDirekt3");

  string ort = "Berlin";

  using (var ctx = new WWWingsContext())

  {

   ctx.Log();

   IQueryable<Flug> flugliste = ctx.FlugSet.FromSql($@"Select * from Flug where Abflugort={ort}");

   Console.WriteLine(flugliste.Count());

   foreach (var flug in flugliste)

   {

     Console.WriteLine(flug);

   }

   Console.WriteLine(flugliste.Count());

  }

}
```

Listing 3: Dritte Variante der SQL-Abfrage in Entity Framework

Sowohl in Listing 2 als auch in Listing 3 muss man den Platzhalter nicht in einfache Anführungszeichen setzen. Genau genommen: Man darf hier keine einfachen Anführungszeichen verwenden, denn Entity Framework Core wandelt die Abfrage in eine parametrisierte Abfrage (Die Parameter werden zu einer Instanz der Klasse DbParameter) um. Bei Listing 2 empfängt die Datenbank einen SQL-Befehl mit einem Parameter:

*Select * from Flug where Abflugort=@p0*

Bei Listing 3 sind es analog zwei Parameter:

*Select * from Flug where Abflugort=@p0 and zielort=@p1*

Der Entwickler ist also hierbei vor SQL-Injektionsangriffen geschützt und sollte daher zur Vermeidung solcher Sicherheitslücken auch nicht wie in Listing 1 selbst den SQL-Befehl als Zeichenkette zusammensetzen!

Genau wie beim klassischen Entity Framework Core muss der SQL-Befehl alle Spalten liefern, um das Entitätsobjekt komplett zu befüllen. Eine partielle Befüllung (Projektion) wird bisher nicht unterstützt. Jeglicher Versuch der partiellen Befüllung scheitert daran, dass Entity Framework Core zur Laufzeit solange mit der Fehlermeldung "The required column xy was not present in the results of a 'FromSql'" meckert, bis alle Eigenschaften des Entitätsobjekts einen Gegenpart im Resultset haben.

22.2 Zusammensetzbarkeit von LINQ und SQL

Die Implementierung im klassischen Entity Framework hieß DbSet<Entitätsklasse>.SqlQuery() und lieferte als Rückgabeobjekt kein IQueryable<Entitätsklasse>, sondern eine Instanz von DbRawSqlQuery<Entitätstyp>. Die Rückgabe von IQueryable<Entitätsklasse> in Entity Framework Core hat den Vorteil, dass der Entwickler nun SQL und LINQ in einer Abfrage mischen kann.

Dies sieht man schon in Listing 1, wo flugliste.Count() zu

SELECT COUNT(*)

FROM (

   *Select * from Flug where Abflugort='Berlin'*

) AS [f]

führt. Der selbst geschriebene SQL-Befehl wird also als Unterabfrage eingebettet in die Abfrage, die die LINQ-Operation erzeugt.

Dies bedeutet aber auch, dass es in Listing 1 drei Rundgänge zur Datenbank gibt: zweimal für das Zählen und einmal für das Abholen der Datensätze. Genau wie bei LINQ sollte man daher bewusst einen Konvertierungsoperator wie ToList() einsetzen. In Listing 4 wird nun die Ergebnismenge direkt abgeholt, und das zweimalige Zählen ist dann nur noch die Abfrage der Länge der materialisierten Objektmenge im RAM, was wesentlich schneller geht!

```
public static void Demo_SQLDirekt4()
{
  CUI.MainHeadline("SQLDirekt4");
  string ort = "Berlin";
  using (var ctx = new WWWingsContext())
  {
   ctx.Log();
   List<Flug> flugliste = ctx.FlugSet.FromSql($@"Select * from Flug where
Abflugort={ort}").ToList();
   Console.WriteLine(flugliste.Count());
   foreach (var flug in flugliste)
   {
    Console.WriteLine(flug);
```

```
    }
    Console.WriteLine(flugliste.Count());
  }
}
```

Listing 4: ToList() sorgt dafür, dass es nur noch einen Rundgang zur Datenbank gibt.

Noch eindrucksvoller zeigt die Zusammensetzbarkeit von SQL und LINQ in Entity Framework Core das Listing 5, bei dem mit Include() auch verbundene Datensätze geladen werden, was sonst bei FromSql() nicht möglich ist.

```
public static void Demo_SQLDirektUndLINQZusammensetzbarkeit()
{
  CUI.MainHeadline("SQLDirektUndLINQ");
  string ort = "Berlin";
  using (var ctx = new WWWingsContext())
  {
    ctx.Log();
    var flugliste = ctx.FlugSet.FromSql("Select * from Flug where Abflugort={0}", ort).Where(x =>
x.FreiePlaetze > 10) .Include(f=>f.Pilot).OrderBy(x => x.FreiePlaetze).ToList();
foreach (var flug in flugliste)
    {
      Console.WriteLine(flug);
    }
    Console.WriteLine(flugliste.Count());
  }
}
```

Listing 5: Zusammensetzbarkeit von SQL und LINQ in Entity Framework Core

Mit Programmcode aus Listing 5 erhält die Datenbank folgenden SQL-Befehl:

SELECT [f].[FlugNr], [f].[Abflugort], [f].[Bestreikt], [f].[CopilotId], [f].[FlugDatum], [f].[Fluggesellschaft], [f].[FlugzeugTypID], [f].[FreiePlaetze], [f].[LetzteAenderung], [f].[Memo], [f].[NichtRaucherFlug], [f].[PilotId], [f].[Plaetze], [f].[Preis], [f].[Timestamp], [f].[Zielort], [f.Pilot].[PersonID], [f.Pilot].[Ausweisnummer], [f.Pilot].[DetailID], [f.Pilot].[Discriminator], [f.Pilot].[EMail], [f.Pilot].[Geburtsdatum], [f.Pilot].[Gehalt], [f.Pilot].[Name], [f.Pilot].[VorgesetzterPersonID], [f.Pilot].[Vorname], [f.Pilot].[FlugscheinSeit], [f.Pilot].[Flugscheintyp], [f.Pilot].[Flugschule], [f.Pilot].[Flugstunden]

FROM (

  Select * from Flug where Abflugort=@p0

) AS [f]

INNER JOIN [Mitarbeiter] AS [f.Pilot] ON [f].[PilotId] = [f.Pilot].[PersonID]

WHERE ([f.Pilot].[Discriminator] = N'Pilot') AND ([f].[FreiePlaetze] > 10)

ORDER BY [f].[FreiePlaetze]

22.3 Globale Abfragefilter bei SQL-Abfragen (ab Version 2.0)

Die bereits im Kapitel "Daten lesen mit LINQ" besprochenen globalen Abfragefilter funktionieren auch bei der direkten Abfrage via SQL mit FromSql().

Beispiel: Globaler Filter, dass nur die Flüge einer Fluggesellschaft und nur nicht ausgebuchte Flüge zurückgegeben werden, wird mit HasQueryFilter() in OnModelCreating() in der Kontextklasse definiert:

```
builder.Entity<Flug>().HasQueryFilter(x => x.FreiePlaetze > 0 && x.Fluggesellschaft ==
Fluggesellschaft.WorldWideWings);
```

Dadurch entsteht aus dieser Abfrage

```
List<Flug> flugSet2 = ctx.FlugSet.FromSql("select * from Flug where Abflugort = 'Berlin'").ToList();
```

das folgende SQL:

```
SELECT [f].[FlugNr], [f].[Abflugort], [f].[Bestreikt], [f].[CopilotId], [f].[FlugDatum],
[f].[Fluggesellschaft], [f].[FlugzeugTypID], [f].[FreiePlaetze], [f].[LetzteAenderung], [f].[Memo],
[f].[NichtRaucherFlug], [f].[PilotId], [f].[Plaetze], [f].[Preis], [f].[Timestamp], [f].[Zielort]

FROM (

    select * from Flug where Abflugort = 'Berlin'

) AS [f]

WHERE ([f].[FreiePlaetze] > 200) AND ([f].[Fluggesellschaft] = 0)
```

22.4 Stored Procedures und Table Valued Functions

Mit FromSql() kann man auch Stored Procedures, die ein Resultset liefern (Listing 6), und Table Valued Functions (Listing 7) elegant aufrufen. Zu bedenken ist dabei aber, dass die Zusammensetzbarkeit nur bei Table Valued Functions funktioniert. Listing 6 führt in der Datenbank aus:

EXEC GetFluegeVonSP @p0

Die ergänzende Bedingungen (hier: dass es freie Plätze geben muss) werden im RAM ausgeführt.

Listing 7 führt hingegen in der Datenbank aus:

*SELECT   [x].[FlugNr],   [x].[Abflugort],   [x].[Bestreikt],   [x].[CopilotId],   [x].[FlugDatum],
[x].[Fluggesellschaft], [x].[FlugzeugTypID], [x].[FreiePlaetze], [x].[LetzteAenderung], [x].[Memo],
[x].[NichtRaucherFlug], [x].[PilotId], [x].[Plaetze], [x].[Preis], [x].[Timestamp], [x].[Zielort]*

FROM (

*Select * from GetFluegeVonTVF(@p0)*

) AS [x]

WHERE [x].[FreiePlaetze] > 10

Es gibt in Entity Framework Core aber bisher weder einen Programmcodegenerator für Wrapper-Methoden zu Stored Procedures und Table Valued Functions (wie dies bei "Database First" im klassischen Entity Framework verfügbar ist), noch einen SQL-Generator für Stored Procedures für INSERT, UPDATE und DELETE (wie dies bei "Code First" im klassischen Entity Framework verfügbar ist).

```
public static void Demo_SP()

{

  CUI.MainHeadline("Demo_SP");
```

```
using (var ctx = new WWWingsContext())

{

var flugliste = ctx.FlugSet.FromSql("EXEC GetFluegeVonSP {0}", "Rom").Where(x => x.FreiePlaetze >
0).ToList();

Console.WriteLine(flugliste.Count());

foreach (var flug in flugliste)

{

Console.WriteLine(flug);

}

Console.WriteLine(flugliste.Count());

}

}
```

Listing 6: Nutzung einer Stored Procedure, die Flug-Datensätze liefert

```
public static void Demo_TVF()

{

CUI.MainHeadline("Demo_TVF");

using (var ctx = new WWWingsContext())

{

var flugliste = ctx.FlugSet.FromSql("Select * from GetFluegeVonTVF({0})", "Rom").Where(x =>
x.FreiePlaetze > 0).ToList();

Console.WriteLine(flugliste.Count());

foreach (var flug in flugliste)

{

Console.WriteLine(flug);

}

Console.WriteLine(flugliste.Count());

}

}
```

Listing 7: Nutzung einer Table Value Function, die Flug-Datensätze liefert

22.5 Globale Abfragefilter bei Stored Procedures und Table Valued Functions

Die bereits im Kapitel "Daten lesen mit LINQ" besprochenen globalen Abfragefilter funktionieren auch bei der Verwendung von Table Value Functions (TVFs) mit FromSql().

Beispiel: Globaler Filter, dass nur die Flüge einer Fluggesellschaft und nur nicht ausgebuchte Flüge zurückgegeben werden, wird mit HasQueryFilter() in OnModelCreating() in der Kontextklasse definiert:

```
builder.Entity<Flug>().HasQueryFilter(x => x.FreiePlaetze > 0 && x.Fluggesellschaft ==
Fluggesellschaft.WorldWideWings);
```

Dadurch entsteht aus dieser Abfrage

```
List<Flug> flugSet3 = ctx.FlugSet.FromSql("Select * from GetFluegeVonTVF({0})",
"Berlin").Where(f=>f.NichtRaucherFlug == true).ToList();
```

das folgende SQL:

```
SELECT [f].[FlugNr], [f].[Abflugort], [f].[Bestreikt], [f].[CopilotId], [f].[FlugDatum],
[f].[Fluggesellschaft], [f].[FlugzeugTypID], [f].[FreiePlaetze], [f].[LetzteAenderung], [f].[Memo],
[f].[NichtRaucherFlug], [f].[PilotId], [f].[Plaetze], [f].[Preis], [f].[Timestamp], [f].[Zielort]

FROM (

    Select * from GetFluegeVonTVF(@p0)

) AS [f]

WHERE ((([f].[FreiePlaetze] > 200) AND ([f].[Fluggesellschaft] = 0)) AND ([f].[NichtRaucherFlug] = 1)
```

ACHTUNG: Beim Aufruf einer Stored Procedure wirken die globalen Filter im RAM!

Aus der Abfrage

```
List<Flug> flugSet4 = ctx.FlugSet.FromSql("EXEC GetFluegeVonSP {0}", "Berlin").ToList();
```

wird daher in er Datenbank nur ausgeführt:

```
EXEC GetFluegeVonSP @p0
```

22.6 Nicht-Entitätsklassen als Ergebnismenge

Leider gibt es auch (zumindest bislang) eine große Einschränkung in Entity Framework Core gegenüber dem Vorgänger: Im Vorgänger wurde SqlQuery() nicht nur auf Instanzen der Klasse DbSet<Entitätstyp>, sondern auch in dem Database-Objekt in der Kontextklasse angeboten. Hier konnte man auch anderen Typen, die nicht Entitätstypen waren, also andere selbstdefinierte Klassen oder auch elementare Datentypen, angeben, in die Entity Framework die Abfrageergebnisse materialisieren soll.

Leider kann dies Entity Framework Core (noch) nicht (vgl. [1]). Der Versuch, einen anderen Objekttyp als Typparameter bei FromSql() als den Entitätstyp anzugeben, kompiliert erst gar nicht:

```
var liste = ctx.FlugSet.FromSql<FlugDTO>("Select FlugNr, Abflugort, Zielort, Datum from Flug");
```

Ein Versuch mit der Methode Set<T>()

```
var liste = ctx.Set<FlugDTO>().FromSql("Select FlugNr, Abflugort, Zielort, Datum from Flug");
```

kompiliert zwar, aber Entity Framework Core sagt dann zur Laufzeit, dass dies nicht unterstützt wird: "Cannot create a DbSet for 'FlugDTO' because this type is not included in the model for the context."

Listing 8 zeigt die Nachrüstung einer ExecuteSqlQuery()-Methode im Database-Objekt, die aber nur ein DbDataReader-Objekt zurückliefert und keine Materialisierung erlaubt. Diese Erweiterungsmethode wird dann in Listing 9 verwendet.

```
public static class RDFacadeExtensions

  {

    public static RelationalDataReader ExecuteSqlQuery(this DatabaseFacade databaseFacade, string sql,
params object[] parameters)

    {

      var concurrencyDetector = databaseFacade.GetService<IConcurrencyDetector>();


      using (concurrencyDetector.EnterCriticalSection())

      {

        var rawSqlCommand = databaseFacade

            .GetService<IRawSqlCommandBuilder>()

            .Build(sql, parameters);
```

```
    return rawSqlCommand
        .RelationalCommand
        .ExecuteReader(
            databaseFacade.GetService<IRelationalConnection>(),
            parameterValues: rawSqlCommand.ParameterValues);
    }
  }
}
```

Listing 8: Erweiterungsmethode Database.ExecuteSqlQuery()

```
public static void Demo_Datareader()
{
  string Ort = "Berlin";
  using (var ctx = new WWWingsContext())
  {
    RelationalDataReader rdr = ctx.Database.ExecuteSqlQuery("Select * from Flug where Abflugort={0}",
Ort);
    DbDataReader dr = rdr.DbDataReader;
    while (dr.Read())
    {
      Console.WriteLine("{0}\t{1}\t{2}\t{3} \n", dr[0], dr[1], dr[2], dr[3]);
    }
    dr.Dispose();
  }
}
```

Listing 9: Einsatz von Database.ExecuteSqlQuery()

22.7 SQL-DML-Befehle ohne Resultset

SQL-Data Manipulation Language (DML)-Befehle, die keine Ergebnismenge (Resultset) liefern (z.B. Befehle wie INSERT, UPDATE und DELETE), kann man in Entity Framework Core genau wie beim Vorgänger mit ExecuteSqlCommand() im Database-Objekt ausführen und man erhält die Anzahl zurück (siehe Listing 10).

```
public static void Demo_SqlCommand()
{
  using (var ctx = new WWWingsContext())
  {
    var anz = ctx.Database.ExecuteSqlCommand("Delete from Flug where Flugnr>{0}",10000);
    Console.WriteLine("Gelöscht: " + anz);
  }
}
```

Listing 10: Einsatz von Database.ExecuteSqlCommand()

22.8 Literatur zu diesem Kapitel

[1] Raw store access APIs: Support for ad hoc mapping of arbitrary types #1862
https://github.com/aspnet/EntityFramework/issues/1862

23 Softwarearchitektur mit Entity Framework Core

Das Entity Framework Core gehört zweifelsohne zur Daten(bank)zugriffsschicht. Aber wie sieht eigentlich das Schichtenmodell insgesamt aus, wenn man Entity Framework Core einsetzt? Es gibt mehrere Alternativen, die in diesem Kapitel diskutiert werden sollen.

23.1 Monolithisches Modell

Entity Framework Core kann in einem monolithischen Softwaremodell zum Einsatz kommen, d.h. die Instanziierung des Entity Framework Core-Kontextes und die Ausführung der Befehle (LINQ, Stored Procedures, SQL) steckt direkt in der Datenzugriffssteuerung (siehe Abbildung 1). Dies macht aber nur in sehr kleinen Anwendungen Sinn (vgl. MiracleList-App im Kapitel "Praxislösungen").

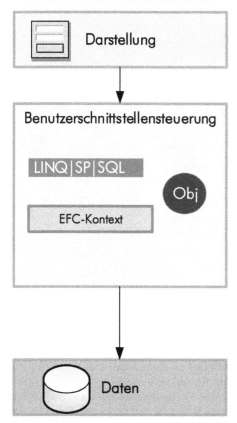

Abbildung 1: Entity Framework Core im monolitischen Softwarearchitekturmodell

23.2 Entity Framework Core als Datenzugriffsschicht

Abbildung 2 zeigt zunächst links den allgemeinen Aufbau einer mehrschichten Anwendung und rechts daneben ein sehr einfaches, Mehrschichtsoftwarearchitekturmodell unter Verwendung von Entity Framework Core für den Datenzugriff. Bei diesem sehr pragmatischen Softwarearchitekturmodell wird auf eine dezidierte, entwickelte Datenbankzugriffssteuerungsschicht verzichtet. Vielmehr bildet der Entity Framework-Kontext die komplette Datenbankzugriffssteuerungsschicht. Die darüberliegende Schicht ist direkt die Geschäftslogikschicht. Die Geschäftslogikschicht steuert den Datenzugriff durch LINQ-Befehle (Language Integrated Query) und den Aufruf von Stored Procedures, ggf. auch direkten SQL-Befehlen. Gemäß dieser Anweisungen der Geschäftslogikschicht befüllt Entity Framework-Kontext die Entitätsklassen. Die Entitätsklassen werden über alle Schichten bis zur Benutzerschnittstellensteuerung hochgereicht.

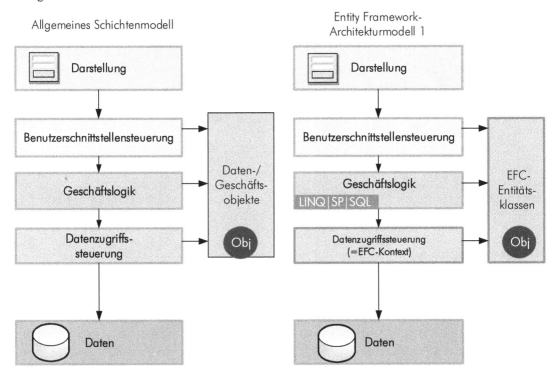

Abbildung 2: Das pragmatische Entity Framework Core-basierte Softwarearchitekturmodell

Kritik an diesem Modell äußern einige Softwarearchitekten, weil bei diesem Softwarearchitekturmodell die Geschäftslogikschicht von Datenzugriffsbefehlen verunreinigt ist. Die Geschäftslogikschicht sollte "eigentlich" keine Datenbankzugriffsbefehle enthalten. Man kann dies so sehen, wenn man wirklich LINQ mit SQL gleichsetzt. Man kann aber auch LINQ als eine echte Abstraktion von SQL verstehen. LINQ-Befehle sind ja letztlich nur eine Abfolge von datenbankneutralen Methodenaufrufen; die SQL-ähnliche Syntax in C# und Visual Basic ist nur ein syntaktisches Zuckerstückchen für den Softwareentwickler. Der C#- bzw. Visual Basic-Compiler macht daraus sofort wieder eine Methodenaufrufkette. Der Entwickler kann auch selbst diese Methodenaufrufkette verwenden, also Menge.Where(x=>x.KatID > 4).OrderBy(x=>x.Name) schreiben statt from x in Menge where x.KatID > 4 orderby x.Name. Methodenaufrufe sind aber genau die Form, in der Geschäftslogik und Datenzugriffssteuerung normalerweise miteinander kommunizieren, d.h. also die notwenige Verwendung von LINQ in der Geschäftslogikschicht macht hier nichts anderes als das, was Usus ist, zwischen Geschäftslogik und Datenbankzugriffssteuerungsschicht. LINQ ist nur generischer als die meisten APIs von Datenbankzugriffssteuerungsschichten.

Was tatsächlich eine gewisse Verunreinigung der Geschäftslogikschicht darstellt, ist die Verwendung der Entity Framework-Kontextinstanz in der Geschäftslogikschicht. Dies bedeutet, dass die Geschäftslogikschicht selbst eine Referenz auf die Entity Framework Core-Assemblies haben muss. Ein späterer Austausch des Objekt Relationalen Mappers bedeutet dann also eine Änderung an der Geschäftslogikschicht. Klarer Vorteil dieses ersten Modells ist aber die Einfachheit: Man muss nicht extra eine eigene Datenbankzugriffsschicht schreiben. Das spart Zeit und Geld.

23.3 Reine Geschäftslogik

Dennoch werden einige Softwarearchitekten das pragmatische Modell in Abbildung 2 als „zu einfach" ablehnen und stattdessen auf das zweite Modell (siehe Abbildung 3) aus den Lehrbüchern setzen. Hierbei erstellt der Softwareentwickler eine eigene Datenzugriffssteuerungsschicht. In dieser Datenzugriffs-steuerungsschicht werden alle LINQ-Aufrufe und Stored Procedure-Wrapper-Methoden nochmals in eigene, selbstgeschriebene Methoden verpackt. Diese Methoden ruft dann die Geschäftslogikschicht auf. In diesem Modell braucht nur die Datenzugriffssteuerungsschicht eine Referenz auf die Entity Framework Core-Assemblies; die Geschäftslogik bleibt „rein".

Dieses zweite Softwarearchitekturmodell entspricht der reinen Lehre, bedeutet aber in der Praxis eben auch deutlich mehr Implementierungsaufwand. Gerade in Fällen von „Forms-over-Data"-Anwendungen mit wenig Geschäftslogik im engeren Sinne, muss der Entwickler dann viele „stupide" Wrapper-Routinen implementieren. Bei LINQ enthält dann GetKunden() in der Datenbankzugriffsschicht den LINQ-Befehl, und GetKunden() in der Geschäftslogik leitet an GetKunden() in der Datenbankzugriffsschicht weiter. Bei Stored Procedure-Nutzung leiten sogar beide Schichten nur weiter.

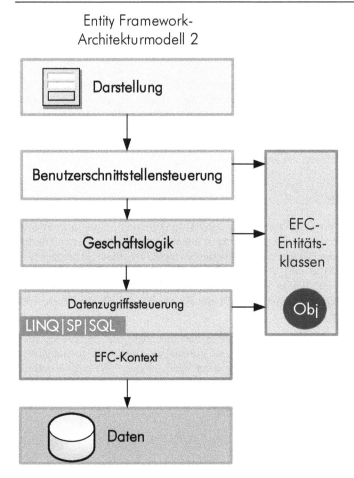

Abbildung 3: Das lehrbuchartige Entity Framework Core-basierte Softwarearchitekturmodelle ohne Verteilung

23.4 Geschäftsobjekt- und ViewModel-Klassen

Das dritte hier zu diskutierende Softwarearchitekturmodell (siehe Abbildung 4) geht noch einen Abstraktionsschritt weiter und verbietet auch, dass die Entitätsklassen über alle Schichten weitergereicht werden. Vielmehr findet auch hier eine Abbildung der Entitätsklassen auf andere Klassen statt. Diese anderen Klassen heißen oft Geschäfts(objekt)klassen (manchmal auch: Datentransferobjekte (DTO)) in Kontrast zu den datenlastigen Entitätsklassen. In Modell 3b (Abbildung 4) werden diese Geschäftsobjektklassen im Rahmen des Model View ViewModel-Pattern (MVVM) nochmals auf Klassen abgebildet, die spezielle für die Ansicht aufbereitet sind.

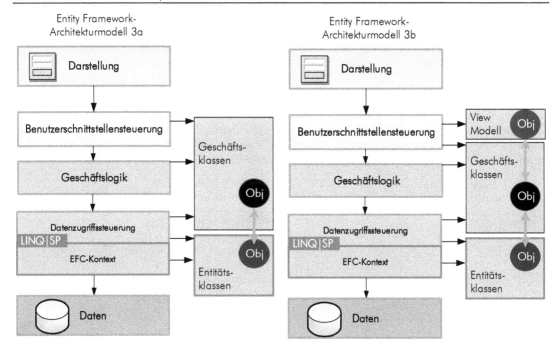

Abbildung 4: Geschäftsobjekt- und ViewModel-Klassen

Das Geschäftsklassen-basierte Softwarearchitekturmodell wäre zwingend, wenn die erzeugten Entitätsklassen eine zwingende Beziehung zum Entity Framework Core hätten. Das ist aber in Entity Framework Core nicht der Fall (sowas gab es nur mit der Basisklasse EntityObject in der ersten Version des klassischen ADO.NET Entity Frameworks). Ein guter Grund für das Geschäftsklassen-basierte Model kann gegeben sein, wenn die Entitätsklassen vom Zuschnitt her gar nicht zur Benutzerschnittstelle passen wollen, zum Beispiel weil es sich um eine „historisch gewachsene" Datenbankstruktur handelt.

Nicht verheimlichen darf man aber, dass dieses Geschäftsklassen-basierte Modell einen ganz erheblichen Implementierungsmehraufwand bedeutet, denn alle Daten müssen aus den Entitätsklassen in die Geschäftsklassen überführt werden. Und dieser Transfer muss bei neuen und geänderten Objekten natürlich auch in umgekehrter Richtung implementiert sein. Solch ein Objekt-Objekt-Mapping (OOM) leistet ein Objekt-Relationaler Mapper wie Entity Framework Core nicht. Für das Objekt-Objekt-Mapping gibt es aber andere Frameworks wie Auto Mapper [1] und Value Injecter [2]. Doch auch mit solchen Frameworks ist natürlich der Implementierungsaufwand signifikant, zumal es auch keinen grafischen Designer für das Objekt-Objekt-Mapping gibt.

Zu beachten ist ebenfalls, dass der Aufwand nicht zur Entwicklungszeit höher ist, sondern auch zur Laufzeit, da das zusätzliche Mapping auch Rechenzeit braucht.

23.5 Verteilte Systeme

Vier Softwarearchitekturmodelle für verteilte Systeme mit Entity Framework Core beim Datenzugriff zeigen die Abbildungen 5 bis 7. Hierbei gibt es nun keinen direkten Zugang zur Datenbank mehr vom Client, sondern eine Service-Fassade auf dem Application Server und Proxy-Klassen im Client, welche die Service-Fassade aufrufen. Hinsichtlich der Aufteilung von Geschäftslogikschicht und Datenzugriffsschicht hat man die gleichen Möglichkeiten wie Model 1 (Abbildung 2) und Modell 2 (Abbildung 3). Diese Optionen sind hier nicht mehr dargestellt. Es geht in Abbildung 5 und 6 um die Entitätsklassen. Wenn man auf der Clientseite die gleichen Klassen wie auf der Serverseite nutzt, spricht man von sogenannten Shared Contracts. Das ist immer dann möglich, wenn Server und Client in .NET geschrieben sind und daher der Client die Assembly mit den Klassen vom Server referenzieren kann. Den Fall der Shared Contracts zeigt Modell 4 links in Abbildung 5: Hier verwendet der Client auch die Entitätsklassen von Entity Framework Core.

Falls der Client eine andere Plattform hat (was in Zeiten der abnehmenden Microsoft-Dominanz ja immer öfter passiert), dann muss man zwingend Proxyklassen für die Entitätsklassen schaffen. In Modell 5 (rechts in Abbildung 5) sind explizite Proxyklassen gewünscht oder notwendig, weil der Client nicht .NET ist.

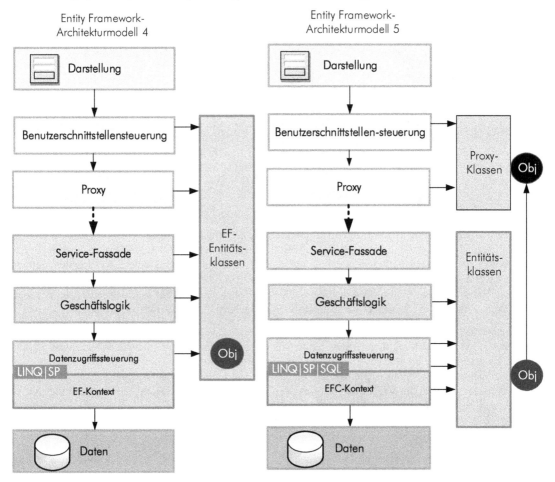

Abbildung 5: Entity Framework Core-basierte Softwarearchitekturmodelle mit Verteilung

Die weiteren Modelle 6 bis 9 in Abbildung 6 und 7 unterscheiden sich nur hinsichtlich des Mappings der Entitätsklassen:

- Modell 6 arbeitet zwar mit Shared Contracts, bildet die Entitätsklassen aber auf DTO-Klassen ab, die für die Übertragung auf der Leitung optimiert sind. Im Client findet eine erneute Abbildung in ViewModel-Klassen statt.

- Modell 7 geht von Proxyklassen aus und einem OO-Mapping auf ViewModel-Klassen.

- Modell 8 nutzt DTO-, Proxy- und ViewModel-Klassen.

- Das aufwändigste Modell 9 verwendet zusätzlich zu dem Modell 8 jeweils noch Geschäftsobjektklassen.

Wenn Sie sich jetzt fragen: Wer macht denn Modell 9? Tatsächlich sieht der Autor dieses Buchs in seinem Berateralltag, dass nicht wenige Sofwtarearchitekturen so aufwändig gestaltet sind. Das sind Projekte, an denen größere Teams arbeiten und dennoch kleine Nutzerwünsche sehr lange in der Umsetzung brauchen.

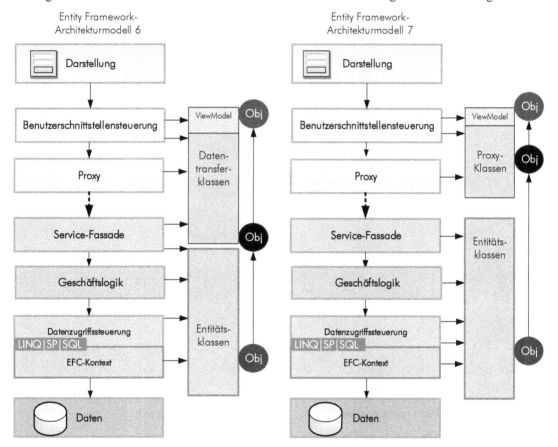

Abbildung 6: Entity Framework Core-basierte Softwarearchitekturmodelle mit Verteilung

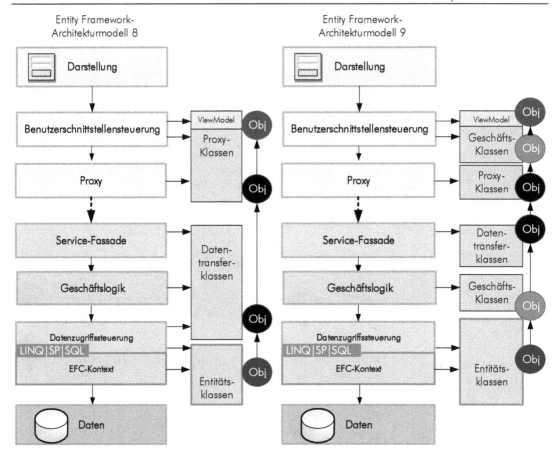

Abbildung 7: Entity Framework Core-basierte Softwarearchitekturmodelle mit Verteilung

23.6 Fazit

Der Softwarearchitekt hat beim Einsatz des Entity Framework Core zahlreiche Architekturoptionen. Die Bandbreite beginnt bei einem einfachen, pragmatischen Modell (mit ein paar Kompromissen), bei dem die Entwickler nur drei Assemblies implementieren müssen. Auf der anderen Seite der hier dargestellten Architekturmodelle braucht man mindestens zwölf Assemblies.

Welches der Architekturmodelle man wählen sollte, hängt von verschiedenen Faktoren ab. Dazu zählen natürlich die konkrete Aufgabe, das Systemumfeld und das Know-how der verfügbaren Softwareentwickler. Aber auch das Budget ist ein wichtiger Faktor. Der Autor dieses Beitrags erlebt in seinem Alltag als Berater bei Unternehmen immer wieder, dass Softwarearchitekten aufgrund der „reinen Lehre" eine zu komplexe Architektur wählen, die den Rahmenbedingungen nicht angepasst ist. Typischerweise sind in solchen Systemen sogar kleinste Änderungen des Fachanwenders („wir brauchen da links noch ein Feld") nur extrem zeit- und kostenaufwändig zu realisieren. Und manches Projekt ist sogar an der unnötig komplexen Softwarearchitektur schon gescheitert. Beherzigen Sie daher einen Rat: Nutzen Sie so wenig Schichten wie möglich! Denken Sie zweimal darüber nach, bevor Sie eine weitere Abstraktion in Ihr Softwarearchitekturmodell einbauen!

23.7 Literatur zu diesem Kapitel

[1] Auto Mapper: A convention-based object-object mapper

http://automapper.org/

[2] Value Injecter - convention based mapper

http://valueinjecter.codeplex.com/

24   Zusatzwerkzeuge

Dieses Kapitel stellt kommerzielle Zusatzwerkzeuge für Entity Framework Core vor. Der Autor dieses Buches ist in keinster Weise an der Entwicklung oder dem Vertrieb dieser Werkzeuge beteiligt!

24.1 LINQPad

Language Integrated Query (LINQ) ist bei den Entwicklern aufgrund der statischen Typisierung beliebt. Aber immer einen Compiler anwerfen zu müssen, um einen LINQ-Befehl auszuprobieren, kann lästig sein. Von dem Query Editor im Microsoft SQL Server Management Studio sind es Softwareentwicker und Datenbankadministratoren gewöhnt: Man gibt den SQL-Befehl ein, drückt die F5-Taste (oder klickt auf Execute) und sieht das Ergebnis. Microsoft hatte auch einstmals angedacht, auf gleiche Weise die Ausführung von LINQ-to-Entities für das Entity Framework im Management Studio zu erlauben. Erschienen ist davon aber bisher nichts.

Das Werkzeug LINQPad erlaubt die interaktive Eingabe von LINQ-Befehlen und die direkte Ausführung in einem Editor. LINQ-Befehle können gegen Objekte im RAM (LINQ-to-Objects), Entity Framework / Entity Framework Core und verschiedene andere LINQ-Provider ausgeführt werden.

Werkzeugname	LINQPad
Website	www.linqpad.net
Kostenfreie Version	Ja
Kommerzielle Version	Ab 45 Dollar

LINQPad gibt es als kostenfreie Freeware-Version. Wer sich aber von der Intellisense-Eingabeunterstützung im Stil von Visual Studio verwöhnen lassen will, muss eine Professional- oder Premium-Variante kaufen. In der Premium-Variante gibt es zusätzlich zahlreiche mitgelieferte Programmcodeschnipsel. Ebenso kann man in der Premium-Variante Abfragen auch über mehrere Datenbanken definieren. Systemvoraussetzung für die aktuelle Version 5 ist .NET Framework 4.6. Mit nur 5 MB Größe ist die Anwendung sehr leichtgewichtig. Autor Joseph Albahari legt auf seiner Website Wert auf die Aussage: „it doesn't slow down your computer when you install it!"

24.1.1 Aufbau von LINQPad

LINQPad präsentiert nach dem Start links oben ein Fenster für die Verbindungen (siehe Abbildung 1). Darunter kann man aus einer mitgelieferten Beispielsammlung (aus dem Buch „C# 6.0 in a Nutshell") wählen oder selbsterstellte Befehle abspeichern (unter „My Queries"). Im Hauptbereich findet man oben den Editor und unten den Ausgabebereich (siehe Mitte/Rechts in Abbildung 1).

LINQPad unterstützt die Syntax der Sprachen C#, Visual Basic .NET und F# sowie SQL und Entity SQL (letztere nur für das klassische Entity Framework).

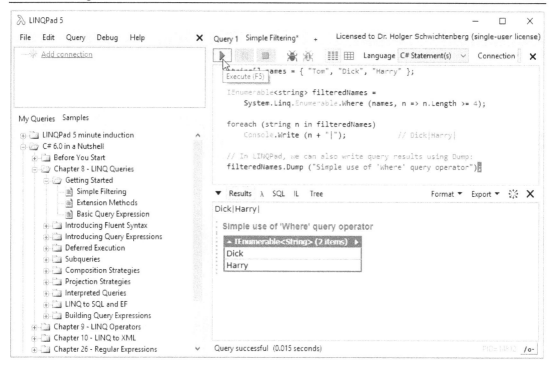

Abbildung 1: LINQPad in Aktion mit LINQ-to-Objects

24.1.2 Datenquellen einbinden

Für die Ausführung von LINQ-Befehlen gegen einen Entity Framework Core-Kontext muss man mit "Add Connection" eine Verbindung hinzufügen. Allerdings sieht man in dem Dialog aktuell nur Treiber für LINQ-to-SQL und das klassische Entity Framework. Mit "View more Drivers" kann man einen Treiber für Entity Framework Core herunterladen. Dieser funktioniert aber bisher nur mit Projekten, die auf dem klassischen .NET Framework basieren. Entity Framework Core in .NET Core-Projekten wird nach aktuellem Stand nicht unterstützt. Auch wird bisher nur Entity Framework Core 1.0 und 1.1 unterstützt.

Nach dem Hinzufügen des Treibers sollte man Entity Framework Core auswählen können.

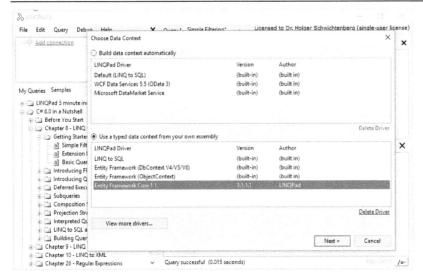

Abbildung 2: Auswahl von Entity Framework Core als LINQPad-Treiber

Nach der Auswahl des Providers muss man einen Entity Framework Core-Kontext einbinden. Dafür wählt man mit "Browse" (siehe Abbildung 2) eine .NET-Assembly, die einen solchen Kontext implementiert.

WICHTIG: LINQPad selbst erstellt keine Kontextklassen für Entity Framework / Entity Framework Core. Sie müssen eine solche Klasse immer erst mit Visual Studio oder einem anderen Werkzeug erstellen und kompilieren.

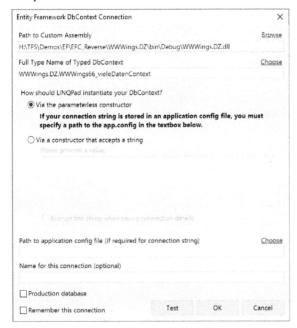

Abbildung 3: *Eine Entity Framework Core-Kontextklasse wurde ausgewählt.*

Nach dem Einbinden des Kontextes sieht man die dort vorhandenen Entitätsklassen links im LINQPad.

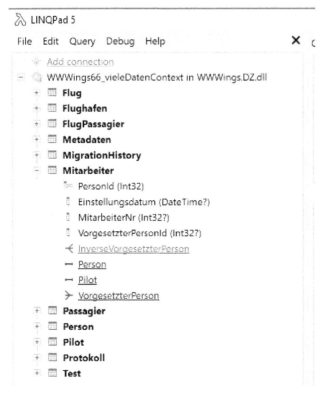

Abbildung 4: Nach dem Einbinden der Kontextklasse

24.1.3 LINQ-Befehle ausführen

Einige Befehle kann man direkt aus dem Kontextmenü der Entitätsklassen heraus ausführen, siehe Abbildung 5.

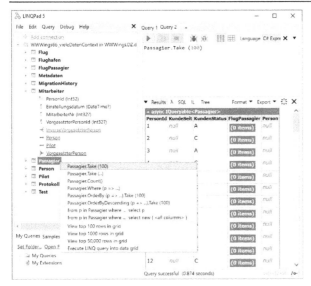

Abbildung 5: Vordefinierte Befehle im Kontextmenü der Entitätsklasse

Im Abfragebereich kann man selbst Befehle (in der kommerziellen Version mit Eingabeunterstützung) eingeben. Abbildung 6 zeigt einen LINQ-Befehl mit Bedingung, Projektion und Eager Loading. Die Ergebnisansicht ist im Fall von Eager Loading hiearchisch.

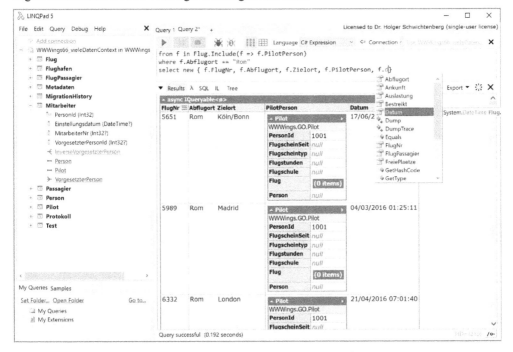

Abbildung 6: Ausführung eines eigenen LINQ-Befehls im LINQPad

Neben der Ergebnisansicht kann man sich den LINQ-to-Entities-Befehl in den weiteren Registerkarten des Ausgabebereichs auch in folgenden Formaten anzeigen lassen:

- LINQ-Befehl in Lamdba-Syntax

- LINQ-Befehl in SQL Form

- LINQ-Befehl in Microsoft Intermediate Language (IL)

- LINQ-Befehl als Expression Tree

Alternativ zu LINQ-to-Entities kann man Befehle auch in SQL-Syntax erfassen; dies stellt man über das Auswahlmenü „Language" ein.

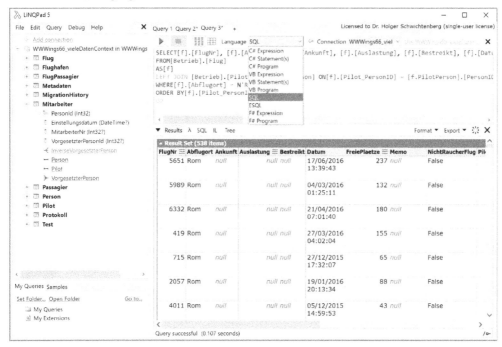

Abbildung 7: Ausführung eines SQL-Befehls gegen einen Entity Framework Core-Kontext

24.1.4 Speichern

Abfragen können als Textdateien mit der Dateinamenserweiterung .linq gespeichert werden.

Ergebnisse können in den Formaten HTML, Word und Excel exportiert werden.

24.1.5 Weitere LINQPad-Treiber

LINQPad bietet neben Entity Framework und Entity Framework Core weitere Treiber für den Zugriff auf z.B.

- Open Data Protocol (OData)-Feeds

- die relationalen Datenbanken Oracle, MySQL, SQLite, RavenDB

- die Cloud-Dienste Microsoft StreamInsight und Azure Table Storage

- Event Traces for Windows (ETW) und

- die ORM-Mapper Mindscape LightSpeed, LLBLGen Pro, DevExpress XPO, DevForce sowie

- die NoSQL-Datenbank FileDb

24.1.6 Interaktive Programmcodeeingabe

Neben der Ausführung von LINQ-Befehlen kann das Werkzeug LINQPad auch beliebige andere C#-, F#- und Visual Basic-Befehle ausführen. Man wählt dabei unter „Language" zwischen dem Expression Mode und dem Statement Mode. Im Expression Mode erfasst man einzelne Ausdrücke, deren Ergebnis dann ausgegeben werden, z.B. System.DateTime.Now.ToString(new CultureInfo("ja-JP")). Diese Ausdrücke sind nicht durch ein Semikolon abzuschließen. Mann kann immer nur einen Ausdruck ausführen. Wenn man im Editor mehrere Ausdrücke hat, muss man den auszuführenden Ausdruck vorher markieren.

Im „Statement Mode" erfasst man hingegen komplette Programmcodeschnipsel, bei denen jeder Befehl durch ein Semikolon abgeschlossen ist, siehe z.B. Listing 1. Ausgaben erfolgen mit Console.WriteLine().

```
for (int i = 0; i < 10; i++)
{
        Console.WriteLine(i);
}
```

Listing 1: Kleines Testprogramm für LINQPad

Auch die Definition eigener Typen (z.B. Klassen, siehe Listing 2) ist möglich. Allerdings muss man hier beachten, dass LINQPad den erfassten Code in seinem eigenen Standardcode einbettet. Daher gelten folgende Regeln:

- Der auszuführende Hauptprogrammcode muss oben stehen.

- Er muss mit einer zusätzlichen geschweiften Klammer abgeschlossen sein von den folgenden Typdefinitionen.

- Die Typdefinitionen müssen am Ende stehen, und die allerletzte Typdefinition darf keine schließende geschweifte Klammer besitzen.

LINQPad ergänzt also intern offensichtlich eine Typdefinition mit einem Main() ganz oben und eine geschweifte Klammer unten.

```
var e = new Berechnungsergebnis() { a=1, b=20 };

for (int i = 0; i < e.b; i++)
{
        e.a += i;
        Console.WriteLine(i + ";" + e.a);
}
} // Diese zusätzliche Klammer ist Pflicht!


// Die Typdefinition muss nach dem Hauptprogramm stehen!
class Berechnungsergebnis
 {
 public int a { get; set; }
```

```
public int b { get; set; }
// hier muss man die Klammer weglassen!
```

Listing 2: Kleines Testprogramm für LINQPad mit Klassendefinition. Die Klammernsetzung sieht falsch aus, ist aber für LINQPad genau richtig (vgl. Text).

24.1.7 Fazit zu LINQPad

LINQPad ist ein hilfreiches Werkzeug, um LINQ zu erlernen, LINQ-Befehle zu testen und auch im Allgemeinen, um „mal eben" Befehlsfolgen in C#, Visual Basic und F# zu erproben, ohne dafür ein schwergewichtiges Visual Studio zu starten oder in ein bestehendes Projekt eine „Herumprobier"-Routine einzubauen. Durch die praktische Exportfunktion kann man LINQPad nicht nur zum Entwickeln, sondern auch im Praxisalltag als Werkzeug für Ad-hoc-Datenbankabfragen nutzen.

24.2 Entity Developer

Microsoft bietet bisher keine GUI-Entwicklerwerkzeuge für Entity Framework Core – diese Lücke schließt die Firma DevArt mit dem Produkt Entity Developer.

Bereits in der Vergangenheit hat DevArt mehr Werkzeug-Funktionen für das klassische Entity Framework geboten als Microsoft selbst. Nun sind sie auch bei Entity Framework Core wieder führend. Entity Developer unterstützt sowohl das Reverse Engineering als auch das Forward Engineering bei Entity Framework Core mit einem grafischen Designer. Abbildung 1 zeigt die verfügbaren Produktvarianten. Die kostenfreie Express-Edition kann Modelle mit maximal zehn Tabellen verwalten.

	Entity Developer First-class ORM-model designer for NHibernate, Entity Framework, LINQ to SQL and Telerik Data Access
Werkzeugname	Entity Developer
Website	www.devart.com/entitydeveloper
Kostenfreie Version	Ja
Kommerzielle Version	Ab 99.95 Dollar

Feature	Professional	NHibernate	Entity Framework	LINQ to SQL	Express
NHibernate support	✓	✓	✗	✗	✓
Entity Framework v1 - v6 support	✓	✗	✓	✗	✓
Entity Framework Core support	✓	✗	✓	✗	✓
Telerik Data Access support	✓	✗	✗	✗	✓
LINQ to SQL support	✓	✗	✗	✓	✓
Visual schema modelling	✓	✓	✓	✓	✓
Reverse engineering	✓	✓	✓	✓	✓
Predefined templates	✓	✓	✓	✓	✓
Custom templates	✓	✓	✓	✓	✗
Unlimited number of entities in model	✓	✓	✓	✓	✗
Single License Price	$299.95	$199.95	$199.95	$99.95	Free

Abbildung 1: Varianten von Entity Developer

Bei der Installation von Entity Developer bietet die Installationsroutine neben der eigenständigen Entity Developer-Anwendung bereits eine VSIX-Integration in ein installiertes Visual Studio 2015 und/oder Visual Studio 2017 an. Die Anwendung ist mit rund 60 MB Festplattenbedarf recht schlank.

Abhängig von der installierten Variante (vgl. Abbildung 1) bietet Entity Developer dann beim Start verschiedene ORM-Techniken an (siehe Abbildung 2). Für Entity Framework Core entsteht eine .efml-Datei, für das klassische Entity Framework eine .edml-Datei, für Telerik Data Access eine .daml-Datei und für nHibernate eine .hbml-Datei. Nach der Auswahl "EF Core Model" folgt im zweiten Assistentenschritt (siehe Abbildung 3) die Entscheidung zwischen Reverse Engineering (hier "Database First" genannt) und Forward Engineering (hier "Model First" genannt). Als Datenbanken unterstützt Entity Developer neben Microsoft SQL Server auch Oracle, MySQL, PostgreSQL, SQLite und IBMs DB2 – jeweils in Verbindung mit dem DevArt-eigenen Entity Framework Core-Treibern (siehe [https://www.devart.com/dotconnect/#database]).

24.2.1 Reverse Engineering mit Entity Developer

Bei Database First gilt es dann, eine bestehende Datenbank und aus dieser die Artifakte (Tabellen, Views, Stored Procedures und Table Valued Functions) auszuwählen – wie man es von dem Assistenten für das klassische Entity Framework in Visual Studio kennt, allerdings mit dem Vorteil, dass der Entwickler bis herunter auf die Spaltenebene wählen darf (siehe Abbildung 4).

Danach folgt eine Seite in dem Assistenten mit den Einstellungen für die Namenskonventionen für die Codegenerierung, die weit über das hinausgehen, was Visual Studio bisher bot (siehe Abbildung 5). In der dann folgenden Optionsseite (Abbildung 6) sind einige Optionen wie die N:M-Beziehungen und die Table per Type-Vererbung ausgegraut, weil Entity Framework Core diese Mapping-Möglichkeiten noch nicht besitzt. Im vorletzten Schritt wählt der Entwickler aus, ob er alle Artifakte auf einer Diagrammoberfläche haben möchte oder nur ausgewählte (Abbildung 7). Auch möglich ist, ein Diagramm pro Schemaname anzulegen. Für jedes Diagramm entsteht eine .view-Datei.

Im letzten Schritt wählt man dann noch die Codegenerierungsvorlage(n) aus. Entity Developer bietet in dem Dialog in Abbildung 7 an, direkt mehrere Codegenerierungsvorlagen anzuwenden. Abbildung 8 zeigt die mitgelieferten Vorlagen, die unter [https://www.devart.com/entitydeveloper/templates.html] nur knapp dokumentiert sind. Hier muss man ausprobieren, ob der generierte Code auf die eigenen Bedürfnisse passt. Die vordefinierten Vorlagen kann man mit der Funktion "Copy to Model Folder" in eine .tmpl-Datei in den eigenen Anwendungsordner kopieren und dort dann modifizieren. Auch eigene .tmpl-Vorlagendateien sind möglich. Die Vorlagen sind ähnlich zu dem in Visual Studio verwendeten Text Template Transformation Toolkit (T4)-Vorlagen, aber nicht kompatibel. Anders als bei den T4-Vorlagen kann man bei den DevArt-Vorlagen die Codegenerierung durch Parameter beeinflussen, die man in einem Property Grid setzt, siehe Abbildung 8. Hier kann man zum Beispiel für die in Abbildung 8 gewählte Vorlage "EF Core" festlegen, dass

- Entitätsklassen und Kontextklasse in verschiedenen Ordnern landen (hier kann man einen relativen oder absoluten Pfad erfassen)

- Partielle Klassen erzeugt werden

- Die Schnittstellen INotifyPropertyChanging und INotifyPropertyChanged in den Entitätsklassen implementiert werden

- Die Entitätsklassen die Annotationen [DataContract] und [DataMember] für die Windows Communication Foundation (WCF) erhalten

- Die Entitätsklassen die Annotationen [Serializable] erhalten

- Die Entitätsklassen Equals() überschreiben

- Die Entitätsklassen IClonable implementieren

Die Namen der Diagramme, die Vorlagen und deren Parameter sowie die Liste der generierten Dateien legt Entity Developer in einer .edps-Datei ab.

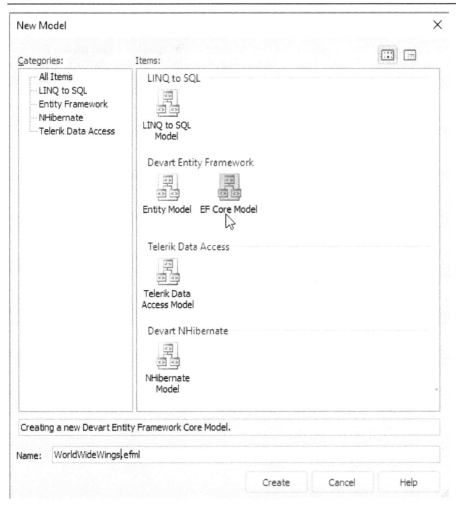

Abbildung 2: Auswahl der ORM-Technik in Entity Developer

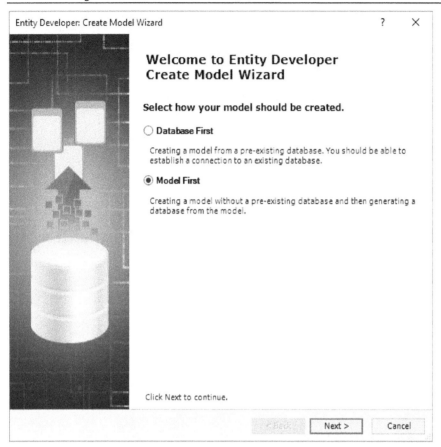

Abbildung 3: Auswahl des Vorgehensmodells

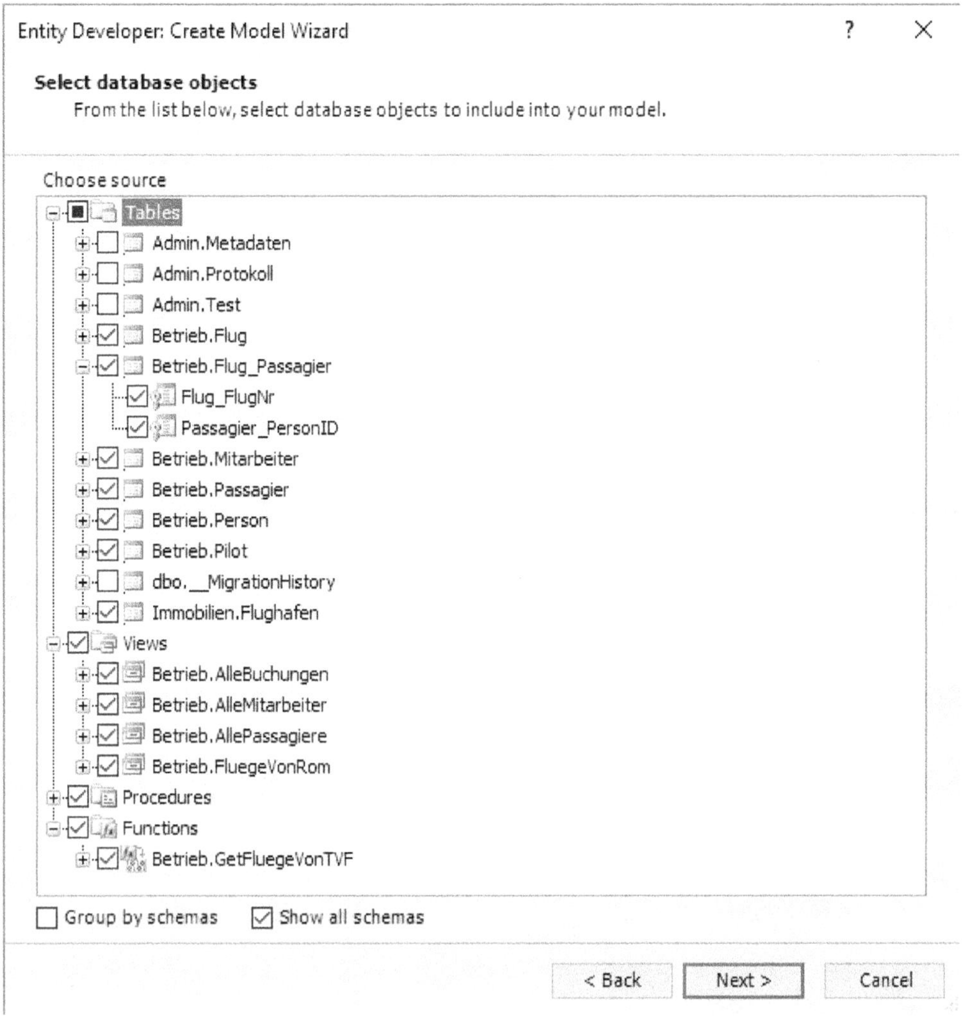

Abbildung 4: Auswahl der Artifakte bis auf die Spaltenebene hinunter

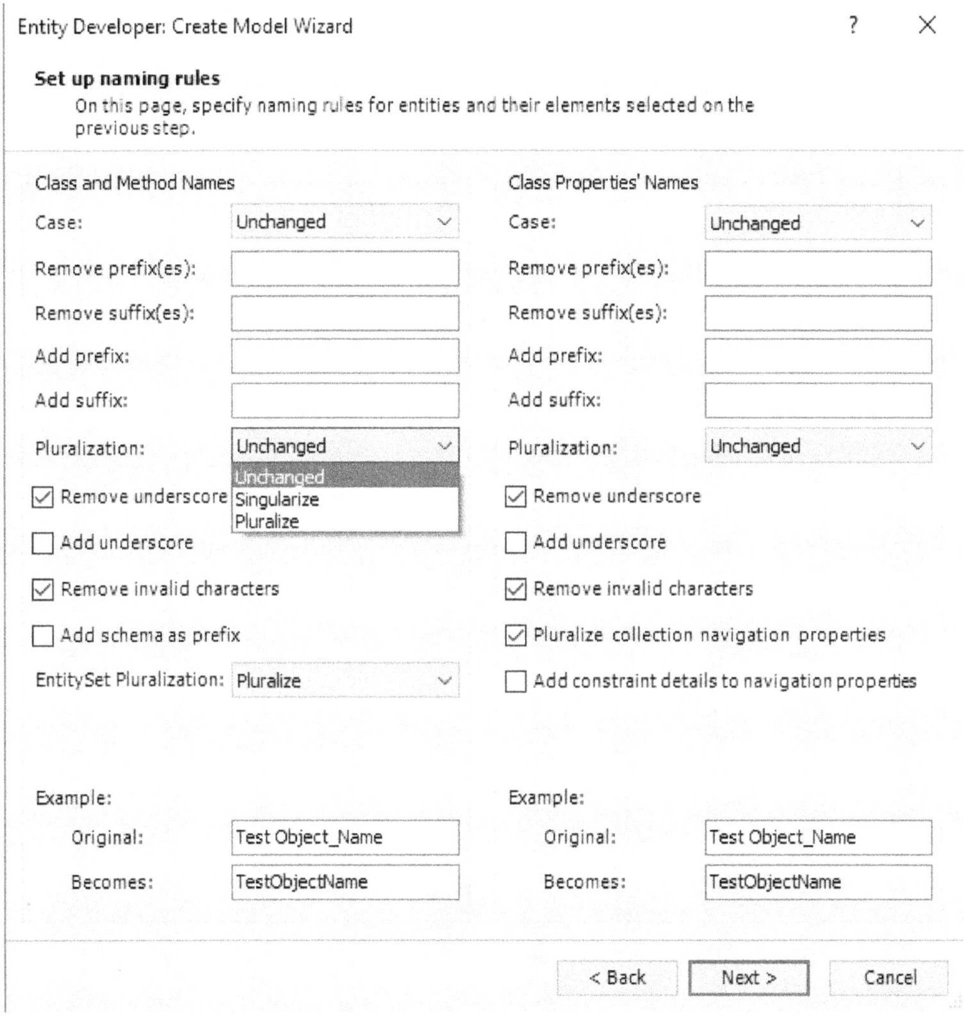

Entity Developer: Create Model Wizard   ?   X

Set up naming rules
On this page, specify naming rules for entities and their elements selected on the previous step.

Class and Method Names		Class Properties' Names	
Case:	Unchanged ⌄	Case:	Unchanged ⌄
Remove prefix(es):		Remove prefix(es):	
Remove suffix(es):		Remove suffix(es):	
Add prefix:		Add prefix:	
Add suffix:		Add suffix:	
Pluralization:	Unchanged ⌄	Pluralization:	Unchanged ⌄

Unchanged
Singularize
Pluralize

☑ Remove underscore   ☑ Remove underscore

☐ Add underscore   ☐ Add underscore

☑ Remove invalid characters   ☑ Remove invalid characters

☐ Add schema as prefix   ☑ Pluralize collection navigation properties

EntitySet Pluralization: Pluralize ⌄   ☐ Add constraint details to navigation properties

Example: Example:

Original:	Test Object_Name	Original:	Test Object_Name
Becomes:	TestObjectName	Becomes:	TestObjectName

< Back   Next >   Cancel

Abbildung 5: Viele Einstellungen für die Namenskonventionen von Klassen und Klassenmitgliedern im zu generierenden Code in Entity Developer

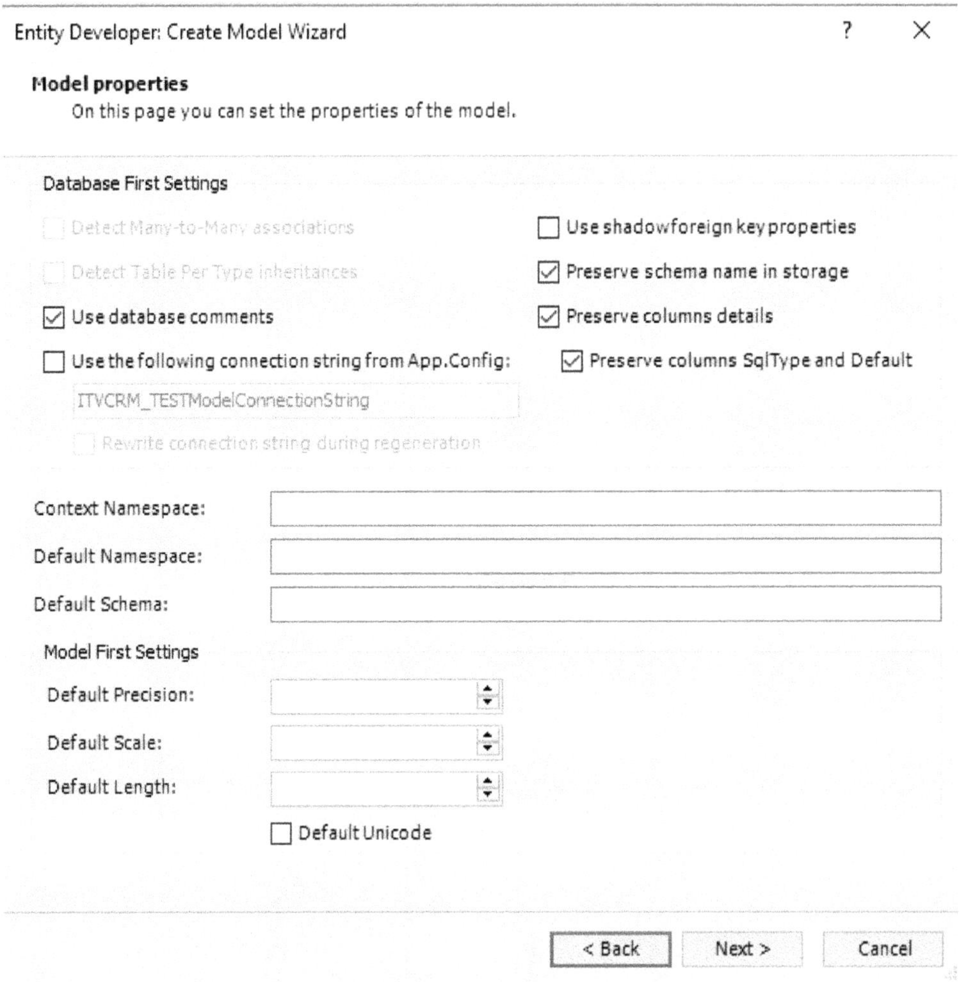

Entity Developer: Create Model Wizard   ?   ✕

Model properties
On this page you can set the properties of the model.

Database First Settings

☐ Detect Many-to-Many associations   ☐ Use shadow foreign key properties

☐ Detect Table Per Type inheritances   ☑ Preserve schema name in storage

☑ Use database comments   ☑ Preserve columns details

☐ Use the following connection string from App.Config: ☑ Preserve columns SqlType and Default

    ITVCRM_TESTModelConnectionString

    ☐ Rewrite connection string during regeneration

Context Namespace: [   ]

Default Namespace: [   ]

Default Schema: [   ]

Model First Settings

Default Precision: [▲▼]

Default Scale: [▲▼]

Default Length: [▲▼]

                     ☐ Default Unicode

                              [< Back]   [Next >]   [Cancel]

Abbildung 6: Modelleigenschaften wählen

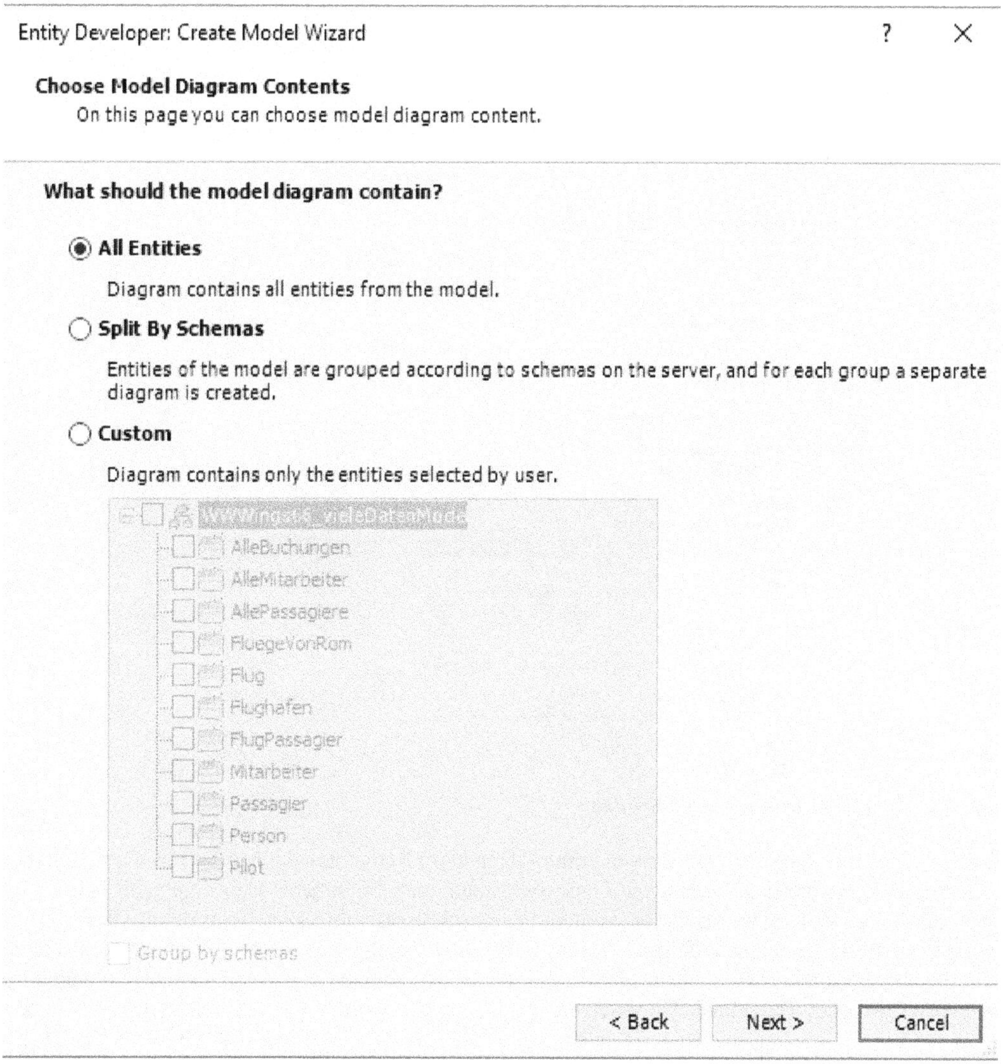

Entity Developer: Create Model Wizard   ?   ✕

Choose Model Diagram Contents
On this page you can choose model diagram content.

What should the model diagram contain?

◉ **All Entities**

Diagram contains all entities from the model.

○ **Split By Schemas**

Entities of the model are grouped according to schemas on the server, and for each group a separate diagram is created.

○ **Custom**

Diagram contains only the entities selected by user.

- ☐ WWWingate_vieleDatenMode
  - ☐ AlleBuchungen
  - ☐ AlleMitarbeiter
  - ☐ AllePassagiere
  - ☐ FluegeVonRom
  - ☐ Flug
  - ☐ Flughafen
  - ☐ FlugPassagier
  - ☐ Mitarbeiter
  - ☐ Passagier
  - ☐ Person
  - ☐ Pilot

☐ Group by schemas

        < Back   Next >   Cancel

Abbildung 7: Diagramminhalt wählen

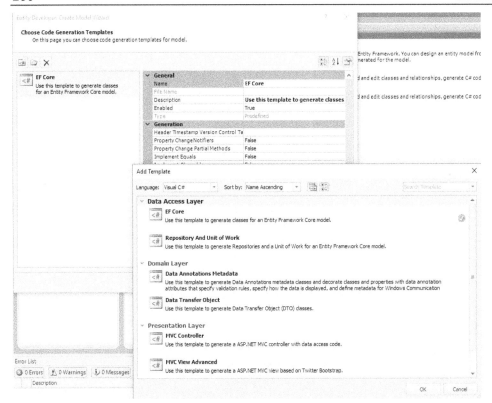

Abbildung 8: Codegenerierungsvorlage wählen

Nach Abschluss des sehr flexiblen Assistenten kommt dann beim Betrachten des Modells im Designer aber erstmal ein wenig Ernüchterung, zumindest dann, wenn man auch Datenbank-Views gewählt hat: Entity Developer beschwert sich, dass es dafür keinen Primärschlüssel gibt. Das liegt daran, dass Entity Framework Core noch gar nicht auf das Mapping von Views eingestellt ist und Views wie Tabellen behandelt, die immer einen Primärschlüssel haben müssen. Einen solchen muss man dann also manuell im Property-Fenster für jeden Datenbank-View setzen.

Die Beziehungen zwischen den Tabellen sind auch bei Entity Developer in Verbindung mit Entity Framework Core im Standard als Assoziationen modelliert, auch wenn Vererbung möglich wäre. In Verbindung mit dem klassischen Entity Framework gibt es in Entity Developer die Option, Table per Type-Vererbungen zu erkennen, aber Entity Framework Core unterstützt noch keine Table per Type-Vererbung.

Der Entwickler kann nun das oder die Diagramme anpassen bzw. neue Diagramme im Model Explorer (siehe links in Abbildung 9) anlegen. Der Entwickler kann weitere Tabellen, Sichten, Prozeduren und Funktionen direkt per Drag & Drop aus dem Database Explorer (in Abbildung 9 ganz rechts) in das Modell aufnehmen, statt wie bei Visual Studio dafür immer wieder den Assistenten aufrufen zu müssen. Entity Developer kann genau wie die klassischen Entity Framework-Werkzeuge in Visual Studio mehrere Diagramme pro Modell mit sich überschneidenden Entitäten verwalten. Die Reihenfolge der Properties in einer Entitätsklasse kann der Entwickler per Drag&Drop verändern, während die Reihenfolgeänderung mit Microsofts Werkzeug kurioserweise nur ganz umständlich per Kontextmenü oder zugehörigem Tastatur-Shortcut möglich ist. Auch zwischen verschiedenen Entitäten ist Drag&Drop von Properties möglich. Entity Developer erlaubt es, den Entitäten im Modell Farben zuzuweisen, um sie optisch besser zu trennen.

Die Einfärbung gilt dann für alle Diagramme, in denen die Entität vorkommt. Auf der Diagrammfläche kann der Entwickler auch Kommentare an beliebiger Stelle ablegen (siehe Abbildung 9).

Die Programmcodegenerierung wird ausgelöst durch den Menüpunkt Model/Generate Code (Taste F7). Mit der Standardcodegenerierungsvorlage "EF Core" entsteht:

- Eine Kontextklasse

- Eine Entitätsklasse pro Tabelle und pro Sicht

- Eine Klasse für jeden Rückgabetyp einer Stored Procedure

Der Programmcode für die Nutzung der Stored Procedures und Table-valued Functions steckt in der Kontextklasse, die dadurch sehr lang werden kann. Interessant ist, dass Entity Developer bei der Implementierung gar nicht auf Entity Framework Core zurückgreift, sondern die Datensätze per DataReader abholt und das komplette Mapping selbst realisiert (siehe Listing 1). Immerhin erkennt Entity Developer, dass die in Listing 1 abgebildete Stored Procedure "GetFlug" die gleiche Struktur zurückgibt wie die Tabelle Flug, und verwendet daher die Entitätsklasse Flug im Rückgabetyp. Entity Developer bzw. die Vorlage hätte an dieser Stelle auch Entity Framework Core mit der Erweiterungsmethode FromSql() einsetzen können. Vorteil dieser eigenen Implementierung von DevArt ist, dass sie auch für Stored Procedures funktioniert, die keine Entitätstypen zurückliefern. Das kann Entity Framework Core noch nicht. Entity Developer erzeugt in diesen Fällen eigene Klassen für den Rückgabetyp.

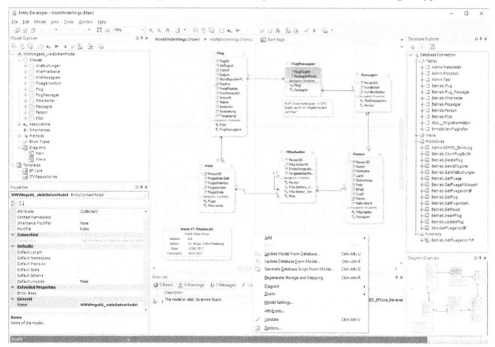

Abbildung 9: Grafischer Designer in Entity Developer

```
public List<Flug> GetFlug (System.Nullable<int> FlugNr)

    {

        List<Flug> result = new List<Flug>();
```

```csharp
DbConnection connection = this.Database.GetDbConnection();
bool needClose = false;
if (connection.State != ConnectionState.Open)
{
    connection.Open();
    needClose = true;
}

try
{
    using (DbCommand cmd = connection.CreateCommand())
    {
        if (this.Database.GetCommandTimeout().HasValue)
            cmd.CommandTimeout = this.Database.GetCommandTimeout().Value;
        cmd.CommandType = CommandType.StoredProcedure;
        cmd.CommandText = @"Betrieb.GetFlug";

        DbParameter FlugNrParameter = cmd.CreateParameter();
        FlugNrParameter.ParameterName = "FlugNr";
        FlugNrParameter.Direction = ParameterDirection.Input;
        if (FlugNr.HasValue)
        {
            FlugNrParameter.Value = FlugNr.Value;
        }
        else
        {
            FlugNrParameter.DbType = DbType.Int32;
            FlugNrParameter.Size = -1;
            FlugNrParameter.Value = DBNull.Value;
        }
        cmd.Parameters.Add(FlugNrParameter);

        using (IDataReader reader = cmd.ExecuteReader())
        {
            while (reader.Read())
            {
                Flug row = new Flug();
                if (!reader.IsDBNull(reader.GetOrdinal("FlugNr")))
                    row.FlugNr =
(int)Convert.ChangeType(reader.GetValue(reader.GetOrdinal(@"FlugNr")), typeof(int));
```

```
                      if (!reader.IsDBNull(reader.GetOrdinal("Abflugort")))

                          row.Abflugort =
(string)Convert.ChangeType(reader.GetValue(reader.GetOrdinal(@"Abflugort")), typeof(string));


                      if (!reader.IsDBNull(reader.GetOrdinal("Datum")))

                          row.Datum =
(System.DateTime)Convert.ChangeType(reader.GetValue(reader.GetOrdinal(@"Datum")),
typeof(System.DateTime));


                      if (!reader.IsDBNull(reader.GetOrdinal("NichtRaucherFlug")))

                          row.NichtRaucherFlug =
(bool)Convert.ChangeType(reader.GetValue(reader.GetOrdinal(@"NichtRaucherFlug")), typeof(bool));

...


                      if (!reader.IsDBNull(reader.GetOrdinal("Timestamp")))

                          row.Timestamp =
(byte[])Convert.ChangeType(reader.GetValue(reader.GetOrdinal(@"Timestamp")), typeof(byte[]));

                      else

                          row.Timestamp = null;


                      result.Add(row);

                  }

              }

          }

      }

      finally

      {

          if (needClose)

              connection.Close();

      }

      return result;

  }
```

Listing 1: Mapping für die Stored Procedure GetFlug()

Den generierten Programmcode kann man nun in ein Visual Studio-Projekt aufnehmen. Die verwendeten Vorlagendateien kann man in Entity Developer jederzeit anpassen (siehe Ast "Templates" im "Model Explorer" in Abbildung 9). Vorlagen kann man auch in Entity Developer bearbeiten – inklusive Intellisense-Eingabeunterstützung.

Alternativ dazu kann man auch die installierte Visual Studio-Erweiterung nutzen. In Visual Studio findet man in den Elementvorlagen in der Rubrik "Data" dann neue Einträge wie "DevArt EF Core Model". Danach folgt der gleiche Assistent und am Ende der gleiche Designer (inkl. Model Explorer und Vorlageneditor) wie bei der eigenständigen Anwendung. Der Vorteil ist, dass der generierte Programmcode automatisch zu dem Visual Studio-Projekt gehört, in dem auch die .efml-Datei liegt.

Das Modell kann man mit dem Menüpunkt "Model/Update Model from Database" aktualisieren, wenn sich das Datenbankschema geändert hat. Generelle Abbildungsregeln für Datenbanktypen auf .NET-Typen legt der Entwickler unter "Tools/Options/Servers' Options" fest.

Sehr hilfreich ist auch die Datenvorschau („Retrieve Data" im Kontextmenü einer Entitätklasse) inklusive Navigation zu verbundenen Datensätzen und hierarchischem Aufklappen. Die Datenvorschau kann direkt aus dem Diagramm heraus im Kontextmenü einer jeden Entität oder aus einer Tabelle bzw. Sicht im Database Explorer aufgerufen werden.

24.2.2 Forward Engineering mit Entity Developer

Nach dem Reverse Engineering mit Entity Developer soll nun noch das Forward Engineering betrachtet werden. Nach der Auswahl von "Model First" in Abbildung 3 folgt direkt der Dialog "Model Properties" (Abbildung 6), da es hier keine bestehende Datenbank, deren Artifakte und Namenskonventionen für die Generierung zu wählen gibt. Mit den Einstellungen bei "Model First Settings" kann der Entwickler hier Standards für die Datenbankschemagenerierung vorgeben:

- Default Precision: Bei Dezimalzahlen die Anzahl der Stelle vor dem Komma

- Default Scale: Bei Dezimalzahlen die Anzahl der Stelle nach dem Komma

- Default Length: Bei Zeichenketten die Maximalanzahl der Zeichen (leer bedeutet, dass die Zeichenketten unbegrenzt sind)

Im dritten und letzten Schritt des Assistenten im Fall "Model First" kommt dann der Dialog zur Auswahl der Codegenerierungsvorlage(n), siehe Abbildung 8.

Danach erscheint die leere Designer-Oberfläche, die der Entwickler nun mit Hilfe der Symbole im "Model Explorer" mit Klassen, Enumerationen, Assoziationen und Vererbungsbeziehungen befüllen und durch das "Properties"-Fenster konfigurieren kann (siehe Abbildung 10). Hier kann er z.B. Primärschlüssel setzen, die Annotation [ConcurrencyCheck] aktivieren und festlegen, dass eine Eigenschaft ein "Shadow Property" sein soll, welche es zwar in der Datenbank, nicht aber in der generierten Entitätsklasse gibt. In Entity Framework Core nicht verfügbare Optionen, wie etwa eine N:M-Abbildung, bietet Entity Developer in einem Entity Framework Core-Modell gar nicht erst an.

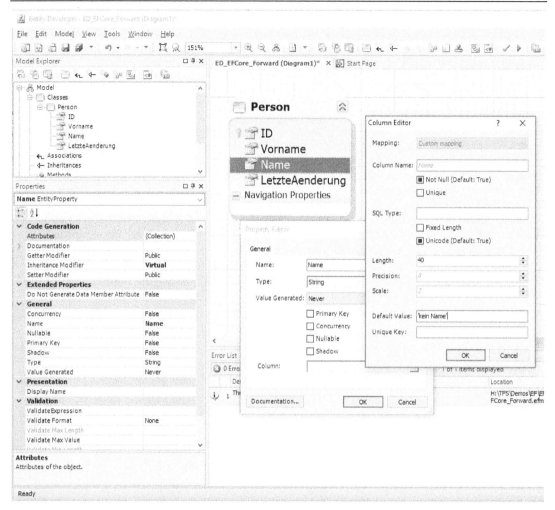

Abbildung 10: Anlegen und Konfigurieren von neuen Properties im Entity Developer

Mit der Funktion "Model/Update Database from Model" kann der Entwickler dann daraus ein Datenbankschema erzeugen. Dieser Assistent fragt nach einer Zieldatenbank, die aber schon existieren muss. Der Assistent zeigt dann an, welche Schemaänderungen zur Datenbank zu übertragen sind und bietet die Wahl an, bestimmte Änderungen nicht zu übertragen. Im letzten Schritt kann man sich das auszuführende SQL-Skript ansehen. Entity Developer verwendet dafür nicht die kommandozeilenbasierten Schemamigrationswerkzeuge von Entity Framework Core (dotnet ef bzw. die PowerShell-Commandlets), sondern sein eigenes Verfahren, indem das bestehende Schema mit dem Zielschema verglichen wird. Dabei bemüht sich aber auch Entity Developer, die Daten zu erhalten. Mit der Option "Recreate Database Tables" kann der Entwickler auch erreichen, dass bestehende Tabellen inklusive ihrer Daten verschwinden. Eine Zusatztabelle __EFMigrationsHistory gibt es bei den Migrationen von Entity Developer nicht. Konventionen für die Namensgebung im zu generierenden Datenbankschema legt man unter Model/Settings/Synchronization/Database Naming fest.

Im Menü Model/Generate Database Script from Model kann der Entwickler ein SQL-Skript für das zu erzeugende Schema generieren lassen ohne Bezug auf eine konkrete Datenbank. Dabei kann er das Ziel-Datenbankmanagementsystem und die Version (bei SQL Server z.B. 2000, 2005, 2008, 2012, 2014 und Azure (aber bisher nicht SQL Server 2016) auswählen.

Entity Developer unterstützt bei vielen Kleinigkeiten. So wird der in Abbildung 10 festgelegte Standardwert 'kein Name' nicht nur im Datenbankschema eingetragen, sondern auch im Konstruktor der Entitätsklasse verwendet (siehe Listing 2), die man wie beim Reverse Engineering über Model/Generate Code (F7) erzeugt. Bei den Codegenerierungseinstellungen wurden hier INotifyPropertyChanging/INotifyPropertyChanged sowie die WCF-Data-Contract-Attributierung aktiviert. Die bei der Klasse und dem Property "Vorname" hinterlegten Kommentare wurden bereits im Entity Developer-Designer erfasst. Ebenfalls im Entity Developer erfassen kann man beliebige Annotationen zu Entitätstypen und Properties. Dafür wählt man zunächst im Kontextmenü "Attributes" und dann dort .NET-Attribute aus beliebigen .NET-Assemblies aus. Wenn das .NET-Attribut im Konstruktor Parameter erfordert, kann man diese im Dialog erfassen. Einige Annotationen wie [DisplayName] und [Range] und [RegularExpression] kann der Entwickler direkt in dem Property-Fenster setzen (siehe "Validation" links unten in Abbildung 10). Damit die Validierungsannotationen tatsächlich im generierten Programmcode verewigt werden, muss man in der Codegenerierungsvorlage ein Validation Framework auswählen. Neben den .NET-Validierungsannotationen kann man hier auch die alte .NET Enterprise Library oder nHibernate Validator wählen.

Interessant ist auch, dass der Entwickler das Propertygrid um beliebige Einstellungen erweitern kann. Diese Einstellungen können dann bei der Codegenerierung in Betracht gezogen werden. Zusätzliche Einstellungen definiert man im Menü "Model/Settings/Model" im dort angezeigten Baum unter "Model/Extended Properties" für Artefakte wie Klassen, Properties und Assoziationen. Die Bedeutung dieser Zusatzeinstellungen muss der Entwickler dann in einer eigenen .tmpl-Codegenerierungsvorlage berücksichtigen.

```
//-------------------------------------------------------------------------
// This is auto-generated code.
//-------------------------------------------------------------------------
// This code was generated by Entity Developer tool using EF Core template.
// Code is generated on: 13/06/2017 12:02:13
//
// Changes to this file may cause incorrect behavior and will be lost if
// the code is regenerated.
//-------------------------------------------------------------------------


using System;
using System.Data;
using System.ComponentModel;
using System.Linq;
using System.Linq.Expressions;
using System.Data.Common;
using System.Collections.Generic;
using System.Runtime.Serialization;


namespace EDTestModel
```

```
{

    /// <summary>
    /// Entitätsklasse für eine Einzelperson
    /// </summary>
 [DataContract(IsReference = true)]
    public partial class Person : INotifyPropertyChanging, INotifyPropertyChanged {


        private static PropertyChangingEventArgs emptyChangingEventArgs = new
PropertyChangingEventArgs(System.String.Empty);


        private int _ID;


        private string _Vorname;


        private string _Name;


        private System.Nullable<System.DateTime> _Geburtstag;


        public Person()
        {
            this._Name = @"kein Name";
            OnCreated();
        }


        [DataMember(Order=1)]
        public virtual int ID
        {
            get
            {
                return this._ID;
            }
            set
            {
                if (this._ID != value)
                {
                    this.SendPropertyChanging();
                    this._ID = value;
                    this.SendPropertyChanged("ID");
                }
            }
        }
```

```csharp
/// <summary>
/// Vorname der Person
/// </summary>
[DataMember(Order=2)]
public virtual string Vorname
{
    get
    {
        return this._Vorname;
    }
    set
    {
        if (this._Vorname != value)
        {
            this.SendPropertyChanging();
            this._Vorname = value;
            this.SendPropertyChanged("Vorname");
        }
    }
}


[DataMember(Order=3)]
public virtual string Name
{
    get
    {
        return this._Name;
    }
    set
    {
        if (this._Name != value)
        {
            this.SendPropertyChanging();
            this._Name = value;
            this.SendPropertyChanged("Name");
        }
    }
}


[DataMember(Order=4)]
public virtual System.Nullable<System.DateTime> Geburtstag
{
```

```
    get
    {
        return this._Geburtstag;
    }
    set
    {
        if (this._Geburtstag != value)
        {
            this.SendPropertyChanging();
            this._Geburtstag = value;
            this.SendPropertyChanged("Geburtstag");
        }
    }
}


#region Extensibility Method Definitions

partial void OnCreated();

public override bool Equals(object obj)
{
  Person toCompare = obj as Person;
  if (toCompare == null)
  {
    return false;
  }

  if (!Object.Equals(this.ID, toCompare.ID))
    return false;

  return true;
}


public override int GetHashCode()
{
  int hashCode = 13;
  hashCode = (hashCode * 7) + ID.GetHashCode();
  return hashCode;
}


#endregion
```

```
public virtual event PropertyChangingEventHandler PropertyChanging;


public virtual event PropertyChangedEventHandler PropertyChanged;


protected virtual void SendPropertyChanging()
{
        var handler = this.PropertyChanging;
    if (handler != null)
        handler(this, emptyChangingEventArgs);
}


protected virtual void SendPropertyChanging(System.String propertyName)
{
        var handler = this.PropertyChanging;
    if (handler != null)
        handler(this, new PropertyChangingEventArgs(propertyName));
}


protected virtual void SendPropertyChanged(System.String propertyName)
{
        var handler = this.PropertyChanged;
    if (handler != null)
        handler(this, new PropertyChangedEventArgs(propertyName));
}

  }


}
```

Listing 2: Beispiel für eine von Entity Developer generierte Entitätsklasse

24.3 Entity Framework Profiler

Objekt-Relationales Mapping bedeutet Abstraktion von SQL, und dabei stellt sich naturgemäß die Frage, welche und wie viele Befehle wirklich zum Datenbankmanagementsystem gesendet werden. Die Kommunikation kann man mit dem DBMS-eigenen Profiler wie dem Microsoft SQL Server Profiler überwachen oder mit einem ORM-spezifischen Werkzeug wie dem Entity Framework Profiler.

Fast alle OR-Mapper verwenden eigene Abfragesprachen, z.B. HQL bei nHibernate und LINQ bei Entity Framework und Entity Framework Core. Diese Sprachen arbeiten auf dem datenbankneutralen Objektmodell, und der OR-Mapper sorgt für die Umwandlung in den SQL-Dialekt des jeweiligen Datenbankmanagementsystems. Gerade diese automatisierte Erzeugung von SQL-Befehlen ist immer wieder ein Ansatzpunkt für grundsätzliche Kritik am ORM, insbesondere aus dem Lager der "SQL-Optimierer". Tatsächlich sind nicht immer alle vom OR-Mapper erzeugten SQL-Befehle optimal.

Nicht optimales SQL und ungünstige Ladestrategien aufzuspüren gehört zu den Aufgaben eines jeden Softwareentwicklers, der OR-Mapper einsetzt. Hier setzt der Entity Framework Profiler der Firma

"Hibernating Rhinos" an, der sowohl mit Entity Framework Core als auch dem Vorgänger Entity Framework funktioniert.

	Entity Framework Profiler
Werkzeugname	Entity Framework Profiler
Website	www.efprof.com
Kostenfreie Version	Nein
Kommerzielle Version	Ab 45$ pro Monat

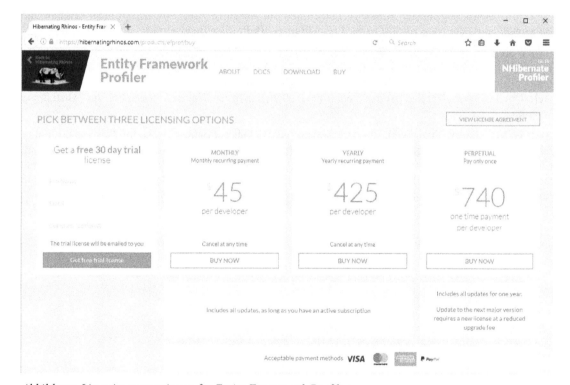

Abbildung: Lizensierungsoptionen für Entity Framework Profiler

24.3.1 Einbinden des Entity Framework Profilers

Damit der Entity Framework Profiler überhaupt die Aktivitäten zwischen OR-Mapper und Datenbankmanagementsystem mitschneiden kann, muss die zu überwachende Anwendung "instrumentiert" werden. Dazu sind zwei Änderungen am Programmcode notwendig:

- Der Entwickler muss eine Referenz zur Assembly HibernatingRhinos.Profiler.Appender.dll erstellen.

- Zu   Beginn   muss   die   Zeile
  HibernatingRhinos.Profiler.Appender.EntityFramework.EntityFrameworkProfiler.Initialize()   im
  Programmcode erscheinen.

PRAXISTIPP: Der Entity Framework Profiler setzt nicht voraus, dass die Anwendung im Visual Studio-Debugger läuft. Die Aufzeichnung funktioniert auch, wenn die Anwendung direkt gestartet wird – sogar wenn Sie im "Release"-Modus kompiliert wurde. Entscheidend ist nur die eine Zeile Instrumentierungscode. Man kann die Anwendung also so gestalten, dass der Instrumentierungscode bei Bedarf aufgerufen wird, z.B. gesteuert über eine Konfigurationsdatei.

24.3.2 Befehle überwachen mit Entity Framework Profiler

Nun startet man die WPF-basierte Entity Framework Profiler-Benutzeroberfläche (EFProf.exe) vor der zu überwachenden Anwendung. Nach Start der zu überwachenden Anwendung sieht man dann im Entity Framework Profiler in der Liste links alle erzeugten Instanzen der Entity Framework-Klasse ObjectContext (bzw. aller davon abgeleiteten Klassen). Leider sind die einzelnen Kontextinstanzen nicht benannt; die Benennung muss der Nutzer selbst in der Entity Framework Profiler-Benutzeroberfläche vornehmen.

Jeweils zu einem Kontext sieht man die Anzahl der über den Kontext ausgeführten SQL-Befehle mit den jeweiligen Ausführungszeiten sowohl in dem DBMS selbst als auch die Gesamtzeit, also inklusive Materialisierung der Objekte im RAM. In Abbildung 1 erkennt man zum Beispiel sofort das Problem, dass viele Objektkontexte erzeugt werden, ohne dass überhaupt irgendein Befehl darüber zur Ausführung kommt.

ACHTUNG: Entity Framework Profiler spricht von "Object Context", was im klassischen Entity Framework die ursprüngliche Basisklasse für den Entity Framework-Kontext war. In Entity Framework Core gibt es nur noch den moderneren DbContext. Die Bezeichnung im Entity Framework Profiler wurde nicht angepasst. Der Entity Framework Profiler funktioniert aber sowohl mit der Basisklasse DbContext in Entity Framework als auch in Entity Framework Core.

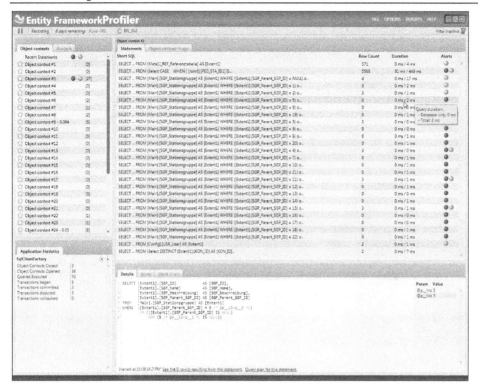

Abbildung 1: Entity Framework Profiler in Aktion

Im rechten Teil des Bildschirms findet man zu dem aktuell gewählten Kontext dann eine Liste der ausgeführten Befehle. Unter "Details" kann man den kompletten SQL-Befehl mit Parametern und den zugehörigen Ausführungsplan sehen (siehe Abbildung 2) sowie auch die Ergebnismenge sehen. Dafür muss man aber die Verbindungszeichenfolge in Entity Framework Profiler einpflegen (siehe Abbildung 3).

Die Registerkarte "Stack Trace" offenbart, welche Methode einen einzelnen SQL-Befehl ausgelöst hat. Sehr nett ist, dass ein Doppelklick auf einen Eintrag im "Stack Trace" direkt zu der passenden Codestelle im geöffneten Visual Studio führt. Damit findet man dann sehr schnell den LINQ- oder SQL-Befehl, der den SQL-Befehl ausgelöst hat.

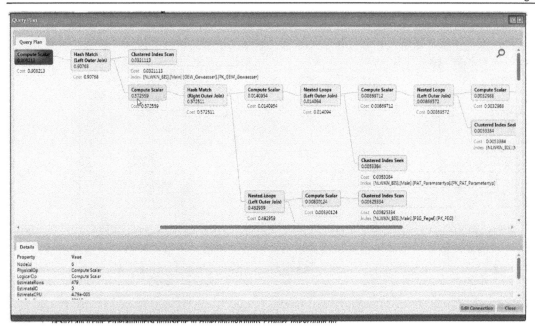

Abbildung 2: Ausführungsplan des Datenbankmanagementsystems im Entity Framework Profiler

Abbildung 3: Die Ergebnismenge kann Entity Framework Profiler nur anzeigen, wenn man die von der Anwendung verwendete Verbindungszeichenfolge im Werkzeug nochmal einpflegt

24.3.3 Warnungen vor potentiellen Problemen

Eine besondere Beachtung sind die grauen (Vorschläge) und roten Kreise (Warnungen) wert (siehe Abbildung 1). Hier will der Entity Framework Profiler ein potentielles Problem entdeckt haben. In Abbildung 1 ist das – so wie er es nennt – "SELECT N+1"-Problem. Eine Vielzahl gleichartiger SQL-Befehle, die nacheinander ausgeführt werden, deutet darauf hin, dass hier fehlerhafterweise Lazy Loading zum Einsatz kommt. Man sollte Eager Loading in Erwägung ziehen.

Ein anderes Problem, das der Entity Framework Profiler sehr gut aufzeigt, ist die wirklich nicht empfohlene Verwendung eines Kontext-Objekts in verschiedenen Threads. Andere Hinweise (siehe Abbildung 4) gibt es, wenn eine Abfrage viele Joins verwendet, mit einem Platzhalter (like "%xy") beginnt, viele Datensätze zurückliefert und keine TOP-Anweisung enthält ("Unbounded Result Sets"). Gerade über den letzten Punkt kann man wirklich streiten. Intention dieses Vorschlags ist, dass ein Entwickler nicht in Gefahr laufen sollte, dass er viel mehr Datensätze abfragt, als er wirklich erwartet und braucht. Aber in der Praxis lässt sich (außer bei Anwendungen, die Datensätze explizit mit Blättern-Funktion anzeigen) oft keine Obergrenze festlegen, die dauerhaft gilt. Eine Warnung gibt es auch, wenn viele INSERT-, UPDATE- und DELETE-Befehle ausgeführt werden und man prüfen sollte, ob dies nicht durch eine Massenoperation abbildbar ist.

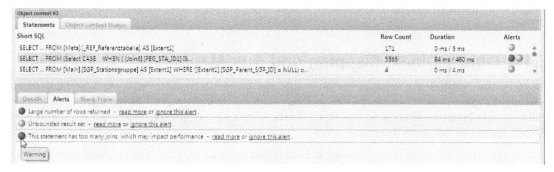

Abbildung 4: Warnungen und Vorschläge im Entity Framework Profiler

24.3.4 Analysefunktionen

Sehr hilfreich sind die Analysefunktionen in der Registerkarte "Analysis". Hier gibt es Auswertungen, die zeigen

- welche Methoden im Programmcode welche SQL-Befehle ausgelöst haben (Queries by Method), siehe Abbildung 5.
- wie viele verschiedene Befehle es gab (trotz des Namens Unique Queries erscheinen hier auch INSERT-, UPDATE- und DELETE-Befehle!)
- welche Befehle am längsten gedauert haben (Expensive Queries)

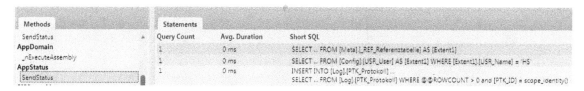

Abbildung 5: Analyse "Queries by Method"

Eine sehr interessante Funktion verbirgt sich im Menü File/Export to File. Hierdurch entsteht eine mit JavaScript angereicherte HTML-Seite, in der man eine ähnliche Oberfläche wie im Entity Framework Profiler sieht. Man kann alle Kontextinstanzen und die SQL-Befehle betrachten und die Analyseergebnisse aufrufen. Es fehlt aber der Stack Trace und die Warnungen.

Die normale Speicherfunktion erzeugt eine Binärdatei mit der Dateinamenserweiterung .efprof. Eine solche Datei kann auch der zu überwachende Programmcode direkt erzeugen, indem man im Startbefehls statt Initialize() die Methode InitializeOfflineProfiling(Dateiname.efprof) aufruft. Dann muss die Entity

Framework Profiler-Benutzeroberfläche nicht laufen, während die Anwendung läuft. Ein Profiling ist also auch auf Zielsystemen problemlos möglich.

Im Sinne von Continous Integration kann man den Entity Framework Profiler auch von der Kommandozeile aus ausführen. Man braucht aber pro Rechner eine Lizenz. Der Profiler selbst besitzt auch eine Programmierschnittstelle in *HibernatingRhinos.Profiler.Integration.dll*.

24.3.5 Fazit zu Entity Framework Profiler

Der Entity Framework Profiler ist ein sehr hilfreiches Werkzeug, um sich gewahr zu werden, welche SQL-Befehle eine auf dem Entity Framework Core basierende Anwendung wirklich ausführt. Der Preis ist aber hoch.

24.4 Objekt-Objekt-Mapping und AutoMapper

In modernen Softwarearchitekturen ist nicht nur das Objekt-Relationale Mapping von relationalen Datenbankstrukturen auf Objekte, sondern auch das Mapping verschiedener Objektstrukturen aufeinander eine typische Programmieraufgabe. Das Open Source-Werkzeug AutoMapper erleichtert das sogenannte Objekt-Objekt-Mapping (OOM).

Die Anforderung, einen Objekttyp in einen anderen Objekttyp umzuwandeln, gibt es häufig, zum Beispiel im Rahmen von Data Transfer Objects (DTOs) zwischen Schichten oder ViewModels, die zur Anzeige oder zum Ausdruck aufbereitete Daten enthalten (siehe Architekturschaubilder in Abbildung 1 und 2). Dabei sind sich die aufeinander abzubildenden Objekttypen oft ähnlich, aber nicht ganz identisch. Und sie besitzen in der Regel keine gemeinsame Basisklasse oder eine gemeinsame Schnittstelle, die eine Typkonvertierung auf Programmiersprachebene, also per Typkonvertierungsausdruck, erlauben würde.

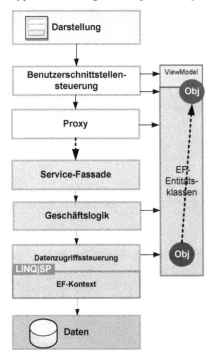

Abbildung 1: Objekt-Objekt-Mapping kommt zwischen Entitätsklassen und ViewModel-Klassen

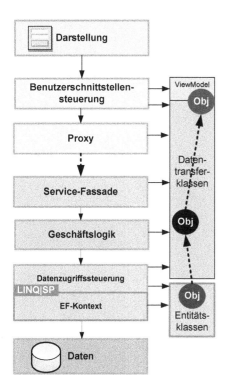

Abbildung 2: Objekt-Objekt-Mapping kommt in modernen Softwarearchitekturen auch zwischen Entitätsklassen und Datentransferklassen zum Einsatz.

Die .NET Framework- und .NET Core-Klassenbibliotheken enthalten keine Funktionen, die die Abbildung von verschiedenen Objekttypen (also das Objekt-Objekt-Mapping) unterstützt. Die Type Converter in der .NET Framework-Klassenbibliothek [6] definieren lediglich eine einheitliche Schnittstelle für Objekttypabbildungen. Sie helfen aber nicht bei der eigentlichen Abbildungsarbeit.

24.4.1 Objekt-Objekt-Mapping per Reflection

Selbstgeschriebenes Objekt-Objekt-Mapping bedeutet, innerhalb einer Iteration für jede Instanz von x eine Instanz von y anzulegen und die relevanten Attribute von x einzeln an Properties von y zuzuweisen. Bei Objekten, die sich in höheren Schichten der Softwarearchitektur ändern können, findet man dann auch zusätzlich noch den umgekehrten Programmcode, der die Attribute von y zurück auf die Attribute von x abbildet.

Diesen Objekt-Objekt-Mapping-Programmcode zu schreiben, ist keine intellektuelle Herausforderung, sondern eine lästige Fleißarbeit, wobei immer das Risiko besteht, Properties zu vergessen. Wenn solche Mapping-Aufgaben manuell ausprogrammiert werden, erhöht sich auch immer der Wartungsaufwand für eine Anwendung. Denn bei jedem neuen Datenbankfeld muss dann Mapping-Programmcode an vielen verschiedenen Stellen in der Anwendung geändert werden.

Heißen die Attribute gleich und haben Sie denselben Datentyp, kann man das Objekt-Objekt-Mapping ganz einfach per Reflection selbst machen. Listing 1 zeigt dazu zwei Erweiterungsmethoden der Klasse System.Object, die dieser einfachen Konvention folgen. Wenn die Namen aber (unregelmäßig) abweichen oder die Attributwerte nicht 1:1 abzubilden sind, hilft der primitive Ansatz nicht.

```csharp
using System;
using System.Reflection;


namespace ITVisions
{
 public static class ObjectExtensions
 {

/// <summary>
/// Kopieren gleichnamiger Attribute auf ein anderes, neues Objekt
/// </summary>
public static T CopyTo<T>(this object from)
   where T : new()
{
 T to = new T();
 return CopyTo<T>(from, to);
}


/// <summary>
/// Kopieren gleichnamiger Attribute auf ein anderes, bestehendes Objekt
/// </summary>
public static T CopyTo<T>(this object from, T to)
   where T : new()
{
 Type FromType = from.GetType();
 Type ToType = to.GetType();


 // Kopieren der einzelnen Fields
 foreach (FieldInfo f in FromType.GetFields())
 {
  FieldInfo t = ToType.GetField(f.Name);
  if (t != null)
  {
   t.SetValue(to, f.GetValue(from));
  }
 }
```

```
  // Kopieren der einzelnen Properties
  foreach (PropertyInfo f in FromType.GetProperties())
  {
   object[] Empty = new object[0];
   PropertyInfo t = ToType.GetProperty(f.Name);
   if (t != null)
   {
    //Console.WriteLine(f.GetValue(from, Empty));
    t.SetValue(to, f.GetValue(from, Empty), Empty);
   }
  }


  return to;
 }
 }
}
```

Listing 1: Kopieren gleichnamiger Properties zwischen zwei Klassen via Reflection

```
using ITVisions;
using System;


namespace ITV_AppUtil.ManualTest
{

 public class Kunde
 {
  public int ID { get; set; }
  public string Name { get; set; }
  public string Ort { get; set; }
 }

 public class KundeDTO
 {
  public int ID { get; set; }
  public string Name { get; set; }
 }

 public class OOM_Demo
 {

  public static void Run()
  {
```

```
var k = new Kunde() { ID = 1, Name = "Holger Schwichtenberg", Ort = "Essen" };

// Kopieren gleichnamiger Properties auf ein neues Objekt

var kDTO = k.CopyTo<KundeDTO>();

Console.WriteLine(kDTO.ID + ": " + kDTO.Name);


// Kopieren gleichnamiger Properties auf ein bestehendes Objekt

var kDTO2 = new KundeDTO();

kDTO2 = k.CopyTo(kDTO2);

Console.WriteLine(kDTO2.ID + ": " + kDTO2.Name);

}


}
}
```

Listing 2: Einsatz der Erweiterungsmethoden aus Listing 1

24.4.2 AutoMapper

Mittlerweile hat sich die Open Source-Bibliothek AutoMapper von Jimmy Bogard in der .NET-Entwicklerwelt für das Objekt-Objekt-Mapping etabliert. Das Nuget-Paket "AutoMapper" [2] (Install-Package AutoMapper) besteht aus der AutoMapper.dll, deren zentrale Klasse AutoMapper.Mapper ist.

	auto⧓mapper
Werkzeugname	AutoMapper
Website	www.automapper.org/
Kostenfreie Version	Ja
Kommerzielle Version	Nein

AutoMapper läuft auf folgenden .NET-Varianten:

- .NET 4.0 und höher
- Silverlight 5
- Windows Phone 8 und höher
- .NET for Windows Store Apps / Windows Runtime
- Windows Universal Platform (UWP) Apps
- Xamarin.iOS und
- Xamarin.Android

Den Quellcode [3] und ein Wiki [4] findet man bei Github. Weitere Ressourcen (z.B. ein Video) findet man auf der AutoMapper-Website [1]. Insgesamt ist die verfügbare Dokumentation aber – wie bei so vielen Open Sourcen-Projekten – leider sehr knapp und unvollständig sowie teilweise veraltet. Viele Funktionen von AutoMapper sind in dem Wiki nicht ansatzweise beschrieben, sodass ein Blick in Blogeinträge und Foren notwendig ist, um AutoMapper ganz zu erfassen. Es fehlt bisher auch eine Dokumentation zu den

Unterschieden zwischen der stabilen Version 3.3.1 und der aktuellen Vorabversion 4.0. Auch der Autor dieses Beitrags, der schon länger mit AutoMapper in seinen Projekten arbeitet, musste noch viele Stunden Forschungsarbeit investieren, um weitere, nicht dokumentierte Features in der Softwarekomponente zu entdecken.

24.4.3 Beispiel

Im Folgenden soll das in Abbildung 3 dargestellte Objektmodell auf das vereinfachte Objektmodell aus Abbildung 4 abgebildet werden. Die Klassen Pilot, Mitarbeiter und Person werden aufgelöst. Die Informationen zum Piloten werden einerseits auf eine Zeichenkette direkt in der FlugView-Klasse abgebildet, andererseits auf ein Detailobjekt "PilotDetailView". Die neue PassagierView-Klasse umfasst auch die Personendaten aus der Person-Klasse. Viele Informationen (z.B. aus der Entität "Mitarbeiter") werden hier bewusst nicht mehr verwendet.

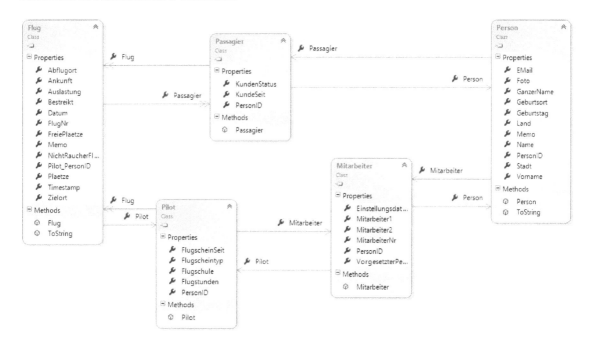

Abbildung 3: Ein mit Hilfe von Entity Framework erzeugtes Klassenmodell

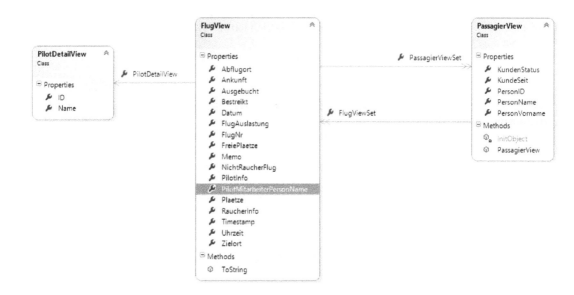

Abbildung 4: Das Zielmodell für das Objekt-Objekt-Mapping, das aus dem Modell aus Abbildung 3 entstehen soll.

24.4.4 Einfache Abbildung

Bevor man mit AutoMapper eine Abbildung durchführen kann, muss man die Abbildung mit den beteiligten Klassen bei AutoMapper einmalig pro Application Domain registrieren. Dies erfolgt mit der Methode CreateMap(), der als erster Typparameter der Quellobjekttyp und als zweiter Typparameter der Zieltyp zu übergeben ist. Wenn – wie nachstehend – mehrere Typabbildungen definiert werden – spielt die Reihenfolge der CreateMap()-Aufrufe keine Rolle.

```
AutoMapper.Mapper.CreateMap<Flug, FlugView>();
AutoMapper.Mapper.CreateMap<Passagier, PassagierView>();
```

Die Festlegung des Mappings mit CreateMap() sollte natürlich in jeder Application Domain nur einmal erfolgen, weil damit ein Zeitverbrauch einhergeht. Wenn man für eine Klasse innerhalb einer Application Domain erneut ein Mapping definiert, kommt es nicht zum Laufzeitfehler. Es gilt immer die letzte Mapping-Konfiguration. Es kann für eine einzige Klasse nicht nur eine Abbildung zu einer Klasse, sondern auch zu mehreren anderen Klassen geben, zum Beispiel:

```
AutoMapper.Mapper.CreateMap<Flug, FlugView>();

AutoMapper.Mapper.CreateMap<Flug, FlugDTOKurz>();

AutoMapper.Mapper.CreateMap<Flug, FlugDTOLang>();
```

Welche dieser Abbildungen (also auf welchen Zieltyp) dann konkret zum Einsatz kommt, entscheidet sich durch die Parameter der Map()-Methode, die die eigentliche Abbildung vornimmt. Bei der Map()-Methode gibt es drei Varianten. Man kann entweder auf ein neues Objekt abbilden, dann ist als generischer Typparameter der Zieltyp anzugeben und als Parameter der Methode das Quellobjekt:

```
var flugView1 = AutoMapper.Mapper.Map<FlugView>(flug);
```

Wenn man aber (als zweite Variante von Map()) die nicht-generische Variante von Map() einsetzt, wird der Programmcode umfangreicher. Nun ist nach dem Quellobjekt als zweiter Parameter der Quellobjekttyp und als dritter Parameter der Zieltyp anzugeben. - Außerdem liefert Map() nur noch den Muttertyp System.Object zurück, wodurch eine Typumwandlung mit *(FlugView)* notwendig wird:

```
FlugView flugView1b = (FlugView)AutoMapper.Mapper.Map(flug, flug.GetType(), typeof(FlugView));
```

Oder der Entwickler bildet ein Objekt auf ein bestehendes anderes Objekt ab. Das ist die dritte Variante von Map(). In diesem Fall ist kein Typparameter bei der Methode notwendig, sondern als Parameter sind Quell- und Zielobjekt zu übergeben.

```
var flugview2 = new FlugView();

flugview2.Memo = "test";

AutoMapper.Mapper.Map(flug, flugview2);
```

AutoMapper bildet dabei nicht nur gleichnamige Attribute aufeinander ab, sondern enthält weitere Standardkonventionen:

- Wenn ein Attribut in x im Quellobjekt nicht gefunden wird, wird eine Funktion GetX() gesucht und ggf. aufgerufen.

- Wenn es auch eine solche Methode im Quellobjekt nicht gibt und der Name des Attributs enthält mehrere Großbuchstaben und es gibt abhängige Objekte, dann wird jedes Wort als eine Ebene aufgefasst und durch einen Punkt getrennt. Der Name PilotMitarbeiterPersonName entspricht also Pilot.Mitarbeiter.Person.Name. AutoMapper nennt das Feature "Flattening" (deutsch: Flachklopfen).

- AutoMapper ignoriert alle Null-Reference-Laufzeitfehler.

- AutoMapper greift auf private Getter und Setter zu – aber nur, wenn der einzelne Getter oder Setter privat ist. Wenn das Ganze Property als "private" deklariert ist, wird es ignoriert.

Sehr spannend ist in AutoMapper die Behandlung der Groß- und Kleinschreibung sowie von Unterstrichen. AutoMapper sucht nach passenden Properties auch in geänderter Groß-/Kleinschreibung und mit bzw. ohne Unterstrich. Dabei ist sogar die Reihenfolge der Property-Deklaration in den Klassen relevant!

Tabelle 1 zeigt verschiedene Fälle mit einem Property "FreiePlätze"in vier verschiedenen Schreibweisen: "FreiePlätze", "freiePlätze", "Freie_Plätze" und "freie_Plätze". Dabei wird immer davon ausgegangen, dass es im Quellobjekt nur die Variante des Properties "FreiePlätze" gibt, die auch in Spalte 1 von Tabelle 1 gesetzt wird, während es im Zielobjekt immer alle vier Varianten des Properties gibt. Und dass die Properties in genau der Reihenfolge deklariert wurden, in denen sie in der Tabelle stehen.

Werte im Quellobjekt	Werte im Zielobjekt	Bemerkung
f.FreiePlaetze = 1	f.FreiePlaetze = 1 f.freiePlaetze = 1 f.Freie_Plaetze = 1 f.freie_Plaetze = 1	Der Wert aus dem einen Property aus dem Quellobjekt wird von AutoMapper in alle vier Varianten im Zielobjekt kopiert.
f.FreiePlaetze = 1 f.freiePlaetze = 2	f.FreiePlaetze = 1 f.freiePlaetze = 1 f.Freie_Plaetze = 1 f.freie_Plaetze = 1	Der Wert aus einem Property freiePlaetze wird ignoriert, weil FreiePlaetze schon seinen Wert auf alle Zielproperties abgebildet hat.

f.FreiePlaetze = 1 f.freiePlaetze = 2 f.Freie_Plaetze = 3	f.FreiePlaetze = 1 f.freiePlaetze = 1 f.Freie_Plaetze = 3 f.freie_Plaetze = 3	Das erste Property ohne Unterstrich bildet auf alle Properties ohne Unterstrich ab und das erste mit Unterstrich auf alle Properties mit Unterstrich.
f.FreiePlaetze = 1 f.freiePlaetze = 2 f.freie_Plaetze = 4	f.FreiePlaetze = 1 f.freiePlaetze = 1 f.Freie_Plaetze = 4 f.freie_Plaetze = 4	Das erste Property ohne Unterstrich bildet auf alle Properties ohne Unterstrich ab und das erste mit Unterstrich auf alle Properties mit Unterstrich.
f.FreiePlaetze = 1 f.freiePlaetze = 2 f.Freie_Plaetze = 3 f.freie_Plaetze = 4	f.FreiePlaetze = 1 f.freiePlaetze = 1 f.Freie_Plaetze = 3 f.freie_Plaetze = 3	Das erste Property ohne Unterstrich bildet auf alle Properties ohne Unterstrich ab und das erste mit Unterstrich auf alle Properties mit Unterstrich.

Tabelle 1: AutoMappers konventionsbasiertes Mapping-Verhalten bezüglich Unterstrichen und der Groß-/Kleinschreibung

Zumindest die Konvention, die Unterstriche als Trennzeichen zu akzeptieren, kann man außer Kraft setzen. Dazu schreibt man:

- Eine eigene Konventionsklasse (siehe Listing 3) die die Abbildung von Unterstrichen außer Kraft setzt, indem SeparatorCharacter auf einen Leerstring gesetzt wird und auch kein regulärer Ausdruck bei SplittingExpression angegeben wird.

- Eine Profilklasse, die das Mapping enthält und die Eigenschaften SourceMemberNamingConvention und DestinationMemberNamingConvention auf die eigene Konventionsklasse setzt (Listing 4).

- Diese Profilklasse ruft man dann vor dem Mapping mit AddProfile() im Rahmen von Mapper.Initialize() auf (Listing 5).

```
/// <summary>
/// Komventionsklasse für AutoMapper, die
/// Abbildung von Unterstrichen  außer Kraft setzt
/// </summary>
class NoNamingConvention : INamingConvention
{

  #region INamingConvention Members

  public string SeparatorCharacter
  {
    get { return ""; }
  }
```

```
public Regex SplittingExpression

{

  get { return new Regex(""); }

}


  #endregion

}
```

Listing 3: Eine eigene Konventionsklasse für AutoMapper, die Abbildung von Unterstrichen außer Kraft setzt

```
/// <summary>

/// Profilklasse für AutoMapper

/// </summary>

public class AutoMapperFlugProfile : AutoMapper.Profile

{

  protected override void Configure()

  {

    this.SourceMemberNamingConvention = new NoNamingConvention();

    this.DestinationMemberNamingConvention = new NoNamingConvention();

    this.CreateMap<Flug1, Flug2>();

  }


  public override string ProfileName

  {

    get { return "AutoMapperFlugProfile"; }

  }

}
```

Listing 4: Eine Profilklasse für das Mapping

```
Mapper.Initialize(cfg =>

{

  cfg.AddProfile<AutoMapperFlugProfile>();

});
```

Listing 5: Aktivierung der Profilklasse

24.4.5 Verbundene Objekte

Wenn ein Objekt Unterobjekte besitzt und mit AutoMapper abgebildet wird, muss es für die Unterobjekte auch ein definiertes Mapping geben, sonst steigt AutoMapper mit einem Fehler ("Missing type map configuration or unsupported mapping.") aus. Entweder muss man über den Typ des Unterobjekts auch ein Mapping mit CreateMap() anlegen, oder man muss AutoMapper explizit sagen, dass man Unterobjekte

nicht abbilden möchte. Dies erfolgt über das Fluent-API der CreateMap()-Methode unter Einsatz der
Methode Ignore() nach dem Aufruf von ForMember():

```
AutoMapper.Mapper.CreateMap<Passagier, PassagierView>().ForMember(z => z.Person, m => m.Ignore());
```

Das Flattening funktioniert aber weiterhin nach einem Ignore()-Aufruf für ein Unterobjekt. Das heißt, die
Properties PersonVorname und PersonName in der Klasse PassagierView befüllt AutoMapper weiterhin
mit den Werten aus Passagier.Person.Vorname und Passagier.Person.Nachname, auch wenn
Passagier.Person durch die Ignore()-Anweisung auf null gesetzt wird.

24.4.6 Manuelle Abbildungen

Anders als bei der Lösung aus Listing 1 und 2 hat man bei AutoMapper zahlreiche Eingriffsmöglichkeiten
in das Mapping. Über das Fluent-API der Methode CreateMap() kann man Abbildungen von Properties des
Quellobjekts auf Abbildungen von Properties des Zielobjekts, also sogenannte Projektionen, festlegen. Eine
manuelle Abbildung erledigt die Methode ForMember(). Dabei ist als erster Parameter ein Lambda-
Ausdruck für das Zielproperty (Variablenname z für Ziel) und als zweiter Parameter ein Lambda-Ausdruck
für den Wert (Variablenname q für Quelle) anzugeben, wobei auf ein oder mehrere Properties des
Quellobjekts Bezug genommen werden kann.

Listing 6 zeigt folgende neun Möglichkeiten:

- Abbildung einer Eigenschaft auf einen statischen Wert mit UseValue().

- Abbildung einer Eigenschaft auf das Ergebnis eines Ausdrucks zu einer Quelleigenschaft mit
  MapFrom(), wobei das Ergebnis ein Boolean-Wert ist

- Abbildung einer Eigenschaft auf eine Berechnung aus mehreren Quelleigenschaften mit MapFrom(),
  wobei der Wert eine Zahl ist

- Abbildung einer Eigenschaft mit MapFrom() auf das Ergebnis der ToString()-Methode in einem
  Unterobjekt des Quellobjekts

- Abbildung einer Eigenschaft mit MapFrom() auf ein Objekt, das Werte von mehreren
  Quelleigenschaften enthält

- Abbildung einer Eigenschaft mit einer ValueResolver-Klasse unter Einsatz von ResolveUsing() und
  der ValueResolver-Klasse aus Listing 7

- Abbildung von Nullwerten auf einen anderen Wert mit NullSubstitute().

- Festlegung, dass die Properties des Zielobjekts nicht mit einem Wert des Quellobjekts überschrieben
  werden dürfen. Dies erledigt die Methode UseDestinationValue().

- Der letzte Fall zeigt, wie mit Condition() eine Abbildung nur dann erfolgt, wenn der Quellwert
  (SourceValue) eine bestimmte Bedingung erfüllt.

Da solche Mapping-Definitionen oft sehr umfangreich werden können, bietet es sich in der Regel an, diese
in eine Profilklasse (siehe Listing 4) auszulagern, statt sie irgendwo in den Programmcode einzustreuen.

```
AutoMapper.Mapper.CreateMap<Flug, FlugView>()


  // 1. Manuelle Abbildung von Memo auf statischen Wert

 .ForMember(z => z.Memo,

         q => q.UseValue("Geladen aus Datenbank"))
```

```
// 2. Manuelle Abbildung Ausgebucht (bool)
.ForMember(z => z.Ausgebucht, q => q.MapFrom(f => f.FreiePlaetze <= 0))


// 3. Manuelle Abbildung Flugauslastung (string)
.ForMember(z => z.FlugAuslastung,
          q => q.MapFrom(f => (int)Math.Abs(((decimal)f.FreiePlaetze / (decimal)f.Plaetze) * 100)))



// 4. Manuelle Abbildung PilotInfo (Methodenergebnis aus Unterobjekt)
.ForMember(z => z.PilotInfo, m => m.MapFrom(
          q => q.Pilot.Mitarbeiter.Person.ToString()))


// 5. Manuelle Abbildung PilotDetailView (Objekt)
.ForMember(z => z.PilotDetailView,
          m => m.MapFrom(
          q => new PilotDetailView { ID = q.Pilot.PersonID, Name = q.Pilot.Mitarbeiter.Person.Ganz
erName }))


// 6. Abbildung von RaucherInfo mit ValueResolver
.ForMember(z => z.RaucherInfo,
              m => m.ResolveUsing<RaucherinfoResolver>().FromMember(q => q.NichtRaucherFlug))


// 7. Abbildung, falls Quellwert null ist
.ForMember(z => z.Zielort, q => q.NullSubstitute("noch unbekannt"))


// 8. Abbildung, falls Quellwert null ist
.ForMember(z => z.Timestamp, q => q.UseDestinationValue())


// 9. Bedingtes Mapping
.ForMember(z => z.Plaetze, bedingung => bedingung.Condition(q => ((int)q.SourceValue < 250)));
```

Listing 6: Manuelle AutoMapper-Abbildungen mit ForMember()

```
/// <summary>
/// ValueResolver für AutoMapper, der true/false aus der
/// Eigenschaft "Nichtraucherflug" in eine Zeichenkette übersetzt
/// </summary>
public class RaucherinfoResolver : ValueResolver<bool, string>
{
  protected override string ResolveCore(bool source)
  {
    return source ? "Dies ist ein Nicht-Raucher-Flug!" : "Rauchen ist erlaubt.";
  }
}
```

}

Listing 7: Eine ValueResolver-Klasse für AutoMapper

24.4.7 Typkonvertierungen

Bei der Abbildung elementarerer Datentypen (string, int, decimal, bool etc.) bildet AutoMapper problemlos ab, wenn die Typen identisch sind oder wenn der Zieltyp string ist. Im Fall des Zieltyps string kann AutoMapper immer durch den Aufruf ToString() zu einer Zeichenkette kommen. Zahlentypen werden automatisch sowohl hoch- als auch herunterkonvertiert. So kann AutoMapper byte auf long abbilden, aber auch long auf byte. Ein Teil dieser Flexibilität ist aber neu in Version 4.0. Die Version 3.3.1 reagierte auf den Versuch, long auf byte abzubilden, noch mit dem Fehler "Missing type map configuration or unsupported mapping. Mapping types: System.Byte -> System.Int64". Aber auch in AutoMapper 4.0 gilt: Wenn der abzubildende Wert gar nicht in den Zielzahlentyp passt, kommt es zum Laufzeitfehler: "AutoMapper.AutoMapperMappingException: Value was either too large or too small for an unsigned byte."

Und natürlich kann AutoMapper nicht abbilden, falls die Typen grundverschieden sind. Wenn zum Beispiel im Quellobjekt das Property „Geburtstag" den Typ "DateTime" besitzt, aber im Zielobjekt hier "Integer" verwendet   wird,   kommt   es   auf   jeden   Fall   zum   Laufzeitfehler (AutoMapper.AutoMapperMappingException). In der Fehlermeldung findet man dann detaillierte Angaben zu dem Problem:

System.DateTime -> System.Int32

Destination path:

PersonDTO.Geburtstag

Source value:

01.10.1980 00:00:00

Für Typabbildungen, die AutoMapper nicht automatisch vornimmt oder die anders erfolgen sollen, als AutoMapper dies im Standard macht, muss der Softwareentwickler bei AutoMapper einen Type Converter hinterlegen. Ein solcher Type Converter kann in einer einfachen Methode implementiert werden, die Typ x entgegennimmt und y zurückgibt (siehe Listing 8 und 9). Diese Konvertermethode registriert man dann bei AutoMapper:

```
AutoMapper.Mapper.CreateMap<byte, long>().ConvertUsing(ConvertByteToLong);
```

```
AutoMapper.Mapper.CreateMap<DateTime, Int32>().ConvertUsing(ConvertDateTimeToInt);
```

Man kann ggf. Standard-Konverter-Klasse des .NET Frameworks aufrufen:

```
AutoMapper.Mapper.CreateMap<byte, long>().ConvertUsing(Convert.ToInt64);
```

```
/// <summary>
/// Konveriert Byte in Long mit Sonderfall 0
/// </summary>
/// <param name="b">Byte-Wert</param>
/// <returns></returns>
public static long ConvertByteToLong(byte b)
{
 if (b==0) return -1;
```

```
else return (long)b;

}
```

Listing 8: Methodenbasierter Type Converter für AutoMapper

```
/// <summary>
/// Konveriert DateTime in Integer (extrahiert nur Jahreszahl)
/// </summary>
/// <param name="b">Byte-Wert</param>
/// <returns></returns>
public static Int32 ConvertDateTimeToInt(DateTime d)
{
 return d.Year;
}
```

Listing 9: Weiterer methodenbasierter Type Converter für AutoMapper

Man kann den Type Converter auch realisieren als Klasse, die die Schnittstelle ITypeConverter mit der Methode Convert() realisiert (siehe Listing 10). Diese eigene Konverter-Klasse registriert man dann mit einer generischen Variante von ConvertUsing():

```
AutoMapper.Mapper.CreateMap<Pilot, string>().ConvertUsing<PilotStringConverter>();


public class PilotStringConverter : ITypeConverter<Pilot, string>
{

 public string Convert(ResolutionContext context)
 {
  var pilot = ((Pilot)context.SourceValue);
  if (pilot==null) return "(Kein Pilot zugewiesen)";
  return "Pilot # " + pilot.PersonID;
 }

}
```

Listing 10: Klassenbasierter Type Converter für AutoMapper

Die bisher gezeigten Konvertierungen sind global für alle Abbildungen in allen Klassen. Das ist natürlich eine sehr mächtige Möglichkeit, denn man vermeidet damit, einige Abbildungen wiederholen zu müssen. Aber man sollte hier auch vorsichtig sein, denn möglicherweise erzeugt man damit Abbildungen, die man gar nicht will, sodass Daten verloren gehen können.

Es kann aber auch sein, dass man eine solche Konvertierung gar nicht global will, sondern nur für eine einzelne Propperty-Abbildung in einzelnen Klassen. In diesem Fall kann man einen ValueResolver schreiben (siehe Listing 7).

Es gibt auch noch eine weitere Möglichkeit für benutzerdefinierte Abbildungen in AutoMapper, einen sogenannten Value Formatter (siehe Listing 11). Ein solcher Value Formatter [5] wird über ForMember() und AddFormatter() in das Mapping eingebunden:

```
.ForMember(z => z.Datum, m => m.AddFormatter<DateFormatter>())
```

```
public class DateFormatter : IValueFormatter
{
 public string FormatValue(ResolutionContext context)
 {
  return ((DateTime)context.SourceValue).ToShortDateString();
 }
}
```

Listing 11: Eine Value Formatter-Klasse für AutoMapper

24.4.8 Objektmengen

Auch wenn man AutoMapper immer nur für die Abbildung von einzelnen Klassen konfiguriert hat, kann AutoMapper nicht nur einzelne Instanzen, sondern auch beliebig große Mengen dieser Klassen aufeinander mit Map() abbilden. Beispiel:

```
List<FlugView> flugviewListe = AutoMapper.Mapper.Map<List<FlugView>>(flugListe);
```

Dabei unterstützt AutoMapper folgende Mengentypen:

- IEnumerable
- IEnumerable<T>
- ICollection
- ICollection<T>
- IList
- IList<T>
- List<T>
- Arrays

In Hinblick auf das Mapping-Beispiel aus den Abbildungen 3 und 4 ist noch wichtig zu erwähnen, dass AutoMapper hier automatisch die List<Passagier> in der Klasse Flug auf die List<PassagierView> in der Klasse FlugView bzw. die List<Flug> in der Klasse Passagier auf die List<FlugView> in der Klasse PassagierView abbilden würde. Wenn die zugehörigen Properties in beiden Klassen gleich heißen würden, würde das reichen:

```
AutoMapper.Mapper.CreateMap<Flug, FlugView>();
AutoMapper.Mapper.CreateMap<Passagier, PassagierView>();
```

Da hier in den View-Klassen die Namensgebung jedoch verbessert wurde (PassagierViewSet statt Passagier bzw. FlugViewSet statt Flug), ist ein zusätzliches manuelles Mapping für beide Listen notwendig:

```
AutoMapper.Mapper.CreateMap<Flug, FlugView>();
    .ForMember(z => z.PassagierViewSet, m => m.MapFrom(q => q.Passagier));

AutoMapper.Mapper.CreateMap<Passagier, PassagierView>()
    .ForMember(z => z.FlugViewSet, m => m.MapFrom(q => q.Flug));
```

24.4.9 Reverse Mapping

Man muss für jede Abbildungsrichtung ein eignes Mapping in AutoMapper definieren. Wenn der Softwareentwickler also

```
AutoMapper.Mapper.CreateMap<Flug, FlugView>();
```

und

```
AutoMapper.Mapper.CreateMap<Passagier, PassagierView>();
```

festlegt, kann AutoMapper wirklich nur die Klasse Flug auf die Klasse FlugView und Passagier auf PassagierView abbilden. Für die umgekehrte Richtung, also von FlugView zurück nach Flug und PassagierView zurück nach Passagier, muss der Entwickler zusätzlich programmieren:

```
AutoMapper.Mapper.CreateMap<FlugView, Flug>();

AutoMapper.Mapper.CreateMap<PassagierView, Passagier>();
```

Es gibt aber auch noch eine elegante Möglichkeit. Mit dem Aufruf von ReverseMap() in der Fluent-API-Kette von CreateMap() legt man das umgekehrte Mapping direkt mit an:

```
AutoMapper.Mapper.CreateMap<Flug, FlugView>().ReverseMap();
```

Die Methode ReverseMap() legt aber nur ein Basis-Mapping gemäß der AutoMapper-Konventionen an. Wenn manuelle Schritte für die Rückabbildung notwendig sind, muss man ein eigenes Mapping dafür schreiben.

24.4.10   Vererbung

Um das Verhalten von AutoMapper bei Vererbungsbeziehungen zu veranschaulichen, wird das Beispiel aus Listing 12 verwendet mit den Klassen Person, Frau und Mann sowie zugehörigen Datentransfer-Objekt (DTO)-Klassen PersonDTO, FrauDTO und MannDTO. Die Unterschiede zwischen Mann und Frau sind hier – den Klischees entsprechend – auf den Besitz einer signifikanten Anzahl von Autos (beim Mann) bzw. Schuhen (bei der Frau) reduziert. Die DTO-Klassen unterscheiden sich durch den Datentyp für die Anzahl-Werte (Byte statt Integer) sowie die Zusammenfassung von Vorname und Nachname zu einem Property Name. Außerdem wird beim Geburtstag in den DTO-Klassen nur noch das Jahr und nicht mehr das komplette Datum gespeichert.

```
class Person
{
 public string Vorname { get; set; }
 public string Nachname { get; set; }
 public DateTime Geburtstag { get; set; }
}


class Mann : Person
{
 public int AnzahlAutos { get; set; }
}


class Frau : Person
{
 public int AnzahlSchuhe { get; set; }
```

```
}


class PersonDTO

{

 public string Name { get; set; }

public int Geburtstag { get; set; }

}


class MannDTO : PersonDTO

{

 public byte AnzahlAutos { get; set; }

}


class FrauDTO : PersonDTO

{

 public byte AnzahlSchuhe { get; set; }

}
```

Listing 12: Klassenhierarchie für das Vererbungsbeispiel

Grundsätzlich muss man in einer Vererbungsbeziehung ein Mapping für jede einzelne Klasse in der Vererbungshierarchie festlegen, also:

```
Mapper.CreateMap<Person, PersonDTO>();

Mapper.CreateMap<Mann, MannDTO>();

Mapper.CreateMap<Frau, FrauDTO>();
```

Während AutoMapper die Typumwandlung von Integer in Byte automatisch erledigt, fehlt noch die Abbildung für Name und Geburtsdatum. Der Typkonflikt im Fall von Geburtsdatum führt beim Mapping zum Laufzeitfehler (AutoMapper.AutoMapperMappingException).

Dabei reicht es nicht, die manuellen Abbildungen mit ForMember() und MapFrom() nur auf der Basisklasse festzulegen:

```
Mapper.CreateMap<Person, PersonDTO>()

    .ForMember(z => z.Name, map => map.MapFrom(q => q.Vorname + " " + q.Nachname))

    .ForMember(z => z.Geburtstag, map => map.MapFrom(q => q.Geburtstag.Year));

Mapper.CreateMap<Mann, MannDTO>()

Mapper.CreateMap<Frau, FrauDTO>()
```

Danach erfolgt nur das Mapping für die Klasse Person korrekt. Bei den Klassen Mann und Frau kommt es weiterhin zum Laufzeitfehler. AutoMapper erwartet, dass es die manuelle Mapping-Konfiguration für jede Klasse in der Vererbungshierarchie gibt:

```
Mapper.CreateMap<Person, PersonDTO>()

    .ForMember(z => z.Name, map => map.MapFrom(q => q.Vorname + " " + q.Nachname))

    .ForMember(z => z.Geburtstag, map => map.MapFrom(q => q.Geburtstag.Year));

Mapper.CreateMap<Mann, MannDTO>()

    .ForMember(z => z.Name, map => map.MapFrom(q => q.Vorname + " " + q.Nachname))

    .ForMember(z => z.Geburtstag, map => map.MapFrom(q => q.Geburtstag.Year));
```

```
Mapper.CreateMap<Frau, FrauDTO>()

    .ForMember(z => z.Name, map => map.MapFrom(q => q.Vorname + " " + q.Nachname))

    .ForMember(z => z.Geburtstag, map => map.MapFrom(q => q.Geburtstag.Year));
```

Diese Programmcode-Wiederholung kann man aber vermeiden, indem man die Include()-Methoden von AutoMapper verwenden (nicht zu verwechseln mit der Include()-Methode von Entity Framework!):

```
Mapper.CreateMap<Person, PersonDTO>()

      .Include<Mann, MannDTO>()

      .Include<Frau, FrauDTO>()

      .ForMember(z => z.Name, map => map.MapFrom(q => q.Vorname + " " + q.Nachname))

      .ForMember(z => z.Geburtstag, map => map.MapFrom(q => q.Geburtstag.Year));

Mapper.CreateMap<Mann, MannDTO>();

Mapper.CreateMap<Frau, FrauDTO>();
```

Listing 13 zeigt ein Beispiel für das Mapping mit den Typen Person, Mann und Frau – inklusive einer "Geschlechtsumwandlung" eines Mannes in eine Frau, wobei – um weiterhin bei den Klischees zu bleiben – die Anzahl der Autos in die zehnfache Anzahl von Schuhen umgewandelt wird. Nach Definition dieses Mappings ist die eigentliche Wandlung von Mann zu Frau mit AutoMapper vergleichsweise einfach und schmerzlos.

```
var m = new Mann()

{

 Vorname = "Max",

 Nachname = "Mustermann",

 Geburtstag = new DateTime(1980, 10, 1),

 AnzahlAutos = 4

};


// Abbildung Person zu PersonDTO

PersonDTO mDTO1 = Mapper.Map<PersonDTO>(m);

Console.WriteLine(mDTO1.Name + " *" + mDTO1.Geburtstag);


// Abbildung Mann zu MannDTO - Variante 1

MannDTO mDTO2 = (MannDTO)Mapper.Map(m, m.GetType(), typeof(MannDTO));

Console.WriteLine(mDTO2.Name + " *" + mDTO2.Geburtstag + " besitzt " + mDTO2.AnzahlAutos + " Autos.")
;


// Abbildung Mann zu MannDTO - Variante 2

MannDTO mDTO3 = Mapper.Map<MannDTO>(m);

Console.WriteLine(mDTO3.Name + " *" + mDTO3.Geburtstag + " besitzt " + mDTO3.AnzahlAutos + " Autos.")
;


// Geschlechtsumwandlung: Mann zu Frau definieren

Mapper.CreateMap<Mann, Frau>()

      .ForMember(z => z.AnzahlSchuhe, map => map.MapFrom(q => q.AnzahlAutos * 10));

// Geschlechtsumwandlung: Mann zu Frau vollziehen
```

```
Frau f = Mapper.Map<Frau>(m);

Console.WriteLine(f.Vorname + " " + f.Nachname + " *" + f.Geburtstag + " besitzt " + f.AnzahlSchuhe +
  " Schuhe.");
```

Listing 13: Mapping mit Person, Mann und Frau

Spannend ist noch die Frage, was passiert, wenn eine abgeleitete Klasse ein manuelles Mapping besitzt, das im Widerspruch zu einem Mapping einer Basisklasse steht. Laut Dokumentation [11] erfolgt die Auswertung durch den AutoMapper mit folgender Priorität:

- Explizites Mapping in der abgeleiteten Klasse

- Vererbtes explizites Mapping

- Mappings mit Ignore()

- Und AutoMapper-Konventionen, die erst im letzten Schritt wirken

24.4.11   Generische Klasse

Auch bei generischen Klassen hilft AutoMapper mit. Gar keine besondere Aufgabe stellt für AutoMapper das Mapping von generischen Listen dar, siehe Listing 14.

```
// Generische Liste erzeugen und befüllen

var PersonSet = new List<Person>();

for (int i = 0; i < 100; i++)

{

 PersonSet.Add(new Person());

}


// Mapping für Einzelobjekt definieren

Mapper.CreateMap<Person, PersonDTO>()

    .ForMember(z => z.Name, map => map.MapFrom(q => q.Vorname + " " + q.Nachname))

    .ForMember(z => z.Geburtstag, map => map.MapFrom(q => q.Geburtstag.Year));


// Mapping für Liste geht dann auch!

var PersonDTOSet = AutoMapper.Mapper.Map<List<PersonDTO>>(PersonSet);
```

Listing 14: Mapping generischer Listen, hier am Beispiel List<T>

AutoMapper kann aber auch ganze generische Typen auf andere generische Typen abbilden. Wir bleiben bei dem Beispiel mit Person, Frau und Mann und definieren zwei generische Typen für eine Partnerschaft: eine eingetragene Partnerschaft und eine Ehe (siehe Listing 15). Dabei sind wir – im Gegensatz zu dem vorherigen Beispiel mit Autos und Schuhen – dieses Mal nicht nur politisch ganz korrekt, sondern auch noch ganz progressiv (schon zu einem Zeitpunkt, als der Bundestag das noch nicht beschlossen hatte): Wir erlauben nicht nur gleichgeschlechtliche eingetragene Partnerschaften, sondern sogar gleichgeschlechtliche Ehen! Der Autor dieses Beitrags will sogar erlauben, ein eingetragene Partnerschaft automatisch in eine Ehe umzuwandeln. Genau das ist unser Mapping. Wir wollen also zum Beispiel den Typ EingetragenePartnerschaft<Mann,Mann> konvertieren in Ehe<Mann,Mann>. Listing 16 zeigt, dass dies mit AutoMapper gar kein Problem ist. Wir müssen lediglich eine allgemeine Abbildung definieren zwischen den generischen Klassen:

```
AutoMapper.Mapper.CreateMap(typeof(EingetragenePartnerschaft<,>), typeof(Ehe<,>))
```

Keineswegs muss der Softwareentwickler ein Mapping für alle möglichen Varianten von Typparametern dieser generischen Klassen schreiben.

```
class EingetragenePartnerschaft<T1, T2>

  where T1 : Person

  where T2 : Person

  {


  public T1 Partner1 { get; set; }

  public T2 Partner2 { get; set; }

  public DateTime Datum { get; set; }

  }


class Ehe<T1, T2>

  where T1 : Person

  where T2 : Person

  {

  public T1 Partner1 { get; set; }

  public T2 Partner2 { get; set; }

  public DateTime Datum { get; set; }



  }
```

Listing 15: Generische Typen, die auf den Klassen in Listing 1 aufbauen

```
// Eine eingetragene Partnerschaft zwischen zwei Männern

  var m1 = new Mann() { Vorname = "Heinz", Nachname="Müller" };

  var m2 = new Mann() { Vorname = "Gerd", Nachname = "Meier" };

  var ep = new EingetragenePartnerschaft<Mann, Mann>() { Partner1 = m1, Partner2 = m2, Datum = new DateTime(2015,5,28) };


  // Die allgemeine Abbildung zwischen den generischen Klassen

  Mapper.CreateMap(typeof(EingetragenePartnerschaft<,>), typeof(Ehe<,>));


  // Dann ist jede Abbildung mit konkreten Typparametern erlaubt!

  Ehe<Mann,Mann> ehe = AutoMapper.Mapper.Map<Ehe<Mann,Mann>>(ep);

  Console.WriteLine(ehe.Partner1.Vorname + " + " + ehe.Partner2.Vorname + ": " + ehe.Datum.ToShortDateString());
```

Listing 16: Mapping eigener generischer Typen aus Listing 4

Auch ein zusätzliches Mapping der generischen Parameter ist möglich,   also   von   zum   Beispiel EingetragenePartnerschaft<Mann,Mann> zu Ehe<MannDTO,MannDTO>. Das setzt natürlich voraus:

■   Dass die generische Klasse Ehe<T1,T2> als Typparameter auch MannDTO erlaubt (was sie in Listing 4 noch nicht tut). Hier muss also dann stehen

```
class Ehe<T1, T2>
```

```
where T1 : PersonDTO

where T2 : PersonDTO

{
```

- Es muss auch ein Mapping zwischen Mann und MannDTO definiert werden:

```
Mapper.CreateMap<Mann, MannDTO>()

.ForMember(z => z.Name, map => map.MapFrom(q => q.Vorname + " " + q.Nachname))

.ForMember(z => z.Geburtstag, map => map.MapFrom(q => q.Geburtstag.Year));
```

Danach steht folgender Abbildung zwischen EingetragenePartnerschaft<Mann,Mann> und Ehe<MannDTO,MannDTO> nichts mehr im Wege:

```
Ehe<MannDTO, MannDTO> eheDTO = AutoMapper.Mapper.Map<Ehe<MannDTO, MannDTO>>(ep);

Console.WriteLine(eheDTO.Partner1.Name + " + " + eheDTO.Partner2.Name + ": " + ehe.Datum.ToShortDateS
tring());
```

Laut AutoMapper-Dokumentation (siehe "Polymorphic element types in collections" unter [7]) soll es auch möglich sein, heterogene Objektmengen abzubilden, wenn die einzelnen Elemente eine gemeinsame Basisklasse besitzen. Das in der Dokumentation bei [7] hinterlegte Beispiel (siehe Listing 17) funktioniert aber nicht wie dokumentiert. Die zweite Zusicherung schlägt fehl, weil der Ergebnistyp in der Zielliste immer der Basistyp "ParentDestination" und nicht wie erwartet im zweiten Fall "ChildDestination" ist.

```
public class ParentSource
{
        public int Value1 { get; set; }
}


public class ChildSource : ParentSource
{
        public int Value2 { get; set; }
}


public class ParentDestination
{
        public int Value1 { get; set; }
}


public class ChildDestination : ParentDestination
{
        public int Value2 { get; set; }
}
...

Mapper.CreateMap<ParentSource, ParentDestination>()
        .Include<ChildSource, ChildDestination>();
Mapper.CreateMap<ChildSource, ChildDestination>();
```

```
var sources = new[]
        {
                    new ParentSource(),
                    new ChildSource(),
                    new ParentSource()
        };


var destinations = Mapper.Map<ParentSource[], ParentDestination[]>(sources);

destinations[0].ShouldBeInstanceOf<ParentDestination>();
destinations[1].ShouldBeInstanceOf<ChildDestination>();
destinations[2].ShouldBeInstanceOf<ParentDestination>();
```

Listing 17: Beispiel aus der Dokumentation [7], das nicht funktioniert

24.4.12   Zusatzaktionen vor und nach dem Mapping

AutoMapper erlaubt, im Mapping Aktionen festzulegen, die vor dem Mapping oder nach dem Mapping ausgeführt werden. Die Methode BeforeMap() im Fluent-API von CreateMap() legt die vorgelagerten Aktionen fest; AfterMap() die nachgelagerten. Beide Methoden dürfen mehrfach aufgerufen werden, wie Listing 18 am Beispiel von BeforeMap() zeigt. Beide Methoden erwarten jeweils einen Ausdruck, der sowohl das Quellobjekt (in Listing 18 kurz mit q benannt) als auch das Zielobjekt (in Listing 18 kurz mit z benannt) übergeben bekommt. Es ist möglich, im Rahmen des Ausdrucks eine Methode aufzurufen, auch das zeigt Listing 18 am Beispiel von AfterMap().

Das Beispiel in Listing 18 macht Folgendes bei der Abbildung von Person auf PersonDTO:

- Wenn der Vorname und/oder Nachname leer ist, wird die Angabe im Quellobjekt jeweils durch ein Fragezeichen ersetzt.

- Wenn im Zielobjekt dann der Name aus "? ?" besteht, also Vor- und Nachname leer waren, wird – abhängig vom Geburtsjahr – der Wert "(Fehler)" oder "keine Angaben" geliefert. Die Geschäftsprozessregel dahinter ist: Alle vor 1980 Geborenen dürfen anonym bleiben. Alle danach Geborenen sind zur Angabe verpflichtet. Wenn der Name dennoch fehlt, muss ein Fehler vorliegen.

Grundsätzlich kann man solche Geschäftslogiken natürlich außerhalb von AutoMapper vollziehen. Vorteile der Integration in AutoMapper dafür sind:

- Man hat alle Mapping-Aktionen an einem Ort.

- Man muss nicht vor bzw. nach dem Mapping noch einmal explizit eine Iteration über die Objekte ausprogrammieren.

```
public static void BeforeAfterDemo()
  {

  // Generische Liste erzeugen und befüllen
  var PersonSet = new List<Person>();
  for (int i = 0; i < 10; i++)
```

```
{
  PersonSet.Add(new Person()
  {
    //Vorname = "Max",
    //Nachname = "Mustermann",
    Geburtstag = new DateTime(1980, 10, 1),
  });
}


// Mapping für Einzelobjekt definieren
Mapper.CreateMap<Person, PersonDTO>()
    .ForMember(z => z.Name, map => map.MapFrom(q => q.Vorname + " " + q.Nachname))
    .ForMember(z => z.Geburtstag, map => map.MapFrom(q => q.Geburtstag.Year))
    .BeforeMap((q, z) => q.Vorname = (String.IsNullOrEmpty(q.Vorname) ? q.Vorname = "?" : q.Vorname))
    .BeforeMap((q, z) => q.Nachname = (String.IsNullOrEmpty(q.Nachname) ? q.Nachname = "?" : q.Nachname))
    .AfterMap((q, z) => z.Name = GetName(z.Name, z.Geburtstag));


// Mapping für Liste geht dann auch!
var PersonDTOSet = AutoMapper.Mapper.Map<List<PersonDTO>>(PersonSet);


foreach (var p in PersonDTOSet)
{
  Console.WriteLine(p.Name);
}


}


/// <summary>
/// Methode, die im Rahmen von AfterMap() aufgerufen wird
/// </summary>
/// <param name="n">Name.</param>
/// <param name="jahr">Geburtsjahr</param>
/// <returns></returns>
public static string GetName(string name, int jahr)
{
  if (name.Trim() != "? ?") return name;
  if (jahr >= 1980) return "(Fehler)";
  return "keine Angaben";
}
```

Listing 18: BeforeMap() und AfterMap() im Einsatz

24.4.13 Geschwindigkeit

AutoMapper verwendet für das Mapping nicht Reflection für den jeden Abruf und jedes Setzen von Werten. Vielmehr erzeugt CreateMap() den Programmcode zur Laufzeit mit Hilfe von Reflection.Emit(). Es stellt sich die Frage, wie lange das Mapping großer Datenmengen braucht.

Im Folgenden werden drei Mapping-Wege verglichen:

- Explizites, hartcodiertes Objekt-Objekt-Mapping (also x.a = y.a; für jedes Property)

- Auf Reflection basierendes Objekt-Objekt-Mapping mit dem Programmcode aus Listing 1 in diesem Kapitel

- Objekt-Objekt-Mapping mit AutoMapper

Damit wir nicht Äpfel mit Birnen vergleichen, findet hier ein Mapping zwischen zwei exakt gleich aufgebauten Typen statt, d.h. alle Properties heißen in beiden Klassen gleich und haben auch denselben Datentyp. Der Geschwindigkeitstest misst die Werte für 1, 10, 100, 1000, 10000 und 100000 Objekte, die sich in einer generischen Liste befinden.

Beim Betrachten von Tabelle 2 fällt klar auf, dass AutoMapper deutlich langsamer ist. Das Erzeugen des Mapping-Codes mit CreateMap() dauert dabei jeweils konstant rund 140 Millisekunden. Wenn in einem Prozess wiederholt ein Mapping eines Typs stattfindet, fällt diese Zeit nur einmal an. Dennoch ist AutoMapper in allen Fällen langsamer. Sogar langsamer als das auf Reflection basierende Mapping.

Anzahl der Objekte	Explizites (hardcodiertes) Mapping		Reflection-Mapping		AutoMapper	
	Einmaliger Initialisierungsaufwand pro Application Domin	Aufwand für das Mapping	Einmaliger Initialisierungsaufwand pro Application Domin	Aufwand für das Mapping	Einmaliger Initialisierungsaufwand pro Application Domain	Aufwand für das Mapping
1	0	2	0	2	120	12
10	0	2	0	2	120	40
100	0	2	0	2	120	49
1000	0	2	0	13	120	192
10000	0	8	0	128	120	321
100000	0	73	0	1326	120	2451

Tabelle 2: Geschwindigkeitsvergleich von drei Methoden für das Objekt-Objekt-Mapping (alle Angaben in Millisekunden)

24.4.14 Fazit zu AutoMapper

AutoMapper bietet flexible Abbildungsmöglichkeiten zwischen verschiedenen Objektstrukturen. Die Geschwindigkeitsmesswerte von AutoMapper sind auf den ersten Blick sehr enttäuschend. Man darf hier aber nicht verkennen, dass AutoMapper gegenüber dem expliziten Mapping viel Programmierarbeit einspart und gegenüber dem Reflection-Mapping viel mehr leisten kann.

Dennoch gibt es auch kritische Stimmen wie die von Andrew Harcourt [8], der nicht nur die Performanz von AutoMapper kritisiert, sondern auch die Konventionen nicht mag. Die Abbildung gleichnamiger Properties aufeinander werden zum Problem, wenn man ein Property umbenennt, das dann nur noch abgebildet wird, wenn man auch daran denkt, eine manuelle Abbildung mit ForMember() zu schreiben. Er plädiert dafür, von Vorneherein alle Abbildungen explizit auszuprogrammieren, wodurch automatisches Namens-Refactoring möglich wird. Um die Programmierarbeit für das explizite Mapping zu reduzieren, schreibt er sich einen Code-Generator für den passenden Mapping-Code. Leider liefert er den Code-Generator nicht mit.

Werkzeuge, die ein explizites Mapping generieren sind z.B. OTIS-LIB [9] und das Object To Object Mapping Utility von Wayne Hartmann [10]. Von einem Generator generierter Programmcode ist aber auch nicht jedermanns Sache, wie der Autor dieses Buchs immer wieder in seinen Beratungs- und Schulungseinsätzen merkt. Daher endet dieser Beitrag ohne eine klare Empfehlung für oder gegen AutoMapper. Es kommt auf den Einsatzfall (Größe und Menge der Objekte) und das eigene Empfinden an, womit man sich als Softwarearchitekt wohler fühlt.

24.4.15   Literatur zu diesem Kapitel

[1] AutoMapper-Website
http://automapper.org/

[2] AutoMapper bei Nuget
https://www.nuget.org/packages/AutoMapper/

[3] AutoMapper-Quellcode und Wiki-Dokumentation
https://github.com/AutoMapper/AutoMapper

[4] AutoMapper-Wiki-Dokumentation
https://github.com/AutoMapper/AutoMapper/wiki

[6] TypeConverter Class
http://msdn.microsoft.com/en-us/library/system.componentmodel.typeconverter.aspx

[7] Polymorphic element types in collections,
https://automapper.codeplex.com/wikipage?title=Lists%20and%20Arrays]

[8] Andrew Harcourt: Friends don't let friends use AutoMapper
http://www.uglybugger.org/software/post/friends_dont_let_friends_use_automapper

[9] OTIS-LIB
http://code.google.com/p/otis-lib/

[10] Wayne Hartman: Object To Object Mapping Utility Source Code
http://waynehartman.com/download?file=d2333998-c0cc-4bd4-8f02-82bef57d463c

[11] Jimmy Bogard: Mapping Inheritance
https://github.com/AutoMapper/AutoMapper/wiki/Mapping-inheritance

25 Praxislösungen

Dieses Kapitel beschreibt ausgewählte Aufgabenstellungen, die Kunden an den Autor herangetragen haben.

25.1 Entity Framework Core in einer Windows Universal Platform App

MiracleList ist eine Beispielanwendung für eine einfache Aufgabenverwaltung, realisiert als Windows Universal Platform (UWP) App für Windows 10 mit einer lokalen SQLite-Datenbank als Datenspeicher. Diese App ermöglicht die Erfassung von Aufgaben, die zu einem bestimmten Termin fällig sind. Aufgaben haben in der aktuellen Version der Software immer genau drei Teilaufgaben (Planen, Ausführen, Retrospektive durchführen), die nicht veränderbar sind. Aufgaben können durch Klick auf "Done" oder "Remove all" aus der Liste entfernt werden.

Die App verwendet Entity Framework Core 1.1.2, da Entity Framework Core 2.0 zum Redaktionsschluss dieses Buchs noch nicht in einer UWP App lauffähig ist, da UWP noch nicht .NET Standard 2.0 realisiert.

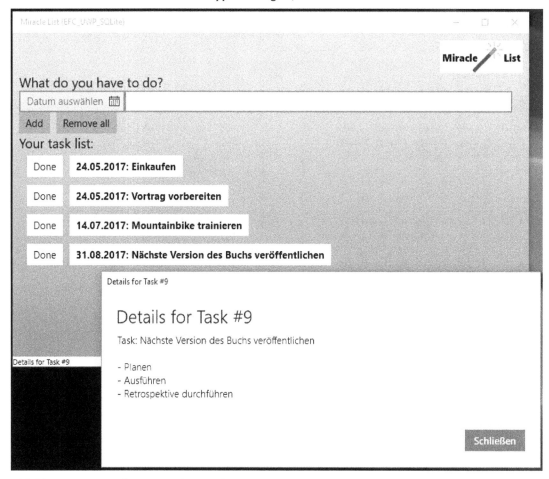

Abbildung: Die MiracleList-App für Windows 10

25.1.1 Architektur

Die App ist aufgrund der sehr begrenzten Programmcodemenge als monolithische App in einem Visual Studio-Projekt realisiert. Das Projekt wurde mit der Projektvorlage "Windows Universal/Blank App" angelegt. Dafür muss das Windows 10 SDK in der zum Stand Ihrer Windows-Installation passenden Version installiert sein. Eine Nutzung oder Übersetzung des Programms auf älteren Betriebssystemen ist nicht von Microsoft unterstützt.

Die App referenziert das Nuget-Paket Microsoft.EntityFrameworkCore.Sqlite.

Die App verwendet Forward Engineering für die Datenbank. Die Datenbankdatei mit dem passenden Datenbankschema wird bei Bedarf zur Laufzeit erzeugt, wenn sie beim Start der App nicht vorhanden ist.

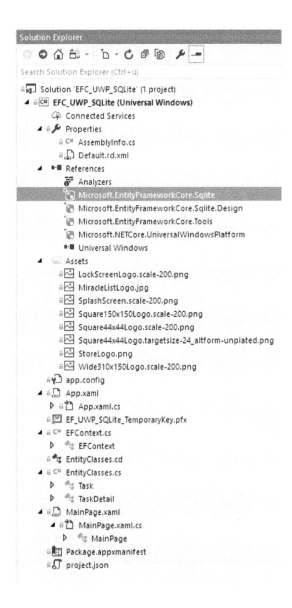

Abbildung: Aufbau des Projekts

25.1.2 Entitätsklassen

Es sind nur zwei Entitätsklassen notwendig:

- Klasse "Task" für eine Aufgabe. Ein Task-Objekt hat in dem Property "Details" eine List<SubDetail>

- Klasse "TaskDetail" für eine Teilaufgabe. Jedes "TaskDetail"-Objekt verweist per Property "Task" auf die Aufgabe, zu der die Teilaufgabe gehört. Zudem kennt die Klasse TaskDetail in dem Property "TaskID" auch den Primärschlüssel der übergeordneten Aufgabe.

Datenannotationen der Entitätsklassen sind nicht notwendig in diesem Fallbeispiel, da Entity Framework Core das Datenbankschema rein auf Basis der integrierten Konventionen erstellen kann.

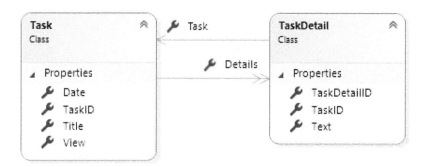

Abbildung: Objektmodell der Anwendung

```
using System;
using System.Collections.Generic;


namespace EFC_UWP_SQLite
{
/// <summary>
/// 1. Entitätsklasse für Aufgaben
/// </summary>
public class Task
{
// Elementare Eigenschaften
public int TaskID { get; set; } // PK
public string Title { get; set; } // --> nvarchar(max)
public DateTime Date { get; set; } // DateTime


// Navigationsbeziehung
public List<TaskDetail> Details { get; set; } = new List<TaskDetail>();
```

```
public string View { get { return Date.ToString("d") + ": " + Title; } }

}


/// <summary>

/// 2. Entitätsklasse für Teilaufgaben

/// </summary>

public class TaskDetail

{

  public int TaskDetailID { get; set; } // PK

  public string Text { get; set; }


  // Navigationsbeziehung

  public Task Task { get; set; }

  public int TaskID { get; set; } // optional: Fremdschlüsselspalte für Navigationsbeziehung


}

}
```

Listing: Implementierung der beiden Entitätsklassen in der Datei EntityClasses.cs

25.1.3 Entity Framework Core-Kontextklasse

Die von DbContext abgeleitete Kontextklasse besitzt jeweils ein Property von dem Typ DbSet<T> für die beiden Entitätsklassen. In der Methode OnConfiguring() wird mit UseSqlite() der Entity Framework Core-Datenbankprovider festgelegt und dabei als Parameter nur der gewünschte Name für die SQLite-Datenbankdatei übergeben. Eine Implementierung von OnModelCreating() ist nicht notwendig in diesem Fallbeispiel, da Entity Framework Core das Datenbankschema rein auf Basis der integrierten Konventionen erstellen kann.

```
using Microsoft.EntityFrameworkCore;


namespace EFC_UWP_SQLite

{

/// <summary>

/// Entity Framework-Kontext

/// </summary>

public class EFContext : DbContext

{

  public DbSet<Task> TaskSet { get; set; }

  public DbSet<TaskDetail> TaskDetailSet { get; set; }


  protected override void OnConfiguring(DbContextOptionsBuilder optionsBuilder)

  {

    // Provider und Datenbankdateiname festlegen

    optionsBuilder.UseSqlite("Filename=MiracleList.db");
```

```
    }
  }
}
```

Listing: Implementierung der Kontextklasse in der Datei EFContext.cs

25.1.4 Startcode

Beim Anwendungsstart wird in der App.xaml.cs die Datenbankdatei mit der Methode Database.EnsureCreated() angelegt, falls die Datenbankdatei noch nicht vorhanden ist. Die englischen Quellcodekommentare stammen aus der Projektvorlage von Microsoft.

```csharp
using System;
using Windows.ApplicationModel;
using Windows.ApplicationModel.Activation;
using Windows.Foundation;
using Windows.UI.Xaml;
using Windows.UI.Xaml.Controls;
using Windows.UI.Xaml.Navigation;

namespace EFC_UWP_SQLite
{
  /// <summary>
  /// Provides application-specific behavior to supplement the default Application class.
  /// </summary>
  sealed partial class App : Application
  {
    /// <summary>
    /// Initializes the singleton application object.  This is the first line of authored code
    /// executed, and as such is the logical equivalent of main() or WinMain().
    /// </summary>
    public App()
    {
      this.InitializeComponent();
      this.Suspending += OnSuspending;

      // DB anlegen, falls nicht vorhanden!
      using (var db = new EFContext())
      {
        db.Database.EnsureCreated();
      }
```

```
    }

    ...

}
```

Listing: Ausschnitt aus der Datei Datei App.xaml.cs

25.1.5 Erzeugte Datenbank

Die erzeugte Datenbank kann man mit dem Werkzeug "DB Browser for SQLite" sichtbar und auch interaktiv verwenden machen.

Werkzeugname	DB Browser for SQLite
Website	www.sqlitebrowser.org
Kostenfreie Version	Ja
Kommerzielle Version	Nein

Abbildung 1: Datenbankschemaansicht in DB Browser for SQLite

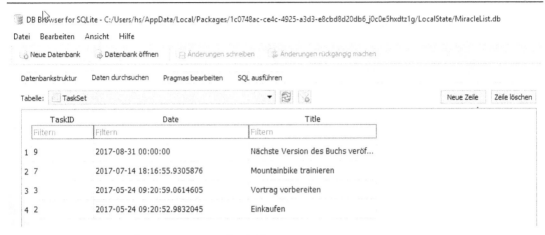

Abbildung 2: Datenansicht in DB Browser for SQLite

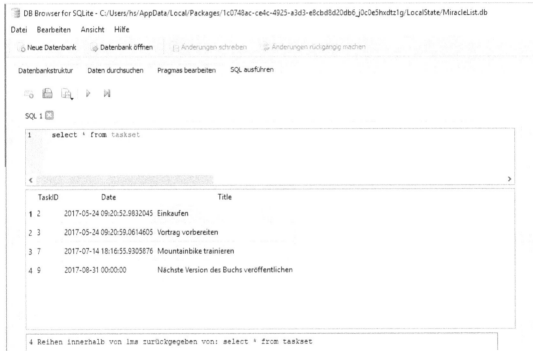

Abbildung 3: SQL-Befehle ausführen im DB Browser for SQLite

25.1.6 Datenzugriffscode

Der Datenzugriffscode ist in diesem einfachen Fallbeispiel nicht getrennt von der Benutzeroberflächensteuerung. Es wird auch bewusst nicht das Pattern MVVM (Model View ViewModel) eingesetzt. Beim Anlegen der Teilaufgaben und Löschen aller Aufgaben sind jeweils zwei Varianten gezeigt. Die auskommentierte Variante ist jeweils die weniger effiziente. So ist das Löschen aller Aufgaben und Teilaufgaben ohne Einsatz von SQL mit dem unnötigen Laden aller Aufgaben verbunden und dem

Absenden eines DELETE-Befehls für jede Aufgabe. Das explizite Löschen der Teilaufgaben ist aber in beiden Fällen nicht notwendig, da im Standard kaskadierendes Löschen aktiv ist.

```csharp
using Microsoft.EntityFrameworkCore;

using System;

using System.Collections.Generic;

using System.Linq;

using Windows.Foundation;

using Windows.Storage;

using Windows.UI.Popups;

using Windows.UI.Xaml;

using Windows.UI.Xaml.Controls;

using Windows.UI.Xaml.Input;


namespace EFC_UWP_SQLite
{
 /// <summary>
 /// Hauptseite der Anwenund
 /// </summary>
 public sealed partial class MainPage : Page
 {
  public MainPage()
  {
   this.InitializeComponent();

   Windows.UI.ViewManagement.ApplicationView.PreferredLaunchViewSize = new Size(800, 500);

   Windows.UI.ViewManagement.ApplicationView.PreferredLaunchWindowingMode =
Windows.UI.ViewManagement.ApplicationViewWindowingMode.PreferredLaunchViewSize;

   this.C_StatusBar.Text = ApplicationData.Current.LocalFolder.Path + @"\" + EFContext.FileName;

   System.Diagnostics.Debug.WriteLine(ApplicationData.Current.LocalFolder.Path);
  }


  private void Page_Loaded(object sender, RoutedEventArgs e)
  {
   // Alle Aufgaben lesen
   using (var db = new EFContext())
   {
    C_Tasks.ItemsSource = db.TaskSet.ToList();
   }
  }


  private async void Add(object sender, RoutedEventArgs e)
  {
```

```
if (String.IsNullOrEmpty(C_Task.Text)) return;

// Neue Aufgabe erzeugen

if (!C_Datum.Date.HasValue) { C_Datum.Date = DateTime.Now; }


var t = new Task { Title = C_Task.Text, Date = C_Datum.Date.Value.Date };

var d1 = new TaskDetail() { Text = "Planen" };

var d2 = new TaskDetail() { Text = "Ausführen" };

var d3 = new TaskDetail() { Text = "Retrospektive durchführen" };

// Variante 1

//t.Details.Add(d1);

//t.Details.Add(d2);

//t.Details.Add(d3);


// Variante 2

t.Details.AddRange(new List<TaskDetail>() { d1, d2, d3 });


using (var db = new EFContext())

{

  db.TaskSet.Add(t);

  // Jetzt speichern!

var anz = db.SaveChanges();


  this.C_StatusBar.Text = anz + " Datensätze gespeichert!";

  C_Tasks.ItemsSource = db.TaskSet.ToList();

}

 this.C_Task.Text = "";

 this.C_Task.Focus(FocusState.Pointer);

}


private async void SetDone(object sender, RoutedEventArgs e)

{

 // Hole Task-ID aus dem Tag

 var id = Convert.ToInt32((e.OriginalSource as Button).Tag);

 // Lösche den Eintrag

 using (var db = new EFContext())

 {

   Task t = db.TaskSet.Include(x => x.Details).SingleOrDefault(x => x.TaskID == id);

   if (t == null) return; // nicht gefunden!

   db.Remove(t);

   int anz = db.SaveChanges();


   this.C_StatusBar.Text = anz + " Datensätze gelöscht!";
```

```
   C_Tasks.ItemsSource = db.TaskSet.ToList();
 }
}


private async void ShowDetails(object sender, RoutedEventArgs e)
{
 // Hole Task-ID aus dem Tag
 var id = Convert.ToInt32((e.OriginalSource as Button).Tag);
 using (var db = new EFContext())
 {
   string s = "";
   Task t = db.TaskSet.Include(x => x.Details).SingleOrDefault(x => x.TaskID == id);
   s += "Task: " + t.Title + "\n\n";
   foreach (var d in t.Details)
   {
     s += "- " + d.Text + "\n";
   }

   this.C_StatusBar.Text = "Details for Task #" + id;
   MessageDialog dialog = new MessageDialog(s, "Details for Task #" + id);
   await dialog.ShowAsync();
 }
}


private void C_Task_KeyDown(object sender, KeyRoutedEventArgs e)
{
 if (e.Key == Windows.System.VirtualKey.Enter) Add(null, null);
}


private void RemoveAll(object sender, RoutedEventArgs e)
{
 // Lösche alle Aufgaben
 using (var db = new EFContext())
 {
   // Variante 1: uneffizient :-(
   //foreach (var b in db.TaskSet.ToList())
   //{
   // db.Remove(b);
   //}
   //db.SaveChanges();

   // Variante 2: besser!
```

```
   //db.Database.ExecuteSqlCommand("Delete from TaskDetailSet");

   var anz = db.Database.ExecuteSqlCommand("Delete from TaskSet");

   this.C_StatusBar.Text = anz + " Datensätze gelöscht!";

   C_Tasks.ItemsSource = null;

   }

  }

 }

}
```

Listing: Datenzzugriffscode in der Datei MainPage.xaml.cs

25.2 N:M-Beziehungen zu sich selbst

Die Geografie stellt eine scheinbar einfache Aufgabe: Ein Land hat Grenzen zu beliebig vielen anderen Ländern. Die Frage ist: Wie drückt man dies in einem Objektmodell so aus, dass Entity Framework Core daraus eine N:M-Beziehung einer Tabelle auf sich selbst macht?

Der erste naive Ansatz sähe so aus: Die Klasse Country hat eine Liste von "Borders", die wieder zu Country-Objekten führen. Dann würde man eine Beziehung zwischen Dänemark und Deutschland so herstellen: dk.Borders.Add(de).

Aber das genügt den Anforderungen leider nicht:

*   In Entity Framework Core gibt es kein N:M-Mapping. Daher muss es im Objektmodell explizit eine Klasse "Border" geben, genau wie im Datenmodell (siehe Abbildung 1). Dies kann man aber mit einer Hilsfroutine kapseln, siehe AddBorderToCounty(Country c) in Listing 1.

*   Nur eine Beziehung zwischen zwei Ländern reicht nicht aus, denn durch das Anlegen einer Beziehung wie dk.Borders.Add(de) weiß nun Dänemark, dass es an Deutschland grenzt, aber Deutschland weiß nichts von seinem Glück, die Dänen als Nachbarn zu haben.

Das Problem ist, dass eine Navigationseigenschaft eine unidirektionale Beziehung beschreibt, wir aber eben hier eine bidirektionale Beziehung brauchen, damit beide beteiligten Länder die Beziehung kennen. Also müssen wir für beide Richtungen einer Nachbarschaftsbeziehung ein Navigation Property in der Klasse Country anlegen: siehe IncomingBorders und OutgoingBorders in der Klasse Country, sowie IncomingCountry und OutgoingCountry in der Klasse Border in Listing 1. In OnModelCreating() in der Kontextklasse WorldContext werden per Fluent-API die IncomingCountry mit den IncomingBorders sowie die OutgoingCountry mit den OutgoingBorders verbunden.

Entity Framework Core ist danach clever genug, die Gegenbeziehung aufzubauen, wenn eine Beziehung eingerichtet wird. Dafür sorgt die interne Funktion "Relationship Fixup", die immer gestartet wird, wenn der Entwickler DetectChanges() aufruft oder eine Methode, die dies automatisch auslöst (z.B. SaveChanges()).

In Listing 2 sieht man daher den Zugriff nur auf die Listen IncomingBorders und OutgoingBorders. Wenn man die Beziehung von Dänemark zu Deutschland über OutgoingBorders von Dänemark anlegt, erscheint nach dem nächsten Relationship Fixup auch Dänemark in den IncomingBorders von Deutschland. Soweit wären zwar nun alle Beziehungen vorhanden, aber der Softwareentwickler kann nicht einfach eine Liste aller Grenzbeziehungen bekommen, da diese ja auf zwei Listen verteilt sind. Er müsste also die Vereinigungsmenge mit dem LINQ-Operator Union() bilden und jedes Mal schreiben:

```
var borders1 = country.OutgoingBorders;

var borders2 = ctx.Countries.Where(x => x.OutgoingBorders.Any(y => y.Id == country.Id)).ToList();
```

```
var borders = borders1.Union(borders2);
```

Dem Nutzer der Klasse soll es aber egal sein, ob die Beziehung Deutschland → Dänemark oder Dänemark → Deutschland angelegt wurde.

Im klassischen Entity Framework könnte man diese Union elegant in der Klasse Country kapseln und sich Lazy Loading zu nutze machen, um die verbundenen Objekte zu laden. Da es in Entity Framework Core (bisher) kein Lazy Loading gibt und ja die Entitätsklasseninstanz auch die Kontextinstanz nicht kennt, geht die Kapselung nur in der Kontextklasse (siehe GetNeigbours() in Listing 1). Abbildung 2 zeigt die Ausgabe.

```csharp
using Microsoft.EntityFrameworkCore;
using Microsoft.EntityFrameworkCore.Metadata;
using System.Collections.Generic;
using System.Linq;


class Border
{
// FK für IncomingCountry
public int Country_Id { get; set; }
// FK für OutgoingCountry
public int Country_Id1 { get; set; }


public virtual Country IncomingCountry { get; set; }
public virtual Country OutgoingCountry { get; set; }
}


class Country
{
public int Id { get; set; }
public string Name { get; set; }


// N-M-Beziehung über Borders
public virtual ICollection<Border> IncomingBorders { get; set; } = new List<Border>();
public virtual ICollection<Border> OutgoingBorders { get; set; } = new List<Border>();


public void AddBorderToCounty(Country c)
{
 var b = new Border() {Country_Id = this.Id, Country_Id1 = c.Id};
 this.OutgoingBorders.Add(b);
}
}


class WorldContext : DbContext
{
public DbSet<Country> Countries { get; set; }
```

```
public DbSet<Country> Borders { get; set; }

protected override void OnConfiguring(DbContextOptionsBuilder optionsBuilder)

{


optionsBuilder.UseSqlServer(@"Server=.;Database=EFC_NMSelf;Trusted_Connection=True;MultipleActiveResu
ltSets=True");

}


protected override void OnModelCreating(ModelBuilder modelBuilder)

{

  // PK konfigurieren

  modelBuilder.Entity<Border>().HasKey(x => new {x.Country_Id, x.Country_Id1});

  // Beziehungen und FKs konfigurieren

  modelBuilder.Entity<Border>().HasOne<Country>(x => x.IncomingCountry).WithMany(x =>
x.IncomingBorders).HasForeignKey(x=>x.Country_Id1).OnDelete(DeleteBehavior.Restrict);

  modelBuilder.Entity<Border>().HasOne<Country>(x => x.OutgoingCountry).WithMany(x =>
x.OutgoingBorders).HasForeignKey(x => x.Country_Id).OnDelete(DeleteBehavior.Restrict); ;

}


/// <summary>

/// Kapselung des Zugriffs hier im Kontext, da ohne Lazy Loading es nicht geht in der Klasse
Country!

/// </summary>

/// <param name="countryId"></param>

/// <returns></returns>

public IEnumerable<Country> GetNeigbours(int countryId)

{

  var borders1 = this.Countries.Where(x => x.IncomingBorders.Any(y => y.Country_Id ==
countryId)).ToList();

  var borders2 = this.Countries.Where(x => x.OutgoingBorders.Any(y => y.Country_Id1 ==
countryId)).ToList();

  var allborders = borders1.Union(borders2);

  return allborders;

}

}
```

Listing 1: Lösung mit Entity Framework Core

```
▲  🛢 WorldContext
   ▲  🗁 Tables
      ▷  🖼 System Tables
      ▷  🖼 External Tables
      ▷  ▦ dbo.__MigrationHistory
      ▲  ▦ dbo.Borders
         ▲  🗁 Columns
               ⲯ Country_Id (PK, FK, int, not null)
               ⲯ Country_Id1 (PK, FK, int, not null)
         ▷  🖼 Keys
         ▷  🖼 Constraints
         ▷  🖼 Triggers
         ▷  🖼 Indexes
         ▷  🖼 Statistics
      ▲  ▦ dbo.Countries
         ▲  🗁 Columns
               ⲯ Id (PK, int, not null)
               🗏 Name (nvarchar(max), null)
         ▷  🖼 Keys
         ▷  🖼 Constraints
         ▷  🖼 Triggers
         ▷  🖼 Indexes
         ▷  🖼 Statistics
```

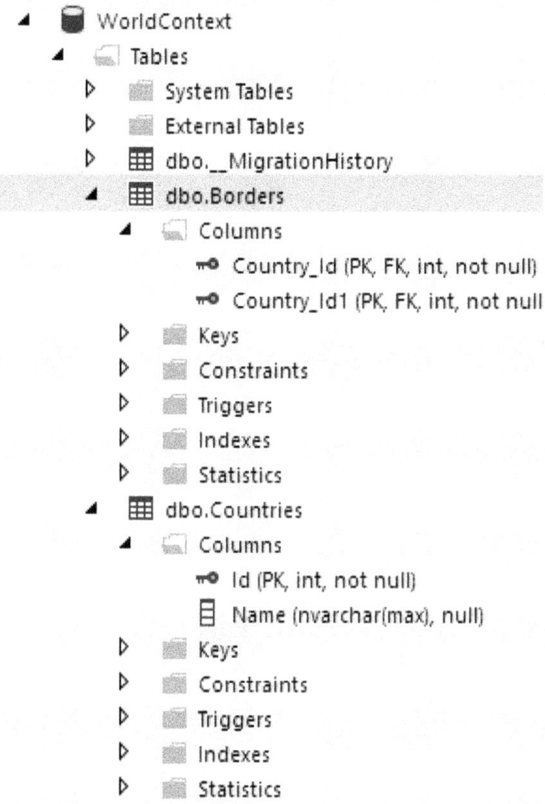

Abbildung 1: N:M-Beziehung zwischen Country-Objekten über "Borders" im Datenmodell

```
using System;
using System.Linq;
using Microsoft.EntityFrameworkCore;


namespace EF_CodeFirst_NMSelf
{
 class Program
 {
  static void Main(string[] args)
  {

   var ctx = new WorldContext();
   ctx.Database.EnsureCreated();
   //ctx.Database.Log = Console.WriteLine;
```

```
//Console.WriteLine(ctx.Database);


// Beispiel zurücksetzen

ctx.Database.ExecuteSqlCommand("delete from Border");

ctx.Database.ExecuteSqlCommand("delete from country");


// Länder anlegen

var de = new Country();

de.Name = "Deutschland";

ctx.Countries.Add(de);

ctx.SaveChanges();


var nl = new Country();

nl.Name = "Niederlande";

ctx.Countries.Add(nl);

nl.AddBorderToCounty(de);

ctx.SaveChanges();


var dk = new Country();

dk.Name = "Dänemark";

ctx.Countries.Add(dk);


dk.AddBorderToCounty(de);

ctx.SaveChanges();


var be = new Country();

be.Name = "Belgien";

ctx.Countries.Add(be);

be.AddBorderToCounty(de);

be.AddBorderToCounty(nl);

ctx.SaveChanges();


// Kontrollausgabe

Console.WriteLine("Alle Länder mit ihren Grenzen");

foreach (var country in ctx.Countries)

{

  Console.WriteLine("--------- " + country.Name);


  // jetzt hier explizit die benachbarten Länder laden, da Lazy Loading in EFC nicht geht

  //var borders1 = ctx.Countries.Where(x => x.IncomingBorders.Any(y => y.Country_Id ==
country.Id)).ToList();
```

```
    //var borders2 = ctx.Countries.Where(x => x.OutgoingBorders.Any(y => y.Country_Id1 ==
country.Id)).ToList();

    //var allborders = borders1.Union(borders2);


    // besser: gekapselt in der Kontextklasse:

    var allborders = ctx.GetNeigbours(country.Id);


    foreach (var neighbour in allborders)
    {
      Console.WriteLine(neighbour.Name);

    }

  }

  Console.ReadLine();

 }

}
```

Listing 2: Nutzung der Implementierung in Listing 1

```
Alle Länder mit ihren Grenzen
--------- Deutschland / Detached
Belgien
Dänemark
Belgien
--------- Belgien / Detached
Belgien
Deutschland
--------- Dänemark / Detached
Deutschland
--------- Belgien / Detached
Deutschland
Belgien
```

Abbildung 2: Ausgabe zu Listing 2

26   Quellen im Internet

Den Quellcode von Entity Framework Core findet man bei Github:
https://github.com/aspnet/EntityFramework

Die offizielle, aber nicht sehr detailierte Dokumentation findet man auf der Website
http://www.efproject.net/en/latest/.

Das Entity Framework Core-Entwicklungsteam hat früher unter https://blogs.msdn.microsoft.com/adonet/
ein Weblog betrieben. Inzwischen ist nutzt das Entwicklungsteam das Haupt-.NET-Weblog von Microsoft:
https://blogs.msdn.microsoft.com/dotnet/tag/entity-framework/

Bei Twitter verkündet das Entwicklungsteam Neuerungen unter dem Namen @efmagicunicorns. Das
Einhorn (engl. Unicorn) ist das Maskotchen des Entwicklungsteams: https://twitter.com/efmagicunicorns

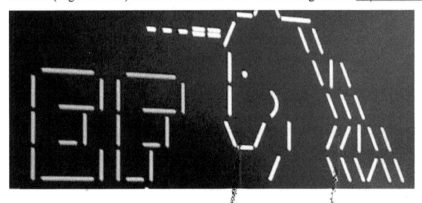

27 Stichwortverzeichnis (Index)

Es sind jeweils nur die zentralen Stellen im Buch hier verlinkt. Um alle Vorkommnisse eines Begriffs zu finden, nutzen Sie bitte die Volltextsuche im PDF, das Sie als Käufer des gedruckten Buchs sehr günstig unter https://leanpub.com/EntityFrameworkCore/c/update bekommen.

28 Werbung in eigener Sache ☺